Richard Sennett

理查·桑內特 —————— 著

—————— 洪慧芳 譯

合作。

互助交流的儀式、愉悅與政治

TOGETHER

The Rituals, Pleasures and Politics
of Cooperation

序

　　幾年前，我決定寫一套書，共三本，講述一般人維持日常生活所需的技能。我這輩子一直在開發理論，但已經不想再把開發理論當成一種自主獨立的志業。而且，我也感覺到，隨著世界日益充斥著實體物件，卻不知道如何好好地運用這些物件與機具。因此，我想更認真地思考日常事物——這不是一種新志業，因為許多哲學家已經探索過日常經驗的技能，但對我來說，這是我邁入老年的新課題。

　　我從研究匠藝活動（craftsmanship）開始，追求把實物做好。《匠人》（The Craftsman）一書試圖展現，頭與手是如何連結起來的，更重要的是，那些讓人精益求精的技藝，無論是體力活、還是腦力活。我主張「想把事情做好而做好事情」（doing something well for its own sake），是多數人都具備的一種能力，但在現代社會裡，這種技能並沒有獲得應有的重視。每個人心中的匠人精神都需要獲得解放。

　　撰寫這份研究時，我一再被實務工作中的一種特殊社會資產

所打動：合作。合作是完成任務的潤滑劑，與他人共事可以彌補自身的不足。合作是我們與生俱有的能力，但我們不該只在日常行為中合作，應該把合作加以發展與深化。我們與異己打交道時，更是如此。與異己在一起時，合作成了一大挑戰。

本書的重點是放在對他人的回應上，比如對話中的傾聽技巧，以及職場或社群中的靈敏回應。當然，好好地傾聽，以及抱著同情心與他人共事，多多少少是訴諸道德的面向；然而，只把合作視為一種道德良知，有礙我們的了解。就像優秀的匠人兼科學家可能竭盡所能去開發最好的原子彈一樣，人們也可以在搶劫中有效地合作。此外，我們可能因為自己的資源無法自給自足而跟人合作，但在許多社會關係中，我們其實不太知道自己需要從他人獲得什麼，或者他人想從我們這裡獲得什麼。

因此，我想把合作視為一門技藝來探索。合作需要相互了解及回應彼此的技巧，才能一起行動。但這是一個棘手的過程，困難重重，而且充滿了模稜兩可，往往會導致破壞性的後果。

我那套書的最後一部曲就在面前，是一本有關城市設計的書。如今的城市，設計得不太好，城市設計是一門岌岌可危的技藝。實體方面，太多的城市設計在形式上同質又僵化。社會方面，現代的建築形式往往只帶著個人與共用經驗的模糊印記。遺憾的是，這些都是老生常談的牢騷。我會試著從以前的著作中，擷取研究來探討這些問題。我希望，了解物質匠藝（material craftsmanship）與社交合作，可以為打造更好的城市，提供新的思路。

我把這三部曲命名為「創造者專案」（homo faber project），那是借用一個古老的觀念：人是自身的創造者——透過具體的實

作來創造人生。我的目的是講述人們如何塑造個人努力、社交關係、實體環境。我之所以強調技巧與能力，是因為我覺得現代社會正在降低大家的日常生活技能。我們擁有的機具比祖先還多，卻不太知道怎麼好好地運用；拜現代的通訊形式所賜，我們有更多的人際溝通管道，卻不太知道怎麼好好地溝通。實用技能是一種工具，而非救贖，但缺乏它，意義與價值等議題依然抽象。

創造者專案確實有一個道德核心，它是把焦點放在：我們可以成為自己的主人到什麼程度。在社交與個人生活中，我們都會遇到欲望與意志的極限，或遇到他人的需求與我們的需求無法協調的情況。這種經驗應當教會我們謙遜，並促使我們過有道德的生活，肯定及尊重我們自身以外的一切。儘管如此，任何人都無法像沒有意志的被動生物那樣生存下去，我們至少要試圖改變自己的生活方式。身為哲學家，在這些研究中，我對那些令人擔憂又模稜兩可的經驗很感興趣；在那些經驗裡，技巧與能力遇到了阻礙及難以化解的歧異。

雖然那套三部曲是一套完整的概念，但每本書都是獨立的。它們是為求知慾很強的一般讀者所寫的，這種讀者經常合理地問道：為什麼這很重要？為什麼這很有趣？我努力從這些書中消除學術性的爭論（對一般讀者來說，這種爭論始終是沒什麼價值的血腥運動），或是把學術爭論放在註釋中。

如今的謝辭變得像電話簿一樣，而我的感謝名單上，首先要感謝、也是最重要的，是內人薩斯基雅・薩森（Saskia Sassen）。她要我不要寫得太文謅謅，我拿一些個案研究來測

試她，看她何時開始覺得無聊。我想感謝英國的編輯史都華・普羅菲特（Stuart Proffitt），以及德國的編輯伊莉莎白・魯格（Elisabeth Ruge），他們兩人都敦促我寫得更有文學性一些。他們是編輯，編輯是一門失傳的技藝。我也非常感謝助理希拉蕊・安傑洛（Hillary Angel）與多姆・巴格納托（Dom Bagnato）的實務協助，他們都是把事情做好的狠角色。我也要感謝本書的文案編輯伊莉莎白・史特拉福（Elizabeth Stratford）。謝謝兩位老友克雷・卡宏（Craig Calhoun）與布魯諾・拉圖（Bruno Latour）的指教，前者熱情地糾正我的認知錯誤，後者是隨口提起。最後，我想感謝一位新朋友：羅雲・威廉斯大主教（Rowan Williams），他的著作涵蓋神學、哲學與藝術。他與我的宗教信仰不同，但他對書籍用途的了解啟發了我。

合作

互助交流的儀式、愉悅與政治

弗朗西絲・約翰斯頓（Frances Johnston）攝影，〈製造樓梯〉，北達科他州
的漢普頓學院（Hampton Institute），玻璃底片。

前言
合作的心境

　　在倫敦一所學校操場上，我孫子的朋友曾用學校的廣播設備，高唱莉莉‧艾倫（Lily Allen）的歌，「去你媽的，真是去你媽的，因為我們討厭你的所作所為，也鄙視你那些狐群狗黨！」一名六歲的小女孩隨著音樂扭腰擺臀。校方對這種惡作劇感到震驚，畢竟這是「未授權使用」。坦白講，我內心那個叛逆的頑童心態，很佩服孩子搶占校方的廣播系統；但我也很震驚，這些小孩並不知道這位歌手的歌詞是在自我解嘲，對他們來說，「去你媽的，真是去你媽的」似乎是一種直截了當的宣言，宣告著我們反對你[1]。在這間學校所在的倫敦市中心，這是種危險的情緒：這裡混合著不同的宗教、種族與階級，使這種「我們反對他們」的心態成了一種醞釀衝突的來源，而倫敦這一帶確實經常發生暴力衝突。

　　在美國，每當我想自虐時，就會去聽右派的電台談話節目，他們對極端女權主義者、自由主義者、世俗人文主義者、已婚的

同性戀者，大罵「去你媽的，真是去你媽的」，當然，他們也罵社會主義者。如今的美國已變成一個高度部落化的社會，大家討厭與異己相處，但歐洲人在這方面也好不到哪兒去，歐洲的部落主義是以民族主義的形式呈現，並在二十世紀上半葉摧毀了歐洲；半個世紀後的今天，曾經非常包容的荷蘭也有類似美國那種電台談話節目，光是提到「穆斯林」這個字眼，就會引發排山倒海而來的抗議。

　　部落主義意謂著團結同夥、打擊異己，這是一種自然的衝動，因為社群動物大多是部落動物，它們成群狩獵、劃地為王，組成部落是他們的生存之道。然而，在人類社會中，部落主義可能產生適得其反的效果。人類這種複雜的社會，有賴跨境流動的勞工；包含不同的民族、種族與宗教；產生多元的性生活與家庭生活。強行把這些複雜性塞進單一的文化模式中，是政治上的壓制，也是自欺欺人。「自我」是情感、從屬關係、行為的綜合體，這些組成很少整齊地結合在一起。呼籲部落團結一致，會減少這種個人的複雜性。

　　亞里斯多德可能是第一個擔心壓抑性統一的西方哲學家。他認為城市是 synoikimos（希臘文，syn 是聚集在一起，oikos 是指家戶單位或部族），亦即來自不同家族部落的人聚集的地方——每個 oikos 都有自己的歷史、效忠的從屬關係、財產與家族守護神。為了貿易及戰爭期間的相互支持，「一座城市是由不同種類的人所組成，相似的人無法形成一座城市」[2]；城市因此迫使大家思考及因應不同派別的人。顯然，相互攻擊無法凝聚成一個城市，但亞里斯多德把這個原則變得更加微妙。他說，部落主義是指，在不了解他人的情況下，自以為知道他人是什麼樣的人；在

沒有直接接觸過他人之下，對他人的看法全憑心生畏懼的幻想。以現在的觀點來看，這就是所謂的刻板印象。

　　親身經驗會削弱刻板印象嗎？社會學家薩繆爾‧史多佛（Samuel Stouffer）認為可以，他在二戰期間觀察到，與黑人並肩作戰過的白人士兵，種族偏見較少[3]。不過，政治學家羅伯‧普特南（Robert Putnam）推翻了史多佛與亞里斯多德的立場。他發現，親身體驗多元性，其實會使人遠離那些異己；相反的，生活在同質社區的人，似乎更有意與外界的其他人往來，也對其他人更感興趣[4]。他這些主張所依據的龐大研究，是剖析態度，而不是剖析實際的行為。在日常生活中，人們可能不得不收起那種態度；我們常被迫與我們害怕、不喜歡或根本不了解的人往來。普特南的意思是，面對這些挑戰時，大家一開始比較想遠離，或是像他所說的「避不見人」（hibernate）。

　　我在安穩的學術辦公室裡，擔心著世界的狀況。我應該說，我也擔心「去你媽的，真是去你媽的」對我孫子的影響。我一直在想，對於部落主義，我們能做些什麼。與異己共存的問題那麼大，不可能有單一或全面的解方。然而，步入老年的一個特殊影響是，我們開始對「真遺憾……」這種話感到不滿，聽天由命似乎不是什麼美德。

　　合作可以簡單地定義為：參與者從相處中獲益的一種交流。在黑猩猩相互梳理毛髮、兒童一起堆沙堡或男女一起堆沙包以因應洪水來襲時，這種行為可以一目了然。一目了然是因為互助是內建在所有社群動物的基因中；它們相互合作，以完成自己無法

單獨完成的事情。

　　合作交流有多種形式。合作可以和競爭結合在一起，就像兒童一起制定遊戲規則，然後再展開遊戲，彼此競爭。在成人世界裡，這種合作與競爭的組合也出現在經濟市場、選舉政治、外交談判中。在神聖與世俗的儀式中，合作變成一種獨立的價值：一起參與聖餐禮（Eucharist）或逾越節晚餐（Seder），把神學帶入了生活；禮儀（比如隨口說「請」、「謝謝」這樣的小舉動）把相互尊重的抽象概念化為實務。合作可以是非正式的，也可以是正式的；在街角遊蕩或酒吧裡一起喝酒的人會聊八卦，讓談話持續下去，但他們不會意識到「我正在合作」。這種行為被包藏在愉悅的互動體驗中。

　　人類的部落主義顯示，合作交流可能對他人造成有害的結果。同樣的，銀行從業人員也是以內線交易或裙帶關係的形式來做這種有害的合作。他們的行為是合法的搶劫，但犯罪集團的運作也是依循同樣的社會原則。銀行從業人員與銀行劫匪都是參與共謀活動，共謀是合作的黑暗面。十八世紀，伯納德·曼德維爾（Bernard Mandeville）在著作《蜜蜂的寓言》（*Fable of the Bees*）中提到了共謀。詼諧犀利的曼德維爾博士認為，共同的私惡可以帶來一些公共的利益，但前提是人們不受宗教、政治或任何信仰的「折磨」①5。

　　本書中，我想在不引起這種憤世嫉俗的觀點下，把重點放

---

① 那個寓言是說，在一個蜜蜂國度裡，每隻蜜蜂都瘋狂地追求自身利益，展現
　　各種私惡，但整個蜂巢呈現出一派繁榮的景象。後來，邪惡的蜜蜂突然覺
　　悟，要求天神讓牠們變得善良正直，整個蜜蜂王國卻因此陷入一片蕭條。

在如何因應「我們對抗你們」（us-against-you）那種破壞性的合作，或是合作退化成共謀等問題上。有一種不錯的替代方案，是辛苦又困難的合作。那是試圖把利益不同或利益衝突的人、對彼此觀感不好的人、地位不平等的人或不了解彼此的人，聚在一起。這樣做的挑戰在於，如何以尊重他人本性的方式來因應他人，這是所有衝突管理的挑戰。

　　哲學家兼政治家邁克・伊格納蒂夫（Michael Ignatieff）認為，這種因應方式是一種道德素養，是個人內在的一種心態；我認為這是源自實務活動[6]。妥善管理衝突（如戰爭或政治鬥爭）的一個結果是，那種合作可以支持社會群體度過不幸與動盪的時期。此外，那種合作也幫個人與團體了解其行動的後果。本著寬宏大量的精神，我們不要鄙視那些做內線交易的銀行從業人員，不要覺得他們不配當人：為了替他的行為找一個道德標準，他需要思考自己的行為，對那些與他截然不同的人、小企業、付不出貸款或其他苦苦掙扎的客戶有什麼影響。更廣泛地說，我們從這種辛苦的合作中獲得的是對自己的洞察。

　　關於辛苦的合作，最重要的是，這種合作需要技巧。亞里斯多德把技巧定義為techne（技藝），亦即使事情發生、把事情做好的方法。伊斯蘭哲學家伊本・赫勒敦（Ibn Khaldūn）認為，技巧是匠人的特殊專長。也許你跟我一樣，不喜歡「社交技巧」這個詞，它是指那些擅長在雞尾酒派對上聊天的人，或擅長向你推銷無用之物的人。不過，還是有一些社交技巧是比較務實的，例如好好傾聽、行為得體、找到共識並處理分歧，或在棘手的討論中避免失望。這些活動都有一個專業術語：「對話技巧」（dialogic skills）。在解釋這個術語前，我們應該先問一下，為什

麼這類需要技巧的合作，似乎屬於應該發生的理想領域，而不是
日常行為的實務領域。

削弱技巧

　　大家對部落主義的批評，往往潛藏著一種責難的語氣，彷彿
部落主義者沒有達到批評者的世界主義標準似的。此外，不難想
像，與異己合作的辛苦並不常見。然而，現代社會以獨特的方式
削弱了合作，如此衍生的缺點中，最直接的現象是不平等。

　　以大家普遍使用的統計工具「吉尼係數」（Gini co-efficient）
來衡量，在上一個世代，開發中國家與已開發國家的不平等程度
都急劇增加了。在中國，經濟發展導致吉尼係數飆升，因為城市
居民的財富成長遠遠超越了鄉村居民。在美國，財富縮水加劇了
國內不平等；高技能製造業的工作流失，導致整體財富縮水，而
頂層最富有的1%與0.1%的財富則大幅飆升。經濟不平等在日常
經驗中轉化為社交距離，菁英與大眾漸行漸遠，卡車司機與銀行
家的期望和痛苦幾乎毫無交集。這種距離當然會讓一般人感到憤
怒，「我們對抗他們」的思維與行為是一種理性的結果。

　　現代勞動力的改變，也以另一種方式削弱了我們與異己合作
的願望與能力。原則上，每個現代組織都支持合作；但實務上，
現代組織的結構卻阻礙了合作──「穀倉效應」（silo effect，亦
即門戶之見、本位主義、各立山頭）的管理討論中確認了這個事
實。不同單位的個人與部門間相互隔離，個人與群體間沒什麼共
鳴，大家各自藏匿對他人有價值的資訊，而不是不藏私地分享。
人們共事時間的變化，也增加了這種隔離與孤立。

　　現代勞力越來越偏向短期性質，因為短期或臨時性的兼職工作取代了單一組織內的長期職涯。據估計，二〇〇〇年踏入社會的年輕人，在職涯中將更換雇主十二至十五次[7]。在組織內，社交關係也是短期的，管理實務建議，員工團隊在一起的時間不要超過九至十二個月，以免員工習以為常而過於依賴彼此。膚淺的社交關係是短期工作的產物之一，當人們在一個組織內待不久時，他們對該組織的了解與投入都會減弱。膚淺的關係與短暫的組織關聯，一起強化了穀倉效應：大家開始藏私，不介入跟自己無直接相關的問題，尤其是組織中那些從事不同事情的人。

　　除了物質與組織的原因以外，現今的文化力量也不利於辛苦的合作。現代社會催生了一種新的性格類型。這種人致力減少差異引起的焦慮，無論那些差異的性質是政治、種族、宗教、民族，還是情色的。這種人的目標是避免激發（arousal），盡可能不感受到深刻差異的刺激。普特南所說的遠離（他認為「親身體驗多元性，會使人遠離異己」），就是減少這些刺激的一種方式。但品味的同質化也是如此，文化的同質化在現代建築、服裝、速食、流行音樂、旅館……中顯而易見（這是一份無窮無盡的全球化清單）[8]。「每個人基本上都一樣」，表達出一種尋求中立的世界觀。中和差異、馴化差異的渴望，源於對差異的焦慮（我會試圖證明這點）。這種焦慮與全球消費文化的經濟學交織在一起，結果之一是削弱了我們與難搞的他者（Other）合作的衝動。

　　基於上述的物質、組織、文化的原因，現代社會難以因應辛苦的合作所帶來的挑戰。我將以一種乍看之下可能有些奇怪的方式來描述這個缺點：現代社會正在削弱人們合作的技巧。「削弱

技巧」（de-skilling，又譯「去技化」）一詞，源於工業生產中以機器取代人力，複雜的機器取代了熟練的手工勞動。例如，十九世紀，這種替代發生在煉鋼業，讓工匠只做比較簡單、直接的任務。如今，機器人的目標是，在提供服務及製造東西方面，取代昂貴的人力。在社交領域，削弱技巧的現象也同樣嚴重：人們正失去處理棘手差異的技巧，因為物質不平等使他們孤立，短期工作使他們的社交關係變得膚淺，並引發他們對他者的焦慮。我們正在喪失讓複雜社會運轉下去所需的合作技巧。

我的論點不是源自於對愉悅過往的懷舊之情，彷彿過去一定比較好似的。以複雜的方式合作是一種能力，這種能力是源自於人類發展的最早階段，並不會在成年後消失。然而，現代社會卻有可能削弱這些發展資源。

嬰兒期的合作性

兒童心理學家艾利森・高普尼克（Alison Gopnik）認為，人類的嬰兒是生活在一種多變的成長狀態；在人類發展的初期，觀感與知覺發生了驚人的快速變化，這些變化塑造了我們的合作能力[9]。我們襁褓時期與照護者培養關係的經驗，一直深藏在內心。當我們還是嬰兒時，必須學會與照護者合作才能生存。這些嬰兒期的合作實驗就像排練（rehearsal）一樣，嬰兒會嘗試各種與父母及同儕相處的可能性。基因模式提供了一種指引，但人類的嬰兒就像所有靈長類動物的幼子般，也會探索、實驗、改進自己的行為。

嬰兒在四個月或五個月大左右，開始與母親一起參與哺乳，

這時合作成了一種有意識的活動。嬰兒雖然聽不懂話語，但開始對他該怎麼做的口頭暗示產生反應。例如，聽到某種音調時，就依偎在某個位置。多虧了語言暗示，「預期」成了嬰兒行為模式的一部分。滿週歲後，嬰兒會以一種相似的方式對彼此做出反應，預測彼此的動作。我們現在知道，這種暗示行為——預測與反應的刺激——有助於大腦啟動先前休眠的神經迴路，因此合作可促進人類嬰兒的智力發展[10]。

非靈長類社群動物發出的訊號是即時可讀的，所以算是靜態。例如，蜜蜂對著彼此「跳舞」時，牠們是發出精確的訊號（比如西北方四百米處可找到花粉），其他蜜蜂一看就知道怎麼解讀那些訊號。在人類的嬰兒體驗中，暗示變得越來越不像蜜蜂。嬰兒嘗試以手勢、表情、抓握或觸摸來表達，但成人覺得這些動作令人費解，無法立即解讀。

心理學家傑羅姆・布魯納（Jerome Bruner）指出，這種令人費解的訊息是認知發展的跡象。嬰兒會越來越常用他自己的方式（如哭泣）來表達意思。兩個月大的嬰兒大哭，是為了讓人知道他不舒服。隨著時間的推移，哭的形式會越來越多元，因為嬰兒試圖表達更複雜的東西，但父母更難以解讀。這種落差在嬰兒滿週歲時就形成了，並改變了「相互」（mutual）的含義。嬰兒與成人持續透過施與受來建立連結，但不太確定他們正在交流什麼，因為暗示過程變得更加複雜。布魯納說，傳送與接收之間的落差，構成了親子關係裡的「新篇章」[11]。但新篇章不是災難，嬰兒與父母都會學習去適應它。事實上，這種落差會刺激他們更注意對方，交流因此變得更複雜，而不是中斷。

儘管如此，父母很容易想像，嬰兒進入班傑明・斯波克

（Benjamin Spock）所謂「可怕的兩歲」（the terrible two）時，已經離開了伊甸園[12]。在這個階段，大家常把幼童的爆怒現象解釋為，孩子一離開母親身邊，就變得乖戾。兒童心理學家威尼科特（D. W. Winnicott）與約翰·鮑比（John Bowlby）率先提出一套較細膩的說法。威尼科特的研究是以父母的普遍觀察為基礎：父母觀察到，嬰兒在哺乳時與母親合作，逐漸了解母親的乳頭不是他自己身體的一部分。威尼科特認為，嬰兒接觸、吸舔乳頭的自由越大，他越知道乳頭是外在、獨立的東西，只屬於母親。鮑比則是針對嬰兒滿週歲後，在玩耍中體會的觸覺自由，提出相同的觀點：兒童與玩具的互動越自由，他們越知道實體物件是獨立存在的[13]。這種對實體的獨立意識，也出現在嬰兒與其他嬰兒的互動中。當嬰兒拳打腳踢或舔別人更自由時，他們會發現別人的反應與自己的預期不同，因此越知道別人是獨立存在的個體。

　　所以，幼年生活為體驗複雜性與差異性，奠定了早期的基礎。幼童幾乎不會像普特南說的那樣「避不見人」。他們即使各自獨立、目的不同，但互動更多。在這方面，我們想把父母也拉進來看。一方面，父母常對嬰幼兒說話時，孩子更善於與其他的嬰幼兒互動，也比較少對照顧者動怒；父母不太對嬰幼兒說話時，孩子在社交上可能較孤立。父母刺激所產生的差異，可從嬰兒大腦神經迴路的啟動中察覺到[14]。但即使沒有父母的刺激，嬰兒想與他人交流的生理動力也不會消失。滿週歲後，所有的嬰兒就會開始注意及模仿別人。他們學習實體物件的速度也會加快，尤其是學習物件的大小與重量，以及有形的風險。一起合作完成一件事（比如堆雪人）的社交能力，在孩子滿兩週歲時就形成了：即使沒有父母鼓勵，幼童也會做。

把早期的合作經驗想成排練有一個好處：這個概念解釋了嬰兒如何因應挫折。無法溝通所產生的挫折感，是以哭鬧的形式展現。嘗試不同的哭聲是嬰兒學會的一件事，而且有意外的效果。鮑比發現，嬰兒隨著發出的聲音越來越多元，通常會哭得更多，因為他們現在專注於發聲，也對發聲更感興趣，不再只是發聲表達不舒服。

同樣重要的是結構與紀律問題。在排練中，重複動作提供一種紀律結構。你一遍又一遍地複習，試圖把事情做得更好。純粹的機械式重複，無疑是童年遊戲的一個元素，就像一遍又一遍地聆聽同樣的故事是一種樂趣一樣。但機械式重複只是其中一個因素。孩子約四歲時，開始有能力以我們了解的形式練習（可能是練習某種運動或樂器）。他們透過不斷地重複，試圖把事情做得更好。

隨之而來的是社交結果。鮑比發現，在托兒所裡，幼兒一起反覆地實驗時，這種重複會使他們的關係變得更緊密。以唱歌為例，無法合唱的挫折感，變成鮑比所謂的「過渡性影響」。也就是說，那不會阻礙他們下次試著抓對合唱的節奏。許多研究也發現，獨自排練（練習某種日常事物以求進步）比較困難。更正式地說，重複使合作既可以持續，也可以改進。

四歲時，合作的發展來源又更進一步。當然，按年齡劃分是隨意的，畢竟發育有彈性，因人而異。儘管如此，心理學家愛利克‧艾瑞克森（Erik Erikson）已經證明，幼童到了這個年齡，已經能夠本能地、自覺地研究自己的行為，把行為抽離自我來看[15]。實務上來說，他的意思是，孩子不需要父母或同儕的暗示或糾正，就有能力自我檢討了。當一個孩子能做到這點時，在艾

瑞克森的理論架構中，他已經「個體化」（individuated）。五歲左右，孩子變成狂熱的修正主義者，他們會修改以前對他們有用、但現在已經不夠用的行為。

有自我檢討的思考能力，不表示孩童會遠離其他的孩子；孩子們可以一起本能地思考。艾瑞克森為這個過程所提供的一個證據是玩遊戲。五到六歲時，孩子開始協商遊戲規則，而不是像兩、三歲那樣，覺得規則是既定的。協商越多，孩子玩遊戲時的關係越緊密。

一個世紀以前，歷史學家約翰・惠欽格（Johann Huizinga）出版了一本研究遊戲的著作：《遊戲人》（*Homo Ludens*）。他在書中指出，「遵守遊戲規則」與「討論遊戲該如何規範」之間的差異。惠欽格認為，這兩者是孩子可隨時選擇的方案；但現代心理學認為，這是人類發展過程的順序。最近一項研究指出，在發展過程中，會先出現絕對服從，之後才出現談判力[16]。於是，一個深遠的結果隨之而來：發展使我們能夠選擇我們想要的合作類型、交換條件、合作方法。因此，合作的體驗中開始多了自由。

艾瑞克森對這個過程的主要觀點是，合作比個體化先出現：合作是人類發展的基礎，因為我們學會如何獨立之前，先學會如何在一起[17]。艾瑞克森看似在講一個顯而易見的事實：我們無法獨自發展。然而，這表示，發展過程中出現的誤解、分離、過渡情況、自我檢討，都是在考驗我們如何與他人相處，而不是如何避不見人。如果社交關係是根本合約，它的條款會一直改變，直到孩子進入正規教育為止。

　　這是合作開始發展的一種方式，我相信每位家長都能講述孩子成長的獨特故事。我的版本強調人際關係需要技巧；當孩子更懂得合作時，社交與認知技巧就會緊密相連。我強調的兩種技巧是實驗與交流。實驗需要做新的事情，更重要的是，隨著時間的推移，建構這些改變。孩子是透過反覆、擴展的練習過程，來學習做到這點。早期的交流是模稜兩可的，例如嬰兒會發出模稜兩可的暗示；當孩子懂得協商遊戲規則時，他們也能夠討論及化解模稜兩可的事情。艾瑞克森提出的宏大概念對我來說確實有意義，也就是說，自我意識是從實驗與交流的脈絡中產生的。我也贊同艾莉森·高普尼克（Alison Gopnik）的觀點，她強調早期發展包括對各種可能性的排練。

　　無論你對孩子有什麼看法，你可能會注意到，學習在這些條件下合作並非易事。某種程度上，這種困難是好的；合作變成一種努力獲得的經驗，而不單只是輕率的共處。就像生活中的任何領域一樣，我們會珍惜努力獲得的成果。那麼，排練過程如何為以後的複雜合作奠定基礎呢？

對話學

　　「不觀察的人無法交談。[18]」這句英國律師的智慧金句一語道盡了「對話學」（dialogics）的精髓。這個專業術語是指對他人的關注與反應。這個金句特別指出聽者在討論中所占的分量。我們談到溝通技巧時，通常關注的是如何清晰地表達我們的想法或感受。這些確實都需要技巧，但這些技巧是陳述性的。好好聆聽需要一套不同的技巧，亦即在回應之前，密切關注及解讀他人

說的話，理解他人的肢體動作、沉默與聲明。雖然我們為了好好觀察，可能必須克制自己不要發言，但如此衍生的對話會變成更豐富的交流，更有合作性，也更有對話性。

排練

　　覺得自己的經驗有很大的象徵價值，是一種常見的惡習。我想用後續幾頁的篇幅，放縱自己沉溺於這種惡習。有一種聆聽技巧的模式，是出現在專業的成人排練中，那種聆聽是表演藝術中不可或缺的，也是我熟悉的模式。年輕時，我曾是職業音樂家，拉過大提琴，也當過指揮。排練是演奏音樂的基礎。排練音樂時，聆聽技巧變得非常重要。懂得聆聽的音樂家，更善於合作。

　　在表演藝術中，光是別人的需求，往往令人訝異。音樂神童開始演奏室內樂時，常不知所措，因為他們受到的訓練從來沒教過他們如何注意他人（我十歲時就是如此）。雖然他們可能很熟悉自己的演奏，但排練時，他們必須學習消除自我，傾聽外界的聲音。有時結果會走向另一個極端，音樂家融入其中，把自我淹沒在一個更大的整體中。但純粹的同質性，不是一起演奏音樂的祕訣——或者，更確切地說，那只會演奏出非常枯燥的音樂。相反的，音樂性格是透過順從與主張等小小的戲劇表現出來的；尤其在室內樂中，我們需要聽到個人以不同的聲音來表達。這些聲音有時會發生衝突，就像琴弓或琴弦的顏色一樣。把這些差異交織在一起，就像一場豐富的對話。

　　在古典音樂中，我們使用印刷樂譜，樂譜彷彿主導了對話。不過，樂譜上的墨跡不足以告訴我們音樂的實際聲音。大提琴家羅伯・溫德（Robert Winter）寫過貝多芬四重奏的排練。他說，

樂譜與演奏的差異，是由樂器的特殊性質、演奏者的不同性格，當然還有文本上的難解之謎所構成的 [19]。音樂中最令人抓狂的音樂指令是 espressivo（意指有表情，是一種表達方式，讓表演者透過輕微的自由表達與動態，來表達音樂作品的情緒）；想把這種指令轉化為聲音，必須憑直覺去判斷作曲家的意圖；個別的演奏者可能會發出如何演奏 espressivo 的線索，但其他的演奏者可能無法解讀那種線索——這有點像嬰兒床傳來的哭聲。

　　除了令人費解的指令外，排練中的對話也是為了了解作曲家寫樂譜時所聽到的聲音。例如，在舒伯特八重奏中，作曲家把原本由八名演奏者共用演奏的旋律分成片段，這很微妙：每次暫停出現時，每個樂手都必須傳達出類似「我要在這裡下車」的資訊，但又不能大聲張揚自己要離開了。這是我想像中舒伯特想要的情況，但我只能與其他的樂手合作來證明這點。我的樂聲先與他們的一致，再與他們的分開。由於樂譜與聲音之間有落差，我的指揮老師——偉大的皮埃爾‧蒙特（Pierre Monteux）——以前常要求學生「聽，不要讀！」，這必須在排練中發生。

　　在音樂演奏中，練習與排練有根本上的差別：一種是單獨的體驗，另一種是集體的體驗。兩者的共通點是：標準流程都是一開始先注意整套樂譜，接著才專注於特定的測試樂章。這兩種演奏，處理音樂的方式不同。排練會把音樂習慣帶入共同的意識中。單獨練習時，音樂家一遍又一遍地複習他的部分，把樂章練得滾瓜爛熟——這對那些為了公開表演而準備其演奏部分的樂手來說特別必要。只有極少數的表演者，可以演奏兩次就記住樂譜，例如小提琴家佛里茲‧克萊斯勒（Fritz Kreisler）或蒙特。對我們其他人來說，風險在於忘了我們熟記的樂章聽在他人耳裡

是什麼感覺。排練中，一個演奏者可能讓另一個演奏者突然意識到這點。

　　孩子討論遊戲規則時，必須達成共識才能一起玩。音樂家不會這樣做，或者不完全是這樣的。有次，我和單簧管演奏家阿倫‧羅斯布里奇（Alan Rusbridger）一起排練舒伯特八重奏，他一度對我說：「老師！」──（他也是記者，所以這種稱呼不完全是恭維）──「你的高音聽起來很刺耳。」獨自練習時，我忘了這段聽在他耳裡是什麼感覺；他一講，我就聽到了。但我沒有因此軟化聲音，而是思考，那段是否應該聽起來是刺耳的。我想了想，覺得應該要刺耳，所以把它變得更加刺耳。我覺得，我們的交流讓我更用心去評估他不喜歡的音調。就像好的討論一樣：它的豐富性是由歧見構成的，然而，這些歧見不會阻止大家繼續交談。

　　如果一位演奏者對「舒伯特八重奏的意義」提出解釋，或所有的演奏者都討論它的文化意義，那麼排練就無法進展，排練本身就會變得像研討會那樣。但事實是很少排練像哲學研討會那樣進行。擅長排練的音樂家會花很多心思偵查具體的問題。誠然，許多音樂家非常固執（我當然也是），但這些個人意見只有在塑造特定的集體聲音時，才會影響其他人。這種實務經驗可能是排練過程中，關於藝術合作的最大特點：合作是從基礎開始建立，表演者需要找到重要的細節，並努力表達。

　　時間上的差異也可以區分練習與排練。專業音樂家獨自練習時，可一次連續八個小時或更長。他們已經學會如何建構「偵查重複」（investigative repetition）的過程，以便長時間集中注意力。小提琴家艾薩克‧史坦（Isaac Stern）是這類練習的高手，

他曾對我說：「我整晚沒睡，終於把勃拉姆斯協奏曲的開場小節拉對了。」職業樂團的排練很少一次超過三個小時，部分原因在於工會對加班及其他經濟限制的規定。一個樂團運氣好的話，在首次表演前，可以為特定曲子排練五次或更多，但現實情況通常只能排練兩、三次。大量的集體勞動必須擠在短時間內完成。表演者需要在講述其探索的重要細節時，盡量精簡。

在專業音樂的排練期間，對話有獨特的社交性，因為那通常是與陌生人對話。職業音樂家需要到處遷徙，如果他很有名，他會經常與不知名的管弦樂隊或臨時樂團一起巡迴演出。即使是常駐於管弦樂隊的音樂家，他們的其他時間裡，也會出現偶然的演出機會（通常是在城外的教堂或婚禮，以及其他的音樂廳）。與陌生人交流是個挑戰，這使他們更需要了解細節，因為大家一起排練的時間只有幾小時。

解決這個問題的一種方法，是設計一套可直接套用的儀式（rituals）。每個音樂家都會養成一套他想立即應用於關鍵樂章的表達習慣。我巡迴演出舒伯特八重奏時，會在樂譜上標記我想放慢節奏的關鍵處，亦即那些我想偏離旋律的段落。排練的儀式就是分享那些標記。如果其他人也做了類似的標記，我們可以立即討論要放慢多少。如果其他人沒有標記那些地方，我們會討論要不要放慢。標誌段落的儀式有一種象徵性的力量，因為那向其他音樂家傳達了你是怎樣的演奏者、你習慣怎麼拉琴或塑造動態。其他的音樂家會憑直覺判斷，你在其他未標記的段落中可能怎麼做，那些段落可能還沒排練過。

儀式使充滿表現力的合作得以運作，這點很重要。儀式使人在宗教、職場、政治與社群生活中，能夠進行充滿表現力的合

作。致力練習及破解舒伯特八重奏之謎的夜晚，確實不是現在所謂的「主流活動」，那是一般人難以理解的生活方式。這裡我也沒有直接比較職業音樂家與職業運動員的排練過程（職業運動員近似職業音樂家，是另一種高度專業化的合作形式）。然而，我身為職業音樂家的經驗，是建立在基本的人類基礎上。這些基礎與幼兒期的關聯包括：釐清模稜兩可的溝通；日益有條理又專注的練習；有關歧見的交流；練習時的自我檢討[20]。排練中的音樂家，屬於艾瑞克森那套理論的成年階段：他們需要互動、交流，以追求互惠互利。他們需要合作來創造藝術。

辯證式交流與對話式交流

音樂排練與口頭交談間有相似之處，但那隱藏了一個不解之謎。音樂家之間的實際交流，大多是由揚眉、咕噥聲、使眼色，以及其他非言語的肢體語言所組成。同樣的，當音樂家想解釋某事時，他們通常是以演奏的方式表達，而不是講出來。也就是說，他們會演奏某個段落，讓對方解讀他正在做什麼。我很難用言語解釋，我說「也許更espressivou一點」是什麼意思。然而，在一般的口語對話中，我們需要找到貼切的字眼才能表達。

儘管如此，音樂排練還是很類似那種討論。在討論中，傾聽他人的技巧變得跟清楚陳述一樣重要。哲學家伯納德·威廉士（Bernard Williams）曾撰文痛批「自信癖」（fetish of assertion）。「自信癖」是一種想要強調個人見解的衝動，彷彿自己的見解最重要[21]。在這種言語爭論中，聆聽技巧並不重要，對方應該表示讚賞及認同，或以同樣的自信反駁──多數政治辯論中常見的聲

子式對話②就是這種。

　　而且，儘管說話的人可能表達拙劣，但好的傾聽者不會糾結在那個缺陷上。他必須對意圖、建議做出回應，這樣談話才能繼續下去。

　　仔細聆聽會促成兩種交流：辯證式交流與對話式交流。在辯證式交流中，誠如我們在學校裡學到的，對立的論點會逐漸融合在一起。辯證法是源於亞里斯多德在《政治學》（Politics）中的言論，「雖然我們可能使用相同的字眼，但我們不能說我們正在談論相同的事情。」辯證法的目的，是為了最終達成共識[22]。辯證式交流的技巧在於，找出有助於建立共識的東西。

　　關於這個技巧，希歐多爾‧澤爾丁（Theodore Zeldin）在一本關於對話的智慧小書中寫道，好的傾聽者從對方的表現中發現的共通點，比從對方的話語中發現的還多[23]。聆聽者會把對方的表現轉化為語言，然後加以闡述。他掌握了對方的意圖、脈絡，讓它變得明確，然後談論它。另一種技巧是出現在柏拉圖式的對話中，蘇格拉底是以「換句話說」來複述對方的說法，藉此證明他是很好的傾聽者。但複述不完全是對方實際說過的話或實際想說的話。這種回聲法其實是一種置換。這也是為什麼柏拉圖對話錄中的辯證法，不像爭論或言語對決。論點的對立面不是「你這個笨蛋，你錯了！」，相反的，誤解與歧見開始發揮作用，大家把懷疑攤開來講，每個人都必須更認真地傾聽彼此。

　　在音樂排練中，當一名演奏者說「我不太懂你在彈什麼，是這個音嗎？」的時候，也會發生類似的情況。複述會讓你重新思

------

② 各方只談自己的看法，根本不聽對方的意見。

考那個聲音，可能因此做出調整，但不會模仿聽到的東西。在日常對話中，這就是大家常說的「交換一下意見」（bounce ideas off other people），這些意見像球一樣拋來拋去，落點可能讓每個人都很訝異。

　　dialogic（對話體）是俄羅斯文學評論家米哈爾‧巴赫汀（Mikhail Bakhtin）創造的字，用來指不是為了尋找共識的討論。雖然這種討論可能不會達成共識，但交流的過程可能讓人更了解自己的觀點，也增加對彼此的了解。「老師，你的高音聽起來很刺耳。」在排練舒伯特八重奏時啟動了對話。巴赫汀在拉伯雷（Rabelais）、塞凡提斯（Cervantes）等作家的作品上，套用了交織卻分歧交流的概念，他們的作品與辯證式對話正好相反（辯證式對話是逐漸達成共識）。拉伯雷筆下的人物朝著看似無關的方向發展，與其他的人物互動；於是，討論變得越來越複雜，人物之間相互刺激[24]。有時精采的室內樂表演也是傳達類似的東西。演奏者的樂聲聽起來不完全一致，演奏更加豐富多元、更複雜，但演奏者仍相互激發──古典室內樂與爵士樂都是如此。

　　當然，辯證式交流與對話式交流間的差異，不是那麼涇渭分明。正如澤爾丁那種辯證式交流。對話式交流的前進，需要注意對方暗示但沒說出來的東西；就像蘇格拉底那句巧妙的「換句話說」，在對話式交流中，誤解可能最終促進相互的了解。然而，所有聆聽技巧的核心，都在於抓住具體的細節，以推動對話前進。糟糕的傾聽者是以籠統通泛的說法回應；他們沒注意到那些開啟討論的隻字片語、表情或沉默。在口頭交流中，就像音樂排練一樣，交流是從基礎開始建立的。

　　缺乏經驗的人類學家與社會學家在討論時，可能遇到一種特

殊的挑戰。他們有時太急於回應對話者，一味地跟著對方的討論方向走。他們不爭論，而是展現出他們反應迅速、他們在乎。這裡潛藏著一大問題：過於認同對方，可能破壞對話式交流。

同情心與同理心

我們常把對他人的關切想像成一種同情，意指對他人感同深受，套用美國總統柯林頓的經典說法就是「我可以感受到你的痛苦」。在《道德情操論》（*The Theory of Moral Sentiment*）中，亞當・斯密（Adam Smith）把同情描述為，一個人「努力地設身處地為他人著想，並讓自己明白可能發生在受苦者身上的每件微小痛苦……無論那有多麼微不足道[25]」。他特別強調了聖經的戒律，「你們願意人怎樣待你們，你們也要怎樣待人。」③一個人必須從他人身上看到自己，不是只看到一個人而已，而是看到自己身處在那些最「微不足道」的情況中，那些情況往往與我們的具體經驗大相逕庭。亞當・斯密認為，想像力可以克服這些障礙，讓我們跨越彼此迥異的鴻溝，產生認同感，彷彿陌生或外來的經驗是自己的。這樣一來，我們就能感同身受，同情對方的苦難。

柯林頓隨口表達的那種通用型同情心，讓許多經驗不足的社會學訪問者顯得更有親和力，但也造成許多糟糕的後果。亞當・斯密建議大家下的那種苦功（想像他人經歷的具體細節）並沒有發生。「我可以感受到你的痛苦」也無法幫音樂家一起演奏得更好。對採訪者與音樂家來說，比較有用的是另一種形式的投入：同理心。

---

③ 路加福音 6:31，意同「己所不欲，勿施於人」。

　　在音樂的排練中，一名弦樂器的演奏者可能意識到，其他團員以全然不同的方式聽到某段音樂，所以才會以琴弓做出不同的表達。他聽出了差異。這時，有同情心的反應是，認同並模仿其他團員；有同理心的回應則比較冷淡，「你拉上弓，我拉下弓……」兩者的差異依然存在，但你已經發出一個訊號，表示你知道自己正在做什麼。訪問中，聆聽者可以藉由維持眼神交流來表達同理心，即使保持沉默，也可以傳達出「我正專心聽你訴說」，而不是「我知道你的感受」*。好奇在同理心中比在同情心中更重要。

　　同情心與同理心都傳達了「認同」的意思，兩者都建立了連結，但一個是擁抱，另一個是邂逅。同情心是透過想像的認同行為來克服差異；同理心則是以尊重他人本性的方式去關心他人。一般認為同情心是比同理心更強烈的情緒，因為「我可以感受到你的痛苦」是強調我的感受，它啟動了一個人的自我。同理心比較費神，至少在聆聽方面是如此，聆聽者必須抽離自我。

　　為了合作，在不同的時間與不同的方式下，這兩種認可都是必要的。如果一群礦工被困在地底，「我可以感受到你的痛苦」，會讓人啟動想要幫助他們的渴望，即使我們可能從未下過礦井，那也不重要，我們會略過那種差異。但有些情況下，我們幫助他人時，不會想像自己處於對方的狀況，例如，讓哀悼的人說話，而不是冒昧打擾他們正在經歷的事。同理心有特殊的政治用途，立委或工會領袖可以藉由發揮同理心，從選民身上學習或

---

* 註：這是為什麼我培訓年輕的民族志研究者時，不止重視他們設計的問卷，也同樣重視他們的肢體動作與眼神。

了解狀況，而不止是以選民的名義說話而已（雖然要立委或工會領袖做到這樣的可能性很渺茫）。比較切合實際的是，聆聽時發揮同理心，可以協助社工、牧師或教師，在由不同種族或族裔所組成的社群中進行調解。

　　從哲學面來看，我們可以把同情心視為辯證法「正—反—合」（thesis-antithesis-synthesis）④的情感回報，「最終，我們相互了解了」，那感覺很好。相對的，同理心與對話式交流比較有關，雖然好奇心有助於維持交流，但我們無法體會到「事情完結了」那種滿足感。不過，同理心確實有自己的情感回報。

間接性

　　「去你媽的，真是去你媽的」不單只是一種純粹的攻擊用語，也讓人不知所措。面對這種情緒性粗口時，我們最有可能的反應是「你才去你媽！」，這下子兩人正式對立，結下梁子了。我剛搬來英國時，覺得議會的首相答問環節⑤（Prime Minister's Questions）就是一例。在這個提問時間裡，首相與反對黨領袖在口頭上寸步不讓，似乎要打起來了。當然，他們不會真的開打。如今這種看似致命的搏鬥，就像美國的職業摔跤般，是為了搬上電視播出。但在現實生活中，這種毫不妥協的言語攻擊常逾越界限。

---

④ 這是指德國黑格爾所提辯證法的正題、反題、合題三階段，是思想發展及一般事物演進的法則。一個現象出現，為正；必有另一現象與之對立，為反；當兩個矛盾現象解除，統一為一種新現象時，為合。

⑤ 自一九九七年起，逢星期三英國下議院開會時，英國首相會用半小時來回答議員的提問。

　　我年輕時接觸英國人的經驗，教了我一種迴避這種危險的方法。那時我是年輕的音樂系學生，剛從紐約的茱莉亞音樂學院（Juilliard School）畢業，離開那個競爭激烈的高壓環境。我第一次在倫敦與年輕的音樂家一起排練時，非常訝異。他們討論時，常用到「可能」、「也許」、「我本來以為」等詞彙。在其他的對話中也是如此，無論是在當地的酒吧，還是在達官顯要的客廳裡，英國人都證明他們是使用假設語氣的高手。

　　這樣做只是出於禮貌嗎？是有那麼一點，但不單只是出於禮貌。由於這種假設語氣為實驗敞開了空間，排練變得更加順利。試探性的用語是在邀請他人加入活動。誠然，害羞就像尷尬一樣，可能是一種變相的自戀，是一個人太在意自己的狀況了。不過，英國人喜歡把自己想成不像美國人那麼好勝好強，這也是事實。根據我的經驗，英國人其實跟美國人一樣雄心勃勃，只是他們不會表現得那麼明顯。那有助於排練室裡的合作無間，也可以讓酒吧裡的交談變得更輕鬆。

　　我成為社會研究者時，在思考人際關係時，假設語氣對我的影響更大。外交官為了避免戰爭，需要在談判時熟悉這種語氣。在商業往來與日常交際中也是如此，「也許」和「我本來以為」等說法，可以化解不知所措的情況。這種假設語氣消除了威廉士所擔心的「自信癖」，開啟了一個不確定的共同空間，一個讓陌生人共處的空間，無論那些陌生人是住在同一城鎮的移民與在地人，還是住在同一條街的同性戀與異性戀。當大家的言行舉止不過於自以為是時，社交引擎將運作得更順暢。

　　假設語氣運用在對話中最為自然。那種對話世界形成一個開放的社交空間，討論可往不可預見的方向發展。前面提過，對話

式交流是透過同理心（對他人的好奇）進行的。同情心往往是馬上認同，所以同理心是比同情心更冷靜的情緒，但同理心的回報並不冷淡。採用間接性、假設語氣的交談，可以體驗某種社交樂趣：不必逼自己變得像他人一樣，但還是可以跟他人共處、專注在他人身上，並了解他人。

對我來說，這確實是我從民族志田野研究中獲得的樂趣：你出去走走，結識異於自己的人。輕鬆聊天、隨意交談的樂趣，就像在陌生的街道上漫步一樣，鼓勵著每個人內心的民族志研究魂。這裡頭帶有一點偷窺癖的成分，但也許「偷窺癖」這說法言之過甚。如果我們只知道自己熟悉的人，生活會狹隘到令人無法忍受。就像仔細觀察一樣，隨意的交談需要技巧，才能變成有意義的邂逅。避免過於自信是一種訓練，它騰出一個空間讓你可以洞悉他人的生活，也讓他人洞悉你的生活。

交流就像排練一樣，聆聽技巧變得特別重要。好好傾聽是一種詮釋活動，當我們把注意力集中在聽到的細節時，效果最好，就像我們試圖從那些細節中了解對方認為理所當然、但沒說出來的東西一樣。辯證法與對話法提供兩種練習對話的方法，一種是以對立的方式達成共識，另一種是以開放的方式交換觀點與經驗。好好傾聽時，我們可以產生同情心或同理心；這兩者都是合作的衝動。同情心比較熱切；同理心比較冷靜、比較費神，因為那需要把注意力放在自己之外。在對話中，雖然對話者不像拼圖那樣整齊地拼湊在一起，但他們可以從交流中獲得知識與樂趣。「也許」這種字眼，讓人在談話中更容易合作。這些對話技巧似乎與幼兒一起玩耍的沙坑相去甚遠，但兩者之間其實有關聯。在生命的最初階段，人類學習如何排練合作，探索不斷改變的形

式。最終，成人間的對話把各種可能的形式分成兩類。

　　現代社會比較善於第一類交流（以辯證法溝通），而不是第二類交流（透過對話討論）。這種對比在尖端科技的合作上特別明顯。

網上合作

　　跟許多同齡人一樣，線上交流對我來說並不是自然而然的。我寫信時，會花時間與心思在書寫上，所以我很少寫信。我每天收到的電郵，如雪片般飛來，多到令人沮喪。相較於講電話或面對面交談，網上的書面對話似乎慢得要死。然而，新的通訊技術已經徹底翻轉了溝通的面貌。

　　當這些技術刺激且喚起大家離線行動，而不是把他們局限於螢幕體驗時，就會產生最強大的政治效果。諷刺的是，簡略的推文（tweet）與簡訊竟然可以產生這種效果，就像二〇一一年突尼西亞與埃及爆發的起義一樣。這些簡略的訊息告訴大家，重大事件在哪裡爆發或有誰參與。大家紛紛湧向城市廣場、政府大樓或軍營，以思考下一步該做什麼。這種簡略的訊息過於零散或簡短，無法做政治分析。臉書（Facebook）上的圖片也有同樣的簡略效果：它們顯示正在發生的重大行動，並發出緊急邀約「務必到場！」。當溝通以這種方式運作時，簡略的溝通是透過聚集的人群，實體釋放。網上合作轉化為實體合作。

　　那麼線上交流呢？這些交流有同樣的激發力量嗎？為了找出答案，我同意加入一個與GoogleWave合作的測試小組，GoogleWave是一個專門為重要的線上合作而設計的程式。

GoogleWave 剛推出時，看起來不錯。其目的是讓大家的構想與貢獻，以簡明扼要的形式出現在螢幕上。它試圖開放，讓參與者可以自由地添加內容，或隨著時間經過改變專案本身。文藝復興時期的「實驗性工作坊」概念，似乎在 GoogleWave 中找到了新模式，變成網際空間裡的新網站。但這個計畫並沒有成功，GoogleWave 只運作了一年（二〇〇九年到二〇一〇年），公司就宣布它失敗了，並將其關閉。

　　我加入的 GoogleWave 小組，試圖收集資訊及制訂關於移民至倫敦的政策。這個小組必須解讀的資料包括統計數據、訪談的文字稿、移民社群的照片與影片，以及移民者的家鄉及目前倫敦定居處的地圖。這項研究的參與者分散在倫敦、英國與歐陸。我們每隔幾天就會上網發文、閱讀貼文及交談。

　　我們這個專案對一件事特別不解：為什麼穆斯林家庭中，第二代移民到英國的人，往往比第一代更不滿這個國家。但我們也面臨技術上的挑戰。統計學家與民族志學家對於這種不滿，持有不同的證據：統計學家畫出教育與職場上的流動路徑受阻；民族志學家發現，年輕人無論目前的情況如何，都在文化上把父母脫離的地方與生活方式理想化了。更複雜的是，贊助這項專案的政府當局擔心那些「被疏遠」的穆斯林青年，他們想知道政府該實施什麼政策。網上合作能解決這一切嗎？

　　該項專案所使用的基本技術和社群網路一樣，但兩者的目標截然不同。我們的專案不想涉及「交友」，也不必擔心像臉書那樣侵犯隱私。事實上，許多社群網站並沒有很強的社交互動性。在網路空間中，作家莎拉‧貝克韋爾（Sarah Bake-Well）哀嘆，「二十一世紀，網路上充斥著自以為是的人。」、「上網瀏覽海量

的部落格與推文半小時，就可以看到無數個體為自己的性格痴迷不已，大聲嚷嚷以求關注。[26]」她的說法雖然公允，但不完整。同樣的技術可以促成更有意義的交流，沙尼‧奧加德（Shani Orgad）研究的乳癌患者線上聊天室就是一例。在那個網站上，女性彼此分享重要的資訊與經驗，以補充她們與醫生的交流。奧加德發現，聊天室往往比醫院裡的面對面交流，更能幫助患者因應疾病[27]。

　　對我們來說，更直接的擔憂是，污染網路政治圈的心理習慣，因為裡面充斥著個人意見的強迫推銷，而不是真正的交流討論──凱斯‧桑思汀（Cass Sunstein）擔心各種「我們對抗你們」的表達方式在此匯集，彷彿一片巨大的群島[28]。我們必須戒除這些體現「自信癖」的網上習慣，只有對話式、探索性的交流能幫我們洞悉所面臨的複雜問題。

　　我們剛啟動專案時，我曾想像 Google Wave 技術可以促成那種交流，沒想到結果適得其反。Google Wave 的程式設計師對於「合作」需要什麼，有一個明確的想法。他們想要的對話是辯證模式，並以視覺形式來進行。Google Wave 利用不同顏色的文字、超文字連結及移動視窗，在螢幕上的最大方框中，形成一個聚合的敘事。那個大方框是以直線顯示，從專案開始到完成，各種觀點是如何達成共識的。Google Wave 保留了討論中過往提過的內容，只要點擊滑鼠，就可以馬上連到以前的東西。然而，任一時刻的視覺版面設計，都壓抑了看似無關緊要及不了了之的訊息（亦即變成移動視窗，壓到後面）。

　　我們收到的 Google Wave 使用說明聲稱，這種設計是有效的合作方式，因為無關緊要的訊息被擱在一旁，但事實證明這個程

式太簡略了。它的辯證式、線性結構，無法考慮到合作過程中發展出來的複雜性。真正的實驗都有一個特點：發現你意想不到的東西。這種發現會逼我們「跳出框架思考」——科學史家托馬斯・孔恩（Thomas Kuhn）把這種新的聯想與比較方式稱為「典範轉移」（paradigm shift）。GoogleWave為合作式對話提供的結構，在視覺上抑制了跳出框架的思維。它拋棄了那些當下看似無關緊要、但後來證明是有意義的東西。

在我們的小組中，隨著討論越來越關注某個宗教議題，諸如「從北方搬到倫敦的年輕女性怎麼辦？」之類的感嘆越來越不受關注，看似無關緊要，所以被擱在一旁或壓到後面的視窗。有人問那位之前感嘆年輕女性移民問題的研究員，「我們好一段時間沒聽到你的意見了。」她回應，「我有發言，只是大家沒反應，繼續討論別的議題了。」她的意見遭到忽略，但我們後來發現，性別是了解移民第二代中誰被疏遠、誰沒被疏遠的關鍵變數。她之前的感嘆是對話性的，導入了一個看似無關的元素，但她的反應卻遭到壓抑，擱在一旁。

在網路群組中，壓抑或擱置某人的意見，會產生深遠的社交影響：如果對話式的反應逐一遭到消除，隨著專案變得越來越明確，那些發表零碎意見的人可能會覺得自己遭到忽視。由於在社會與技術議題上，似乎沒有建立起複雜的意義層面，隨著我們依循那個程式想要的辯證式敘事繼續運作，整個小組的熱情也開始消退。

我應該強調一下，GoogleWave不是獨裁者。它可以重新調整，例如，把主螢幕變得比周圍的所有邊欄還小。我們沒有使用GoogleWave推薦的「版主」（他可能變成心智交通警察，篩除看

似無關的想法），而是給每個參與者一條不同顏色的虛線，讓他們在視窗之間畫箭頭，以示進一步的連結。但整個螢幕看起來越來越亂、越來越難用。於是，我們不再上網工作，而是越來越常搭飛機（這是現代社會可怕的折磨工具），面對面地做更有效的橫向思維（亦即觸類旁通），讓每個人充分地參與交流。

　　Google Wave的設計者之一拉爾斯‧拉斯穆森（Lars Rasmussen，他和弟弟也是 Google Maps 的程式設計師⑥）說：「我不懂大家為什麼不想要它。」其他用戶也覺得 Google Wave是一大失敗。二〇一〇年夏天，Google關閉這個一年前啟用的服務。Google的執行長艾力克‧施密特（Eric Schmidt）表示，「這是一款非常聰明的產品，你永遠不知道為什麼它行不通。29」或許答案沒那麼神祕，大家想要的是一種更有對話性的合作。

　　失敗的一大原因可能是，該程式誤以為資訊共享就是交流。資訊共享是一種下定義及講究精確的活動，但是對交流來說，「有講」和「沒講」的部分一樣重要。交流是在探索暗示與含意。在匆忙處理電子郵件時，回覆往往被精簡到最少的程度。在類似 Google Wave 這種視覺主導的線上交流中，很難傳達諷刺或懷疑。簡單的資訊分享刪除了表情達意。

　　資訊與溝通之間的鴻溝，影響了合作在組織面的實踐。有一些研究探索了那些透過電郵或類似電郵的技術來經營的公司、醫院與學校，結果顯示這種刪除背景脈絡的運作方式，往往失去了意義，人與人之間的了解也萎縮了。透過字面用語（denotative

---

⑥ 拉斯穆森兄弟創立 Where 2 Technologies，後來被 Google 收購，改名為 Google Maps。

language）⑦制定的線上指令，會產生抽象的指導準則。下屬必須不斷從雇主傳來的訊息中，判讀字裡行間的意思（偏偏文筆好的雇主不多）。於是，大家為了具體的問題所做的互動變慢了，需要發更多的電郵以處理特定的案件。這些意義的削減令技術專家傑容・藍尼爾（Jaron Lanier）感到擔憂（他是第一個在螢幕上以3D立體形式模擬現實的專家），他說：「我和朋友開發出第一台虛擬實境機器時，目的是為了讓這個世界更有創意、更有表現力、更有同理心、更有趣……而不是為了逃避現實世界。³⁰」

　　GoogleWave這個程式的缺陷，不是Google獨有的，許多程式也是以辯證方式、而非對話方式來想像合作（有些程式仍然存在，可以用Linux免費取得）。結果同樣是受限的實驗及受到抑制的合作。我們可以說，程式設計師不讓用戶透過機器進行排練，測試彼此互動的各種可能性。誠如我在前面幾頁所示，「排練」是一種源自嬰兒與幼童時期的發展體驗，那擴大了溝通的能力。這就是GoogleWave的矛盾之處：合作時，用戶能夠處理的複雜度，比程式設計師提供的還多；程式設計師的想像力，不足以滿足大家想做的交流。

　　我想強調的是，錯在軟體，不在硬體，軟體是由對社交了解不足的工程師所寫的。GoogleWave的失敗凸顯出，相同的硬體用於不同的目的時（如政治反抗），可能產生截然不同的優點，那是工程師編寫程式時沒想到的。藍尼爾提出的警訊是，在日常運用中，這項技術比較可能改變人類意志，而不是順從人類意志。換句話說，為了做複雜的社交，你必須與一個精心設計的社

⑦　字面意義（denotation）是相對於內涵意義（connotation）而言。

交程式抗爭或使它變形。

❖　❖　❖

在哲學家阿馬蒂亞・沈恩（Amartya Sen）與瑪莎・納思邦（Martha Nussbaum）的著作中，無法處理複雜性是一大主題。他們的「能力理論」主張，我們的情感與認知能力在現代社會中是不穩定的。人類能夠做的事情，比學校、職場、民間組織、政治制度所允許的還多[31]。沈恩與納思邦的觀點啟發了我，並為本書的主題提供了指引：人們的合作能力比組織所允許的更大也更複雜。在這篇前言中，我已經說明，因應他人的經驗可以多麼豐富，那麼接下來呢？

本書概要

本書分成三部分，探討如何塑造、削弱、加強合作。每一部分都借鑑了人類學、歷史學、社會學、政治學的研究，全面探討合作。這本書是透過一系列具體的案例研究來進行。我的寫法有助於對話式討論，而不是激烈的辯證式辯論。我會努力爭取你的審慎參與，而不是為了講贏什麼或逼你接受特定論點。我想在這本書中就落實合作的概念。

第一部分是從政治上如何塑造合作開始講起。這裡的重點是團結，因為在現代政治中，「我們對抗他們」的情況更顯而易見。有沒有一種合作政治可以與之抗衡呢？第二章談論競爭與合作的關係，兩者以複雜的方式連在一起，我會嘗試從人類學的角度來探究。第三章提出一個特殊的架構，說明合作在歷史上是如

何形成的。在社會邁向現代之初，隨著科學脫離宗教，以及宗教本身在歐洲開始分裂，「如何合作」變成了現代社會的一個問題。

　　本書的第二部分是談合作是如何削弱的。這部分本質上是社會學，並將重點放在現在。這裡我採用了沈恩與納思邦的重要觀點。為此，第四章探討，兒童經歷的不平等，如何影響他們的合作體驗。第五章探討，成人工作中的合作減弱。這裡，我特別提到工作中的關係減弱，以及合作、權威、信任關係的減少。第六章思考現代社會出現的一種新的性格類型、一種不合作的自我，不善於處理複雜性與歧異。所有的社會批評都有可能被簡化成諷刺漫畫，我知道有這樣的風險，所以盡可能細膩地描述這些社會弊病。

　　第三部分探討加強合作的方法，我把重點放在加強合作的技巧上。在前言中，我隨意地提到「合作做為一門技藝」。這裡，我將深入探究這句話。第七章說明，我們從製造與修復實物的技藝中，可以學到哪些有關社交生活的東西。第八章繼續討論我所謂「日常交際」的應用，也就是說，與我們不認同、可能不喜歡或不了解的人合作的技巧。這種技巧與表演藝術有關。第三部分在第九章結束，這章探索投入。回應他人、與他人合作，顯然需要某種投入，但投入有多種形式，我們該選擇哪一種？

　　這就是我從許多不同的角度，全面探索合作的方式。身為社會學家，我的世界裡充斥著政策專家，他們的職責是告訴大家如何行事。本書最後，我無法提出像政策專家那種建言。但我會把這段研究旅程與最善於對話的作家連結起來：散文家米歇爾・德・蒙田（Michel de Montaigne）。

第一部

塑造合作

第一章

「社會問題」

巴黎改革者探索一個謎題

　　想在一九○○年的巴黎世界博覽會上找出最勁爆的展品，要費好一番工夫。在戶外，博覽會於巨大的戰神廣場（Champ de Mars）上展開，一旁聳立著塗成亮黃色的艾菲爾鐵塔，鐵塔下方的展台上展示著最新的抽水馬桶、機關槍、工業棉織機。在露天的會場上，有關當局慶祝著「工業與帝國的勝利」，卻把專門討論這種勝利所帶來的人類問題，隱藏在一旁小街的狹小展廳裡。博覽會的主辦者把旁邊的次要空間稱為「社會博物館」（musée social），那是一種「勞力的羅浮宮」（Louvre of labour），目的是顯示資本主義是如何運作的。不過，參展者是以截然不同的方式來描述這些展廳，他們把這些空間命名為「社會問題」（La Question sociale）[1]。

　　現代的博物館策展者絕對不會像上述的參展者那樣舉辦展覽，他們會花大錢買下乾掉的人血畫布，展示這種「逾越尺度」

的物品，彷彿在發表某種社會「聲明」似的。巴黎那些展廳所做的聲明，大多是以文件與地圖的形式掛在牆上。例如，一面牆上展示著查爾斯・布思（Charles Booth）繪製的倫敦貧困地圖①，「城市的階級關係被逐條街道標示出來，有明亮的富裕區塊及黑暗的貧困區塊。」[2] 德國人掛出以斐迪南・拉薩爾（Ferdinand Lassalle）的「全德工人聯合會」（Allgemeiner Deutscher Arbeiterverein，包括技術勞工與半技術勞工）② 為代表，有關工會與政黨的歷史性聯盟的文件。法國人掛出有關社會政策的各種小冊子。這些政府的報告中，混雜著來自地方社區各種志願協會的證詞。其中最引人注目的，是新興的天主教工人運動的文件。

美國的展場最小，其展品主要是與種族有關。對通常關注階級的歐洲人來說，種族仍是新奇的議題。美國展場的一個角落，掛著W・E・B・杜博依斯（W. E. B. Dubois）令人震撼的統計研究，該研究顯示奴隸制結束以來喬治亞州的黑人命運。美國展場的另一個角落，陳列著漢普頓學院（Hampton Institute）與塔斯基吉學院（Tuskegee Institute）的工藝品，這兩所學院把曾是奴隸的黑人培訓成匠人，他們一起工作，不再受到奴隸主的鞭策[3]。

這些展廳裡的所有展品雖然是以枯燥的語言展出，但目的都是為了發人深省、引人入勝。它們確實達到目的了，至少從參觀者的數量來看是如此。開幕典禮後，參觀世界博覽會的遊客漫無目的地徘徊在抽水馬桶與工業鑽機之間，但隨著戰神廣場上的參

---

① 維多利亞時期的社會改革者宣稱，倫敦有四分之一的人口生活在貧困中。商人布思認為，社會改革者誇大了倫敦的貧困水準，所以他著手探查真相，結果發現貧困狀況比一般認為的更糟，多達三分之一的倫敦居民生活在貧困中。
② 拉薩爾創立的全德工人聯合會，是德國第一個工人政黨。

觀人數逐漸減少，其他展廳裡擠滿了討論與爭論的人。

　　「社會問題」展區的參展者與那些爭論不休的參觀者有一個共同的敵人：當代興起的資本主義所造成的不平等與壓迫。他們深信，原始的資本主義無法為大眾帶來優質的生活。然而，戰神廣場邊緣的展覽並沒有拘泥在那個敵人上，那是一個比現代策展人的展覽更成熟的論壇，它不像那種「逾越尺度」的展覽只想引發震驚、恐懼與憤怒而已。巴黎人把這個展覽貼切地命名為「社會問題」。社會該如何改變呢？媚俗的社會主義形象（快樂的工人一邊為革命效力、一邊唱歌）並不在答案之列；改革提案也沒有淪為簡單的媒體標籤，比如高喊「公平」或「大社會」之類的（誠如英國左派與右派最近所標榜的政治立場）。

　　這些參展者確實在主題上達成了共識。「團結」是這些展廳裡的流行語，大家爭論著它的意思。團結通常是指日常的社會關係與政治組織之間的連結。合作使這種連結變得有意義：德國的聯合工會、法國的天主教志願組織、美國的工作坊，分別展現出三種面對面合作以促進團結的方式。在巴黎的那些參展者中，比較激進的人覺得，這些合作活動的例子促使他們思考社會主義中的社會性（social）。

　　我們應該花點時間來探討「社會性」這個詞，因為當時它正經歷社會思維的巨變。

　　十九世紀末，移民大量湧入歐洲城市；許多人則是永遠離開了歐陸，移民到美國。工業化在任何地方都造成一種孤立的地理環境，以至於許多工人在工廠或家裡都對異己知之甚少。工業城

市變得越來越密集，孤立的階級被壓縮得越來越緊密。這些人雖擠在一起卻互不相識，什麼可以促使他們相互了解呢？

格奧爾格‧齊美爾（Georg Simmel，1858-1918）一心想回答這個問題，他雖然沒有去參觀「社會博物館」，但密切關注那些社會問題的辯論。他的研究是一種把歷史、社會學、哲學連在一起的重要任務。他的一生體現了一種對社會關聯的特殊抗爭。猶太血統導致他中年以前一直進不了德國的學術圈；與路德教派的教徒結婚，使他疏離了猶太根源。他有充分的理由把自己視為邊緣人，但身為德國的資產階級，他的邊緣地位並未危及生命。儘管如此，他在這種疏遠的狀態下並沒有感到煎熬。他認為這就是現代人的狀態，並相信這裡面蘊含著某種希望。

現代的社交生活，超越了人們從相互陪伴中獲得的純粹快樂，德國人稱之為Geselligkeit（社交樂趣）。一九一〇年在法蘭克福的一場演講中，齊美爾認為這種快樂是普遍存在的，發生在人類的每個發展過程中，例如，孩童之間的運動與打鬧、成人在酒吧或咖啡館裡的閒聊[4]。齊美爾看到少數民族（主要是來自東歐的貧窮猶太人）移民到德國，他想知道，這種陌生人的闖入對前述那些社交樂趣有什麼影響。他認為，如果生活在異鄉人之間會削弱Geselligkeit，那些異鄉人的存在也可以加深社會意識。異鄉人的到來，可以促使大家開始思考以前認為理所當然的價值觀[5]。

對齊美爾來說，陌生人的衝擊在柏林等不斷擴張的大城市中最強烈。城市街道上不斷出現新的刺激，尤其像他那個年代的波茨坦廣場（Potsdamer Platz），街道上形形色色的人都聚在那裡。齊美爾是樂見多元歧異的人，他認為同時代的德國社會學家斐迪南‧滕尼斯（Ferdinand Tönnies）彷彿戴著眼罩（滕尼斯把「社交

聚會」〔the social〕視為親密、小規模的共同體〔Gemeinschaft〕）。他覺得，與他人相處的生活更加寬廣、豐富[6]。

　　然而，對他人的感知，只發生在城市人的腦中。齊美爾說，都市男女在公共場合戴上冷漠、理性的面具，以避免自己受到外界的刺激。即使感覺到他人的存在，城市人也很少表現出感受。現代人與陌生人緊密地擠在一起，看著陌生人，但不和他們說話，把自己隱藏在面具之後。在面具的後面，現代人找到了一種逃避的方法，從普遍的社交樂趣（Geselligkeit）中解脫出來，進入一種齊美爾所說的主觀狀態：社交性（sociality）。

　　雖然sociality這個字在英語中不常見，但法語中早就有socialité這個字。在法語用法中，socialité包括人們在處理棘手或敵對情況時所展現的自信，比如外交官坐在談判桌前，戴著一副沉著的面具，對別人說的話抱持開放的態度，但冷靜鎮定，不立即做出反應。在這方面，socialité有點類似本書前言提到的同理心，也是需要技巧的。法國人把棘手情況下的能幹行為與savoir faire（意指隨機應變的能力、應付自如的社交能力）連結在一起，這個詞的意思遠遠超出了知道在餐廳裡該點什麼酒的範疇。對齊美爾來說，社交性的優點在於，它可以深入，而不單只是偶然的印象。為了解釋社交性，他把「社交性」比喻成德語的Verbindung：這個字的意思是綁在一起、恢復完整、癒合的意思。社交性有一個令人難過的特質，它會注意到那些共同經歷中無法癒合的創傷。一位越南的計程車司機讓我明白了齊美爾的想法。他對著一群在越戰二十年後回到越南河內的美國人說：「我們沒有忘記你們。」他沒有多說什麼，也沒有少說什麼，只講了這句。他只承認了一段痛苦的關係，而不是療癒的話語。當時與

我同行的旅伴也表現得很好，他們都沒有回應。

　　儘管如此，社交性並不是主動與他人接觸。社交性是相互的意識，而不是共同的行動。因此，社交性與團結形成了對比。在巴黎，辯論「社會問題」的激進分子，採取了與齊美爾相反的思路：他們希望透過協調一致的行動，來弭合社會的裂痕與分裂，他們想要的是 Verbindung。一九八四年法國的德雷福斯事件（Dreyfus Affair，一位猶太軍官遭誣陷叛國罪），以及一九八五年反猶太主義者卡爾·盧格（Karl Luegar）當選維也納市長，都引發了暴動。這兩地有許多普通的工人開始反對貧窮的猶太鄰居，也反對社會地位較高的猶太人。一些激進分子藉由鼓吹包容（這是一種非常齊美爾式的美德）來因應這種暴動。社交性要求你接受異己，把異己視為我們群體中有價值的存在。但有些人說，光是包容還不夠，為了弭合種族隔閡，工人階級需要一種更有吸引力、更有凝聚力的經驗，如一起罷工以要求提高工資。

　　然而，即使社會博物館的參訪者賦予「社交性」更強烈的意義，那也沒有讓他們產生共識。他們對於「團結」的辯論，引發了兩大議題。左派分裂成兩群，一群想由上而下建立團結，另一群想由下而上建立團結。集中化的德國工會代表其中一群，地方的美國工作坊代表另一群。這種分歧促成了一個有關合作的問題。主張由上而下的活動分子認為，合作是實現其政治目標的一種工具與手段。為了達到政治目的，面對面的交流應該要有紀律規範。主張由下而上的地方活動分子，則是擔心他們那個小組織內的權力遊戲：誰主導這個組織，誰獲得接納或遭到排擠？地方的活動分子希望他們在教區大廳或街頭都可以盡可能地自由參與，即使這會犧牲一定程度的紀律。

因此，這些討論中有兩種版本的團結，一種強調統一，另一種強調包容。這些對比不是左派獨有的，也不是過去才有。所有的政治派別運動都必須決定，究竟要強調統一，還是要強調更多元的包容。他們必須因應團體內的政治、必須定義他們想要的團結是哪一種。在二十世紀的過程中，團結的兩個版本逐漸區分成所謂的政治左派與社會左派。

分裂之路

在巴黎，政治左派的活動分子主張，你必須以強權對抗強權，大型政黨與工會是轉變資本主義這頭猛獸的唯一途徑。

軍事組織是這種激進政治的模式之一。從十二世紀開始，militant（鬥士）這個字就成了各種士兵的同義詞。在反宗教改革期間，天主教會開始把自己說成：與新教徒作戰的戰鬥組織。二十世紀初，這個字在英國與法國都開始進入口語中，用來形容激進的政治。聖茹斯特（Saint-Just）的《共和制度》（*Les Fragments d'institutions républicaines*）和列寧的《怎麼辦？》（*What is to be Done?*）都是同樣嗜血的激進著作，但十八世紀末，聖茹斯特最常把革命者比喻成警察；二十世紀初，列寧常交替使用有組織的政治與戰爭這兩個詞。列寧寫道，就像在軍隊中一樣，激進的紀律必須來自最高層；團結需要在群體中放棄自我。口頭上，列寧那種好戰的激進行動主義，把「自信癖」（本書前言中提過）變成了一種美德。

由於馬列主義主導了後來國家社會主義的歷史，大家可能以為它與由上而下的左派政治相同，但一個世紀前並非如此。事實

上，由上而下的政治讓許多激進分子與馬克思主義對立。他們正確地感覺到，馬克思主義一心只想對抗其他的左派政黨，而不是尋求與他們合作。一九七五年，馬克思寫下《哥達綱領批判》（*Critique of the Gotha Programme*）這本小書。這本小書的出版，概括說明了這種拒絕合作的態度，內文抨擊了德國新興的社會民主黨（Social Democratic Party）──歐洲最強大的左派組織──不夠革命性。這本小書成功地把多數朋友變成了敵人，至今仍是左派自相殘殺的基礎文本。

對德國的社會民主黨來說，他們就像一八七○年德國入侵法國後，那些重建政治命運的法國激進分子一樣，團結需要把左派的派系與分裂組織吸收為一個整體。在全國各地做集體談判，尋求人數上的優勢，是十九世紀後期的一項發明，其目的是在從事不同工業與手工業勞動的人們之間建立共識。然而，許多工人仍堅持古老的行會理想，認為那很特殊，每個行業都有自己的政治利益。為了克服那種想法，需要各群體之間相互通融與妥協。儘管如此，國家或歐洲層級的行動仍試圖確立抗爭的主題，特定行業或地方社群只能稍稍改變作法與信念。權力決定了組織階級。漢娜・鄂蘭（Hannah Arendt）曾對那些以工會成員身分為基礎的德國左派政黨，提出以下評論：他們把組織內部的觀點平等視為一種威脅，而不是一種維繫大家的連結[7]。

重要的是，由上而下的嚴格規定不容等閒視之。拉薩爾與其追隨者願意做激烈的辯論，但希望把地盤、策略、意識形態的爭論留在私下進行，以便在公開場合展現出統一陣線。在公開場合，任何意見交流與橫向思維的對話，似乎都意謂著國家領導人在政治上的軟弱。有效對抗資本主義的老闆，需要由上而下的團

結。所以他們害怕且壓抑像古斯塔夫・凱斯勒（Gustav Kessler, 1832-1904）那樣的人。凱斯勒主張，地方工會與地方政黨應有至高無上的地位，各自為政，走自己的路，有時甚至是不穩定的路。

抗爭的情況為他們的觀點帶來了緊迫性，美國的撒母耳・龔帕斯（Samuel Gompers）與英國的費邊社會主義者愛德華・庫爾森（Edward Coulson）都很清楚這點，他們都是世博會期間勞工組織的領軍人物。這些勞工組織者處於寡不敵眾的地位，他們的抗議權不受政府保護，他們的罷工者常受到雇主與保安部隊的暴力威脅，他們的工會有時遭到內部告密者的背叛。在內部，歐洲與美國那些未經工會授權的罷工（wildcat strikes），同樣破壞了這些運動的穩定，這種自發性的叛亂缺乏紀律，因此以失敗告終。在這種威脅與混亂的氣氛下，團結既需要嚴格規範，也需要固定的階級制度。如果領導層不斷更換，獲得的知識與經驗就會消失，新的領導者將不得不從頭開始了解敵人的運作方式。這也是為什麼二十世紀的最初幾十年，美國、英國、法國的工會選舉，往往會選出同樣的元老級人物。

在那些專門討論「社會問題」的展廳裡，多數人也可以追溯到一個主張明確目標及紀律行動的記憶：一八七一年曇花一現的巴黎公社（Paris Commune）。巴黎公社在拿破崙三世帝國垮台後，巴黎遭到德軍包圍時，短暫存在了幾個月。圍城期間，巴黎人在領導陣容不斷改變又軟弱之下，對日常生活的各個面向進行辯論與投票。來自圍城內部的報導，提到日常的互助與支持行為，如市民平和地分食巴黎動物園的動物。然而，這種臨時的合作行為並非生存策略，德軍在地方資產階級的鼓動下，很快就終

結了這種合作。此後，巴黎公社一直縈繞在歐洲左派的幻想中：個人的慷慨行為，自發的相互支持，還有它無可避免的消亡。

　　鴻溝的另一邊似乎是活在截然不同的世界裡。改革者關心的社會問題包括：缺乏教育、家庭生活的管理、都市新來者的住房或孤立。社會左派的社群與勞工組織者認為，處理這些狀況需要從頭開始改革架構。這方面，他們借鑑十九世紀一項長期存在的運動：「合作主義」（associationism），這也是現代基層組織的起源。這項運動強調，與他人合作的純粹行為本身就是目的，而不是策略工具。合作主義一開始並不屬於任何政治意識形態。美國的地方教會組織是以合作主義的名義運作，十九世紀的英國共濟會分會也是如此。在法國，合作主義證明了協會（confréries）的復興是正當的，舊的行會搖身變成了新的慈善團體。在十九世紀的法國，消費合作社是協會的附屬機構。在英國，建築協會為工人提供房貸。無政府主義者彼得・克魯泡特金（Peter Kropotkin）引用「合作本身就是目的」的概念，主張工會應該像社團那樣運作，而不是變成政黨的基礎。這種工會主義的觀點在幾個分散於世界各地、相距甚遠的地區相當盛行，如巴賽隆納、莫斯科、美國西北部等地。

　　政治左派與社會左派的分歧，有時被比喻成歐洲與美國的對比。歐洲的激進分子是從上而下關注國家，美國的激進分子是從下而上關注公民社會。不過，誠如前述的例子所示，這種鮮明的對比並不適用。此外，社會分析家西達・斯科克波（Theda Skocpoll）指出，南北戰爭後，美國發展出福利國家的雛形。到了一九〇〇年，美國左派的許多政治活動都致力強化福利國家[8]。政治左派與社會左派的區別不在於國籍，而是國家與地方團結的

對比。

在從下而上的團結方面，巴黎世博會中最熱門的展品是睦鄰之家（或譯睦鄰服務中心，settlement house）。形式上，睦鄰之家是一個志願協會，位於城市的貧窮社區。在那裡，缺乏技能的勞工可以接受培訓，獲得日常問題的建議，或有個溫馨、乾淨的地方可以逗留。提供服務者大多是中產階級的婦女，她們通常是無償工作。中產階級的捐贈者購買或資助這些建築，不過，在一些睦鄰之家裡，窮人會盡其所能為社區提供清潔、維修、烹飪等服務。睦鄰之家的規模很小，通常只有一、兩名全職員工，搭配十幾位兼職人員，為一個有六百至八百人的社區服務。社區居民通常是晚上前來睦鄰服務中心（托兒服務很少，年齡較大的孩子白天通常必須出去工作）。十九世紀後期的幾十年，這種睦鄰運動迅速發展：在歐洲，這股風潮從倫敦東區蔓延至莫斯科，亞歷山大·澤連科（Alexander Zelenko）在莫斯科建立了工人之家。這股風潮也越過大西洋，抵達美國。如紐約出現了避難所；珍·亞當斯（Jane Addams）在芝加哥建立了赫爾館（Hull House）。

漢普頓學院與塔斯基吉學院的小型展覽，也屬於社會左派。這些地方學院的目的，是為了透過合作活動，為那些曾是奴隸的黑人培養技能與士氣。這些學院的規模很小，就像睦鄰之家一樣，有賴富有白人的捐贈。他們與睦鄰之家的不同之處在於，許多黑人以前還是莊園奴隸時，就已經在耕種、木工、建屋、家政等方面，養成複雜的技能。這些人中年紀較大者，現在傳授這些技能給年輕一代。這些學院裡幾乎沒有白人教師。

美國工作坊的歐洲根源，有部分可追溯到羅伯特·歐文（Robert Owen）。一七七一年，歐文生於小康的威爾斯家庭，十

幾歲時就充分展現出管理實力。那時新的工業企業在英國如雨後春筍般湧現，他很擅長管理這種企業，但卻是個不快樂的管理者。他熟悉及痛恨的工作場所是英國的紡織廠（用殖民地的棉花織布）與工業化的礦場。這些場景充斥著盲目、死氣沉沉的勞動分工。他想以合作的社群取代那種場景，創造一個最終通往社會主義社會的「新道德世界」。他是理想主義者嗎？當然是，但他在印第安那州的新哈莫尼市（New Harmony）所創立的一個工作坊，確實以改良的形式存續了很久。

對社會左派來說，更重要的是歐文與馬克思的差異。一八四四年，歐文制定了一套規範，名為羅盧戴爾原則（Rochdale Principles）。對那些不像馬克思追隨者那麼好鬥的左派人士來說，這套規範一直是他們的指路明燈。其原則共有六條，分別是：工作坊對任何人開放（就業平等）；一人一票（職場民主）；按交易比例分紅（獲利共享）；現金交易（他痛恨賒帳，要是活在現代，他會禁用信用卡）；政治與宗教中立（因此，包容職場上的差異）；促進教育（就業相關的工作培訓）。在《哥達綱領批判》中，馬克思痛批第五條原則：政治中立根本就不存在；宗教是「群眾的鴉片」，應該揭開其神祕面紗。儘管如此，歐文那種從下而上在工作坊中打造的社會主義版本，變成了社會民主的創始文本。如今我們思考勞工權利時，常提到其中一個或多個原則。

到了一九○○年，政治左派與社會左派大致上沿著這些分界線永久地分裂了。原則上，兩者應該結合在一起，因為他們處

理的是同樣的不公正問題。但實務上,他們各自分立。「由上而下」與「由下而上」的差異,可能只是性質問題,至少在現代,這種劃分已經傳到了我們這裡。這種性質差異的影響範圍,遠遠超出了左派的內訌。自由派與保守派的改革者也經歷了這種觀點上的分歧:每一個充斥著政策專家、喜歡以條列重點的方式說話的智囊團,都繼承了老式政治左派的精神。每一個接納不同意見、有時甚至接納矛盾或不連貫意見的基層組織,都繼承了老式社會左派的精神。一條路線是強調達成共同的結論,這是辯證法的目標;另一條路線是強調對話過程,而對話過程中,相互交流可能沒有結果。在一條路線上,合作是一種工具、一種手段;在另一條路線上,合作本身主要是目的。

但這種差異不止體現在性質上,也體現在實務上。拉薩爾、龔帕斯、庫爾森等人是打著堅定現實主義的名義發言,他們對公社有共同的記憶,有些人(如龔帕斯)認為睦鄰之家對改善窮人的物質生活沒什麼效果。對這些現實主義者來說,歐文的工作坊似乎是一個夢想,誘使大家抽離眼前緊迫的問題。然而,同樣的,這些現實主義者也拒絕馬克思那種自相殘殺的好鬥精神。政治左派希望透過聯盟變得更強大,但他們發現,合作可能要妥協,有損自身的利益——這個啟示也是他們留下的部分影響。

聯盟

在巴黎,從德國的展覽中可以看到這個問題的綜合體現。德國的展覽很盛大,因為到了一九〇〇年,德國已經發展成一個成熟的福利國家。一八七〇年代,德國總理奧托·馮·俾斯麥

（Otto Von Bismarck）在大規模動盪之後體認到，唯有解決社會問題，資本主義才能存續下去。一八八〇年代，他的政府為病人與老人設計了保險計畫；一八九〇年代，他為窮人改善了學校。俾斯麥這樣做的動機，並不是出於慈善。他的目的是主導社會計畫，藉此在政治上粉碎左派。他的政府所提供的福利是真實的。

　　雖然德國的大學令學術界羨慕不已*，但是對工人階級來說，Realschule（實用專科中學，職業學校）是更重要的制度。這種六年制中學在技藝、商業信函的書寫、簿記方面，提供全面的訓練。從Realschule畢業的學生，已經為工廠或辦公室的工作做了充分的準備。德意志帝國時代，政府也開始協助學生在畢業後順利就業。巴黎世博會上，德國把這種制度的成果掛在牆上：照片中顯示一塵不染的教室，或孩子自豪地舉著他們在工藝課上製造的機器。現場也展示了學生寫給未來雇主的簡明信件影本。

　　德國的政黨（如拉薩爾領導的社會民主黨等）很早就推動這種改革，他們與保守派的總理幕後協商，以達成這些成果，但改革者無法輕易拿這些成果出來吹噓。左派在改革方面越合作，越有可能失去其獨特的身分，因為這些幕後協商涉及從未向大眾解釋的官僚複雜性。政治左派日益捲入不透明的國家機器中，改革與「拉攏」（co-optation）變得越來越難以區別。

　　無論是當時，還是現在，這都不是德國獨有的問題。二〇一一年，在英國，自由民主黨與保守黨聯盟時，逐漸失去自己的身分。不僅政黨之間的聯盟如此，黨內派系的聯盟亦是如此，妥協都淡化了身分。美國右派的茶黨議員擔心，隨著他們日益融入共

---

* 註：德國研究型大學在美國啟發了芝加哥大學與約翰霍普金斯大學的創立。

和黨的體制，他們會變得不那麼鮮明。批評人士可能譴責，每次幕後妥協本身就是出賣，公開展示的統一陣線可能被斥為掩蓋事實的障眼法。雖然那種紙上談兵的批評就只是紙上談兵而已，權力頂層的合作給所有的聯盟都帶來了結構性問題：頂層與底層的連結消失了。

這可能只是一個枯燥的官僚問題。十九世紀的後期，當政黨開始把他們的命運建立在工會的基礎上時（這是現今我們視為理所當然的組合），左派對權力的追求出現新的轉變。政黨政治與工會的融合，確實使歐洲的社會主義團體擴大了規模，但這種成長在組織內創造出許多的處室與理事會，因此，與運動基層的面對面關係變得越來越不重要。不管這些政治運動的政治立場是什麼，當他們的規模變大時，大多會付出這樣的代價。

當幕後有許多不同團體時，這種差距會更嚴重。隨著更多的利益必須透過幕後協商來解決，如此衍生的協議變得更加錯綜複雜，使每一方所代表的基層更難覺得自己真的被代表了。在現今的歐洲，德國與義大利的環境聯盟之間的對比就是一個很好的例子。德國的聯盟政府只涉及兩個政黨，已經達成明確的協定，至少反映了綠黨一大部分人的利益。義大利政治的聯盟非常錯綜複雜，許多環保政黨參與其中，但他們的成員很少覺得自己的利益獲得重視。

有些學者仔細研究了由上而下的聯盟，他們指出，這種聯盟的幕後協商會出現一種微妙的社交過程，可能使他們在大眾面前顯得虛偽。這確實和形象有關，攸關面子問題。聯盟之所以會出現，是因為每一方都太弱，無法獨自實現目標。但「面子」意謂著，你必須承認合作夥伴的價值，尤其是資歷較低或實力較弱的

夥伴。試圖迫使他們屈服，往往會產生反效果。各種聯盟的成
敗，往往是因為看似微不足道的面子禮儀。你面對媒體之前，先
打電話知會過比較資淺的夥伴嗎？協商時，你怎麼稱呼籌碼較少
的夥伴？甚至，協商會議的座位是怎麼安排的？即使大家團結對
各方都有利，但不遵守面子禮儀可能導致聯盟瓦解。

　　顧及面子是一種合作的儀式。人類學家法蘭克・亨德森・史
都華（Frank Henderson Stewart）認為，所有的社會都會形成這
種儀式，以便強者與弱者相互尊重[9]。不過，在政治中，這種相
互尊重的效力比較薄弱。例如，二〇一〇年，英國工黨在選後與
自由民主黨的互動就沒有顧及顏面：得票數較多的工黨不太尊重
較小的自由民主黨，常以高高在上的口吻教訓他們，身為小黨可
以預期什麼及不能預期什麼。這種不顧顏面的舉動，迫使自由民
主黨投入保守黨的懷抱，因為保守黨尊重他們[10]。自由民主黨在
公開場合妥協，但在幕後獲得了尊重。

　　政治上，面子儀式的問題在於，對不在談判現場的人來說，
面子儀式是不透明的。在會議內，面子儀式是包容的，但會議外
的人看不到。或者，更糟的是，大家走出談判會議時所展露的友
誼與微笑，很容易讓不在場的人以為，那是自己遭到出賣的跡
象。

　　最高領導層與基層間的疏離還有另一個面向，那就是政治與
媒體間形成的聯盟。

　　去「社會博物館」的政治領導人中，有很大一部分曾是記
者。一九〇〇年的名人卡爾・考茨基（Karl Kautsky）就是一

例。更早之前，馬克思也是出色的記者。這兩種職業的交集由來已久。十八世紀，一本令人驚嘆的小冊子就可以讓監獄改革者切薩雷・貝卡里亞（Cesare Beccaria）那樣的人踏入政壇。在法國與英國的政壇上，這種靠小冊子踏入政壇的政治人物比比皆是。十九世紀，隨著印刷成本的降低、勞工識字率的提升、閱報習慣的普及，政治與新聞業之間的聯盟變得更專業化。現在，激進的記者可以接觸到廣大受眾。明確表達個人立場的新聞，開始出現在大報的 feuilleton（專欄）上——這是現今讀者投書的起源。專業評論者變成了公眾人物。

即使評論員仍是記者，政治與媒體間的關係也變得更加緊密。在左派，這有部分是因為「對當權者說真話」是為了吸引當權者的注意。但除了吸引注意外，也出現修辭上的共生關係。專業評論者對當權者說真話時，聲稱他們是以一般人的名義發言，代表一般民眾的痛苦、憤怒等等。但反過來，他們是以政治局內人的身分對大眾發表言論，揭露他們靠人脈與圈內八卦而得以接觸到的幕後場景。他們是對大眾發言，而不是與大眾交流。

如今的線上部落格，人人都可以發表評論，理當可以對抗這種趨勢。然而，最有影響力的部落格，往往是那些最接近當權者的人所寫的[11]。把政治與新聞間的共生視為一種聯盟，而且還是一種疏離的聯盟，似乎有些奇怪，但這有助於解釋不斷上演的戲劇性事件：領導者遭指控脫離現實、不了解現狀，說著局內人那種高高在上的言辭。

在我投入社會學生涯的大部分時間裡，一直在研究社會學所謂的無名怨憤（ressentiment），這是指一般人對菁英階層的感覺，他們認為菁英階層沒有親身體會過一般人的問題，卻自以為

是代表一般人發言。我在波士頓是研究美國工薪階層的白人家庭，這種無名怨憤似乎跨越了階級與種族。自由派菁英認同貧窮的黑人，但不認同那些白人勞工，當時許多白人勞工確實有種族偏見。自由派菁英在沒有大量接觸白人勞工之下，就自顧自地解釋為什麼那些警察、工廠工人、售貨員會有偏見，當然他們也沒有把那些白人勞工視為同儕看待[12]。許多研究者記錄了白人菁英談論移民而在美國引發的無名怨憤。在歐洲，無名怨憤主要是出現在當地勞工對伊斯蘭移民的態度上[13]。菁英似乎是站在被壓迫者那邊，而不是站在一般人那邊。

關於無名怨憤，有件事特別引起我的關注，那就是塑造它的陰謀論氛圍。某種程度上，這種氛圍是非理性的，尤其是在美國。大家覺得自由派菁英相互勾結——政客、媒體、左傾的基金會、常春藤盟校，與那些留著鬍子的激進分子、工會領導者似乎已經達成祕密協議。陰謀論可能是非理性的，卻是理解日常無理狀況的一種方式。打著人民的名義，透過幕後協商所做的改革，變成了陰謀，剝奪了一般人的權利與他們應有的尊重。

各種性質的政治運動都面臨著這種困境。政治上的聯盟，以及政治與媒體的聯盟，不斷擴大領導高層與基層間的鴻溝。這是一種結構性與象徵性的距離，「聯盟形同陰謀」代表了這種距離。這種「聯盟形同陰謀」的觀點，是很久以前曼德維爾在《蜜蜂的寓言》中提過的那種「邪惡共謀」的現代形式。讓外界大眾覺得不透明的「面子」儀式也是如此。這兩者都是左派特別擔心的問題，就像一個世紀以前，德國的社會主義者參與俾斯麥的社會聯盟時所引發的批評那樣。當改革由上而下進行時，平等就遭到忽略了。由於平等被削弱，團結變成一種抽象的概念。

地方社區的合作政治所強調的重點正好相反，其目的是為了彌補高層聯盟的這些缺陷。

社區

索爾・阿林斯基（Saul Alinsky，1909-1972）可能是上世紀成效最好的美國社區組織者（我的家人跟他很熟，所以也許我有偏見）。他住在芝加哥，為當地的黑人爭取權利，對抗「戴利機器」（Daley machine）。戴利機器是芝加哥市長的政治組織，在芝加哥市實行嚴格的種族隔離政策。阿林斯基也幫助當地的白人與黑人對抗國家勞工組織有時的壓迫控制。他的組織「方法」是了解一個社區的街道，和居民閒聊，把居民聚在一起，並期待最好的結果。他從來不告訴大家該做什麼，而是鼓勵靦腆害羞的人勇於表達。必要時，他是以中立的方式，提供大家資訊。他幽默風趣、活力充沛，曾對我母親說：「酒是組織者最重要的工具。」他對年輕的追隨者有一種魔力，歐巴馬與希拉蕊都曾深受他的吸引，但他們兩人後來都偏離了這位大師的路線[14]。

阿林斯基最關注的議題之一，是工會與社區活動分子以不同的方式接觸被壓迫者。他直率地指出兩者的差異，「工會組織者其實是糟糕的社區組織者。」幕後聯盟的習慣，是為了形成統一陣線，但結果並無法在城市的社區裡培養穩固的關係。「聯合作戰」（unite-and-fight）的概念需要重新考量，因為清楚與明確無法激勵地方社區。在阿林斯基的芝加哥抗爭經驗中，工會領袖的

經驗，與固定重點的模式有關，那重點可能是對工資、退休

金、假期或其他工作條件的明確要求……社區組織是截然不同的
東西，它不是訓練有素的，沒有固定的時間點或明確的議題。需
求持續在變，情勢也是瞬息萬變，許多目標沒有具體的金額與時
間……15

　　這是一種認真的對話交流。換句話說，幕後協商的社交過
程，無論是衝突，還是面子儀式，在社區組織中都會公開讓大家
知道。阿林斯基關注的是這個過程的非正式性──勞工組織者放
棄了那種鬆散性，但社區組織者會善用這種鬆散性。阿林斯基式
的社區組織者把從未真正交談的人聚集在一起，告知他們所不知
道的事實，並建議更多的聯繫對象。他們希望能藉此維持對話交
流。

　　這是睦鄰之家以前面臨的挑戰。如今的左派常譴責慈善活
動，認為那是在貶抑窮人，但如果沒有志工在亞當斯的赫爾館那
樣的機構裡服務，窮人的生活會變得更糟。二十世紀初期，這種
挑戰很特殊，因為在都市的社區裡，許多人是真的無法相互交
談。睦鄰之家的目的，是在移民聚居的地方建立和平的（即使是
不完美的）口頭交流。

　　事後從樂觀的角度來看，移民社區似乎關係緊密。然而，在
擁擠的廉租公寓內與街頭上，芝加哥與美國其他城市的移民，其
實為了棲身之所與地盤，激烈地相互競爭。永遠離開歐洲、移民
美國的無產階級，因連根拔起而迷失方向。在芝加哥，令亞當斯
感到震驚的是，移民雖然只有在與他們認識的人往來時才感到自
在（這使他們陷入邊緣化），但他們之間的關係並不牢固。隨著
時間的推移，陌生的外國城市會逐漸侵蝕舊有的連結。沒有實現

美國夢的大量移民，依然貧窮，變得越來越聽天由命與被動。亞當斯說，她在街上可以一眼就認出這種人。他們靜靜地坐在門廊上，沉默寡言，孤身一人，鬱鬱寡歡，甚少出現在教堂或工會大廳裡。

因此，睦鄰之家的社會問題有兩方面：如何鼓勵他們與不同的人合作？以及如何激發他們與他人相處的渴望？具體來說，這表示一個世紀以前，睦鄰之家的工作人員試圖了解，如何讓來自波蘭的猶太移民與他的義大利鄰居交談，如何讓他們想要交談——這個挑戰如今是以不同的形式，出現在歐洲城市的穆斯林與非穆斯林的關係中。亞當斯是以現今所謂的多元文化主義（multi-culturalism）來重新定義社會問題。對她來說，多元文化主義構成了一個問題：那個詞本身並沒有告訴大家該如何共同生活[16]。

亞當斯以一種極其簡單的方式來因應差異與參與的問題：她把焦點放在日常體驗上——育兒、教育、購物。她認為，社會關係中重要的是一般體驗，而不是政策公式。這方面，她為阿林斯基開創了先例。檢驗聯合行動的標準，應該是看它對日常生活的具體影響，而不是看政策承諾之類的最終效果。面對面的合作在塑造日常體驗方面，應該發揮什麼作用？亞當斯的回答，也為阿林斯基的回答開創了先例：赫爾館強調自由交流，而不是僵化交流，鼓勵大家隨意發揮。

一八八九年，亞當斯與另一位組織者愛倫·蓋茲·史達（Ellen Gates Starr），在芝加哥的鄰西城（Near West Side）找到一棟相當宏偉的義式建築，開始在擁擠的貧民窟中建立一個社區中心。在這裡，大家可以從事有組織的活動，也可以什麼都不

做。赫爾館的宏偉外觀可能讓窮人望之卻步，但內部的小房間與
擁擠的走廊感覺比較有親和力。倫敦東區的湯恩比館（Toynbee
Hall）是類似赫爾館的地方，那裡也是以非正式的隨意精神著
稱。裡面有空間讓大家閒坐下來，打發時間，或從事有計畫的活
動。大家來這裡可以與人相處，也可以獨處，遠離街頭壓力。這
兩個睦鄰之家的組織者都認為，它們的價值首先是做為避難所；
應該避免像郵輪那樣，制定明確的社交活動時間表。

　　赫爾館裡住著一群來自街頭的流動人口，還有些受過大學
教育、比較長期的租客。後者受到拉斯金（Ruskin）「手腦合一」
信念的影響，教授書籍裝幀等技藝課程，或策劃戲劇，或經營青
年社團（我曾在赫爾館的檔案裡發現一張照片，照片中是一個打
扮時髦的年輕人，表情有點擔心地看著一群強悍的鄰居孩子玩棍
球③）[17]。在赫爾館內，合作對英語課的影響最為明顯。教室裡混
雜著來自世界各地的移民，他們只能用英語交談。這裡沒有只為
義大利人、希臘人或猶太人開設的專屬課程，也沒有雙語教學。
這種混合使全班都面臨相同的語言掙扎。他們練習英語時，可以
玩弄單字、討論，有時也爭論字意。

　　社區的組織者以前與現在都必須設法吸引那些不知所措的窮
人加入，無論他們是外國人，還是資本主義遊戲中的失敗者。為
了讓大家脫離被動狀態，組織者必須把焦點放在眼前的體驗上，
而不是誇大資本主義的邪惡，因為那種大局觀可能讓人更加覺得
參與是徒勞的。為了促進大家的參與，組織者可能會設立一些促
進大家交流的默契原則、慣例與儀式，就像赫爾館的英語課那

---

③ 類似棒球的遊戲，以木棍做棒擊打橡皮球。

樣。但設立好之後，就必須讓大家自由地互動。芝加哥社會工作者夏洛特・陶勒（Charlotte Towle）是亞當斯的門生，她曾把非正式的隨意精神訂為工作人員的指導原則：協助，而不是指揮——這個觀點總結了從亞當斯到阿林斯基的社區組織的傳統。此外，為了落實陶勒原則（Towle's Rule），組織者本身也必須喜歡非正式的隨意精神。團結因此轉變成一種人際社交的體驗——社區組織的傳統是如此期許的。

我可以補充說明，童年時，曾近距離體驗過這些規範。兒時居住的卡布尼格林公營住宅（Cabrini Green）靠近芝加哥的赫爾館，雖然我較熟悉的睦鄰之家是位於公營住宅邊緣的赫爾分館。在公營住宅區內，多元文化主義的重點已經從族群（ethnicity）轉向種族（race）。一九五〇年代，卡布尼格林仍有一些白人家庭，但已經變成黑人與白人兒童之間的日常暴力戰場。

一個躲避這種日常暴力的地方，是許多孩子就讀的學校。那是聖母瑪利亞修道會的修女所經營的天主教學校。那些修女不管我們是黑人、還是白人，都努力地教導我們。她們對我們一視同仁、嚴格要求。赫爾分館則是在放學後幫我們化解社會分歧。陶勒原則也適用於種族議題。我們參與的遊戲與專案都混合了白人與黑人。活動本身（無論是木工、還是演奏音樂）都放手讓我們自己進行，沒有太多的監督。在外人看來，睦鄰之家似乎是無政府狀態。修女認為，在那種非宗教經營的睦鄰之家中，兒童遭到忽視。睦鄰之家的工作人員對此提出反駁，他們指出，他們正在研究如何進行跨種族的合作。這與十九世紀末及二戰後貧窮的芝加哥街頭普遍存在的暴力無政府狀態，形成了鮮明對比[18]。

「陶勒原則」象徵著政治左派與社會左派的分道揚鑣，這對

工人階級鬥爭產生了影響。一個世紀以前，政治左派開始夢想，心懷不滿的移民將成為新的無產階級。睦鄰之家拒絕成為叛亂中心，因為單靠政治抗議，似乎無法治癒流離失所所造成的個人創傷。這並不是說睦鄰之家的工作人員不關心政治、不參與選舉過程。事實上，在美國，小小的美國社會黨（Socialist Party of America）主要是從社區組織者獲得支持。但睦鄰之家的工作者從工作中知道，對制度的純粹憤怒，無法幫成員管理日常生活。社區組織者都知道，工人階級鬥爭首先要促進社區組織的發展。這種社會基礎可能會、也可能不會促成更大的運動。社區組織強調的重點很簡單、也很清楚，那就是基層第一。

　　儘管如此，非正式的隨意精神總是有陷入混亂的風險。即使睦鄰之家真的在走廊與房間裡喚醒了那些人，那也可能只是偶爾出現的美好體驗，而不是到外界生活的指南。社區合作更有可能只是提供良好的體驗，而不是一種生活方式。你感覺很好，那又怎樣？當今的社區組織專家曼威‧柯司特（Manuel Castells）批評阿林斯基與其學派，正是基於這些原因。社區裡建立的關係必須可以應用到某個地方才行。行動需要一個結構，必須是永續的 [19]。

　　在巴黎，社會博物館的最小展覽解決了這個問題。它設想了一種正式與非正式合作的混合體，這種合作是目標明確且永續的。

工作坊

　　美國內戰結束後，奴隸雖獲得人身自由，卻可能淪為貧窮的農場勞工，依然受制於以前的主人。法律上的自由並沒有減

輕他們經濟與社會的痛苦，就和一八六一年獲得解放的俄國農奴一樣，落入了相同的陷阱。然而，在奴隸莊園裡，許多奴隸也跟俄國農奴一樣，培養了技藝。這些曾是奴隸的人可以在獲得自由後，施展這些技藝。曾是奴隸的布克・華盛頓（Booker T. Washington）構思了一個計畫，讓那些擺脫奴隸身分的黑人可以離家，去漢普頓學院與塔斯基吉學院這兩個模範學院受訓，學成後再返鄉。他希望，在這段短暫的離鄉期間，直接的體驗及日常與他人的平等接觸，可以重新建立合作關係。就像睦鄰之家一樣，華盛頓的計畫強調地方機構，但試圖透過培養技能，對那些參與者的生活產生持久的影響。美國展覽上的展品體現了這個宏大的抱負。

塔斯基吉學院位於阿拉巴馬州的，成立於一八八一年。漢普頓師範與農業學院位於維吉尼亞州的漢普頓，是塔斯基吉學院的姊妹校，成立於一八六六年，那時內戰剛結束。華盛頓曾是漢普頓學院的學生，後來成為漢普頓學院的院長。他創立塔斯基吉學院，以接納更多以前曾是奴隸的年輕人。這兩所學校都教學生畜牧、園藝、木工、金屬加工。為了畢業，學生也必須學會如何教學，這樣他們返鄉後才能傳授那些技能。某種程度上來說，華盛頓是在向皈依者布道。華盛頓在自傳中寫道，這兩所學院的課程都不輕鬆，但學生「非常認真，直到放學鈴聲響起才停止學習」[20]。雖然在南北戰爭前，一股共同的力量把奴隸社區維繫在一起，但華盛頓從自己身為奴隸的經驗知道，被壓迫者可能把奴隸主的羞辱內化成相互恐懼與懷疑。他是現實主義者，看得出來鎖鏈在人們身上留下的痕跡。

不過，從他那個年代及現代的觀點可以看出，他也是理想主

義者。他把性別平等也納入改善種族地位的計畫中。為此，組織者重新思考了技藝勞動。例如，在奴隸莊園裡，製作乳酪傳統上是艱鉅的男性任務。學院重新設計了製作乳酪的工具，讓女性可以輕易參與這項任務。同樣的，工作坊也教男人如何使用及修理縫紉機，將他們帶進傳統的女性領域。每個工作坊都有一定程度的自治性，例如，學徒可以在老師不在場時，開特別的會議，討論工作。因此，羅虛戴爾原則體現在這些基本規範中：工作對任何人開放，積極參與，重新思考人們合作的工作。但這些學院不是採取完全自由的形式，每個工作坊都有固定的生產目標，學院的整體設計是由華盛頓單獨制定。

　　工作坊自古以來就是持久合作的典範。在古代——無論是在中國、還是在希臘——工作坊是支撐市民生活的最重要制度，而且，做為一個生產場所，其勞動分工的程度也遠遠超過農業。技藝勞動的複雜性與代代傳承的家庭價值觀相結合。兒子跟著父親學製陶，女兒跟著母親學織布。工作坊催生了一種正義的概念：人們所做的東西，不能任意剝奪。而且，工作坊享有一種政治自主權，至少在希臘是如此，因為匠人可以自己決定如何發揮技藝最好。

　　做為一個文化地點，工作坊從古代開始就發展出複雜的社會儀式。這些儀式是以義務守則為基礎，但不是像政治聯盟那樣在幕後進行，而是公開標明不平等的夥伴之間的相互義務——每個工作坊內的師傅、熟練工（亦即出師的學徒工）、學徒間的相互義務。例如，中國的師傅會向新學徒的父母發下詳細的誓言，說他會代替父母保護孩子。在古雅典，一年一度的儀式盛宴會要求同業的師傅在饑荒或戰爭時期相互扶持[21]。

鑑於這種儀式的團結性質，孔子與柏拉圖都認為，匠人可以成為好公民[22]。匠人對社會的了解，源自於他們直接接觸他人的體驗，而不是源自於華而不實的言辭、浮動的抽象概念或一時興起的熱情。「匠人即公民」的概念，與古代的事實背道而馳。古雅典的許多匠人，以及古羅馬的多數匠人，都是奴隸，或近似奴隸，並不享有充分的公民權利。歐洲工作坊的歷史，也不是永久穩定的故事，沒有什麼生產活動是固定不變的。儘管如此，「匠人即公民」的概念依然存在，例如，巴黎、佛羅倫斯、倫敦的中世紀行會都出現這樣的概念。十八世紀中葉，狄德羅（Diderot）的《百科全書》（*Encyclopedia*）稱讚匠人的技能與戰士和政治家的技能相當，對社會的健全發展更有必要。湯瑪斯·傑弗遜（Thomas Jefferson）基於與柏拉圖一樣的理由，也認為匠人可以成為可靠的好公民。

時序來到接近華盛頓那個年代，工作坊變成改革的象徵。隨著工業資本主義開始產生影響，匠人工作坊有如對工廠的反抗，其運作方式比較人性化。但它也注定消亡，因為工廠似乎注定會摧毀這種更好的生活方式。大家有時會說，歐文在蘇格蘭與美國創立的匠人社區，以及約翰·拉斯金（John Ruskin）與威廉·莫里斯（William Morris）在英國創立的匠人社區，是對前工業時代的一種刻意懷舊。果真如此的話，這說法肯定不適用在華盛頓身上，因為他曾是奴隸，對過往一切沒什麼好遺憾的。此外，他認為歐文並不是那種向後看的批評者。

關於抱持理想主義的歐文，有件事很有趣：他確實徹底思考過很多方法，想讓工作坊變得現代化。他主張一種「外包制度」（putting out system），由大型經銷商把工作分發給小型工作坊。

套用現代術語，這是一種網絡化生產（networked production），人力配置靈活，可以根據需要，在工作坊之間調配人力。歐文的概念與委外（outsourcing）不同，因為利潤分享支配整個網絡。英國的約翰路易斯合夥公司（John Lewis Partnership）是這種員工共有企業的現代成功版本。美國的聯合航空公司（United Airlines）以前由員工經營時期則是失敗的例子。我很遺憾地補充，年終獎金也是歐文想出來的聰明概念。對他來說，這是一種平衡財富的方式，不像現代銀行家的年終獎金是用來自肥。歐文主張的利潤分享與年終獎金的概念，其背後的基本理念是為了提高員工對公司的忠誠度，以及加強員工的團結。

工作坊仍是一個很有吸引力的概念，雖然我們現在不再給它貼上「工作坊」的標籤了。歐文之所以主張工作坊，是因為他像艾彌爾・涂爾幹（Émile Durkheim）一樣，認為工廠是一種比較原始的社會組織形式，是人類文明的倒退。工作坊的概念超越了馬克思主義對生產工具所有權的關注，這也是一個「一旦你掌握主控權，如何社交互動」的問題。歐文認為，組織若要有生產力，忠誠與團結是必要的。現代的工業社會學家證明了歐文這個主張的真實性[24]。組織——無論是營利組織、政府組織或慈善組織——都需要培養大家致力投入的心態。歐文的工作坊概念，是一個結合長期互惠互利與忠誠，以及短期的靈活性與開放性的組織。

某種程度上來說，歐文的工作坊概念也是GoogleWave的概念。這個程式把人從一個視窗轉到另一個視窗、從一個任務轉到另一個任務、從一個角色轉到另一個角色。這個程式與「自信癖」的部落格不同，它希望互惠互利的東西出現，也希望大家在

網上培養對彼此的忠誠度。工作坊的另一個現代變體是科學實驗室，那是歐文明確預見的東西。他認為，「工廠式科學」是對假說的機械式檢驗；一個比較創新的實驗室會做真正的實驗，對驚喜抱持開放的態度，也就是說，它會去探索。好的實驗室研究應該像實驗工作坊那樣運作。

在社會方面，歐文想像了一個概念，或許可稱為「移動團結」（mobile solidarity），讓工作坊從單一社區的根基中解放出來。就像勞力在生產網絡中移動，勞力內容隨著實驗而不斷演變一樣，工作坊中的合作也應該要靈活、可移動。合作技巧應該是培養在勞工身上，可以跟著勞工從一個地方轉移到另一個地方。這是一種類似巡迴音樂家的合作，表演者能夠在不同的地點與不同的角色一起工作。這也是華盛頓主張的概念：離鄉背井去遙遠的專門學院，學習如何以自由人的身分好好地合作，然後再把那些經驗帶回家鄉。

華盛頓身為學院的創辦人及至高無上的領袖是固定不變的，這個僵固特質──與他期許的門徒互動方式截然不同──有另一個來源。這是十九世紀初夏爾・傅立葉（Charles Fourier）所主張的工作坊模式。傅立葉稱他的工作坊為「方鎮」（phalansteries）或「大宅邸」（grand hotels）④，這些巨大建築是按照精心設計的計畫，提供住房、勞力、教育。它們是現代企業城（company town）的起源。他想像方鎮的側樓與樓層中出現面對面的合作。

傅立葉贊同十八世紀功利主義（又譯效益主義）的理念，也

---

④ 這裡的 hotel 是法語的 hôtel，不是英語的 hotel，因為傅立葉是法國人。法語的 hôtel 意指宅邸、大建築。

就是說，為最多人謀求最大的效益。他的目標是為大眾消除貧
困，但不是為每個人消除貧困。他把方鎮裡那些「值得幫助的窮
人」安排在方鎮的頂層，把他討厭的猶太人安排在底層，做最髒
的勞動活。但傅立葉不完全是惡毒的瘋子，他想找出使工廠的勞
力分工更有互動性的方法（意見箱是他想出來的聰明概念）。他
也想知道，如何讓工作本身變得更有趣、更有創意。例如，在巨
大的模具箱裡裝滿了方鎮提供的工具，以便勞工嘗試用不同的方
法來完成某項工作。儘管如此，這是一種更激進的由上而下的規
畫。工作坊在存在前就全部設計好了，由一個「全能者」管控，
他選擇模具盒裡的工具，並決定「值得幫助的窮人」中最值得幫
助的應該住在哪些房間裡。早期蘇聯的許多工業規畫都明顯源自
於傅立葉的概念。莫斯科的最高統帥像傅立葉一樣，在幾乎沒有
實務經驗下，設計工廠及制定生產目標。不過，國家社會主義忽
略了傅立葉想讓工作坊內的工人享有自由[25]。

　　華盛頓的作法，某種程度上也像「全能者」。就像巴黎的
德國人一樣，他與當權者有共謀關係。富有的白人出錢贊助學
院，華盛頓積極尋求他們的贊助。哈里特・比徹・史托（Harriet
Beecher Stowe）的小說《湯姆叔叔的小屋》（*Uncle Tom's Cabin*）
裡，帶有嘲諷色彩的「湯姆叔叔」一詞，似乎很適合他，至少在
比華盛頓年輕一個世代的卓越激進領袖杜博依斯看來是如此。那
個詞是指在白人奴隸主面前卑躬屈膝的黑人，那些黑人感激地接
受白人奴隸主偶爾施捨的恩惠，面對奴隸主高高在上的姿態，只
能忍氣吞聲；對自己的同胞，卻缺乏尊重。

　　不過，這方面華盛頓可以為自己辯護。他認為，工作坊的存
在是為了培養有尊嚴的人際社交活動。他想療癒黑人社區，他希

望那些強化內部關係的黑人，最終能夠融入更大的社會，成為受人尊敬的成員，晉升到無產階級與小資階級的社會地位。華盛頓的目標是包容，而不是革命——紙上談兵的革命者很容易對這種目標嗤之以鼻。

　　華盛頓創造的東西，就像歐文創造的東西，至今依然獲得共鳴，因為那些學院把合作與相互尊重連結在一起。

　　我們從漢普頓學院的弗朗西絲·約翰斯頓（Frances Johnston）所拍攝的照片中，看到了這種連結。一九〇〇年，這些照片在巴黎塞納河附近的一家畫廊展出，為社會博物館中美國展覽所陳列的少數物件做了補充[26]。約翰斯頓為了讓大家明白學院帶來的經濟前景，她展示了那些前奴隸家園的前後對比照片，比較他們去漢普頓學院求學前所租用的棚屋，以及畢業後購買的堅固房屋。但無論是刻意為之、還是出於藝術本能，她看的都比華盛頓寫的更仔細。例如，她的照片顯示，前奴隸與被剝奪土地的印第安人在溫室及木工店一起工作。有一張「印地安人管弦樂團」的照片，照片中，音樂家拿著歐洲的弦樂器與管樂器。華盛頓的文字輕描淡寫了這種混合，約翰斯頓的照片則凸顯了這點。那些圖片顯示，大家是透過一起做辛苦的事情，而不是簡單地在一起，來化解種族差異。約翰斯頓以照片顯示他們正在處理困難的任務，透過這種視角來向拍攝的主角致敬。這種方式與睦鄰之家的員工為了吸引移民參與，而強調的隨意精神與非正式性截然不同。

　　這些照片也強調那些讓勞工合作的工具。鏡頭清楚捕捉了工

作坊中的每樣工具，就像使用那些工具的人一樣清晰。約翰斯頓是第一批嘗試不同景深鏡頭的攝影師。她非常用心地拍攝工作坊裡的新工具，如製作乳酪的壓榨機。我認為，這比乍看之下還要重要。對工作坊概念抱著懷舊想法的烏托邦主義者，把「機械」和「科技」混為一談，認為它們是同一個敵人。拉斯金在這方面最為極端，但很多人也從攻擊工廠勞動的社會弊病，演變成攻擊機器本身。約翰斯頓沒有把工具視為淘汰人力的東西，她透過鏡頭顯示，這些工具在視覺上，跟使用及共用它們的人一樣重要。

　　在職業生涯中，約翰斯頓曾一度前往巴黎的郊區拍攝工廠。那些工廠是由簡單、直截了當的勞力分工所主導[27]。她把相機放在一個工人能看到周遭人物的地方。照片中，周遭的人體變得模糊，或只出現另一人的部分身體。在工廠內部的機械協作中，其他工人正在做的事情看起來模糊不清；相對的，在學院的照片中，一切都清楚聚焦，相片中的其他人都清晰可見。

　　約翰斯頓最有名的照片，是顯示六個人正在打造一個樓梯。這六人有不同的技能，但結合在一起時，他們知道彼此的存在，但全神貫注於自己的工作。這張照片中最引人注目的，或許是工人的臉龐：他們都面無表情。他們專注於各自正在做的事情，表情平靜。這個畫面之所以令人難忘，部分原因在於它避免了任何煽動的暗示，如在空中舉起拳頭以示團結的形象。畫面沒有顯示出他們特別高興，也沒有興奮的臉部跡象，就只是全神貫注。

　　但這張照片也是約翰斯頓精心編導出來的，就像編舞那樣，呈現出這些工人如何彼此相連。照片顯現出打造樓梯的不同階段，一目了然地秀出他們正在做的工作。工人沒有看著彼此，但構圖清楚地顯示他們緊密相連。他們單獨工作時看起來很放鬆，

但不像睦鄰之家那種偶然接觸那麼隨性。他們很放鬆，即使是一起執行辛苦的任務也是如此。他們很放鬆，是因為他們對工具的運用感到自在。仔細觀看這張照片時，我們感覺到工作坊的人就是他們看起來的樣子，沒有隱藏的背景故事，他們不是一個聯盟。這張照片的構圖在於敘述樓梯的製作，隨著時間的推移，這塑造出他們共同的目標。這項任務使他們相互尊重。

在本章中，我試圖比對「政治合作」與所謂「合作的政治」。

在權力遊戲中，當一方弱到無法主導或只能獨自求生時，政治合作是必要的。政治合作必須透過相互尊重的儀式，做人性化的微調。光有共同利益，並無法使政治合作蓬勃發展。但權力高層的政治合作，會對底層的民眾造成嚴重的問題：高層合作所帶來的妥協，往往看似背叛了底層；政治團體的身分，可能在協商談判的過程中沖淡了；隨著組織變得更大、更強，官僚機構在高層與底層之間樹立了障礙；在幕後使權力高層合作的儀式，對外界來說並不透明。這些因素都可能導致大家產生無名怨憤──那是一種遭到背叛的感覺，覺得菁英階層似乎更致力於相互合作，而不是與下面的民眾合作。

非政治組織中的合作政治，可能也會面臨一些類似這種頂層與底層之間的緊張關係，但如果它們的目的是直接的社會接觸，危險比較小。那些組織必須處理人們應該如何面對面相處的問題。睦鄰之家處理了「社交性」的問題（如齊美爾最早的定義），亦即生活在一個充滿差異的複雜社會中的問題。赫爾館及

其同類組織試圖把大家對他者的內在認知（通常是被動認知）轉
化為積極參與。為了實現這點，睦鄰之家的策略，就像阿林斯基
支持的社區組織策略一樣，強調非正式的接觸——這也是組織者
在「陶勒原則」中要求自己的原則：提出建議，而不是指揮。但
這些條件下的接觸可能是短暫的，長遠來看是無定形的。

　　工作坊試圖賦予合作活動更清楚的形態，以對抗這種無定形
的經驗。學院是透過在社區中培養技能來做到這點，那些技能可
以在其他地方、其他情況下使用。在這方面，學院借鑑了歐文在
「羅虛戴爾原則」中首次提出的一套合作準則。但實務上，這些
原則可能會造成一種矛盾現象：在工作坊中，成員之間是相互的
關係；但在如何生活方面，仍然服從高層。不過，在學院中，工
作坊內的相互關係是真實的：它把技術能力轉化為社交經驗。

　　卡爾‧考茨基（Karl Kautsky，1854-1938）的人生與工作，
或許最能凸顯出這種對比。考茨基生於維也納，他在德國轉換
職業生涯，從記者變成政治人物。年輕時，他創辦《新時代》
（Die Neue Zeit）月刊；中年時，成為「革命不可避免」學說的
捍衛者；晚年，一次大戰尾聲，當革命真的來到德國時，他變成
德國外交部的官員。長年身為激進分子，他一直很清楚，一旦他
的運動失去了有組織的政治優勢，德國的社會改革進程就會停
止。但一九二〇年，年老的考茨基到喬治亞與俄羅斯旅行，當他
對比喬治亞的社會民主與俄羅斯的無產階級獨裁時，幻想破滅
了。列寧因此抨擊他是「叛徒」，「缺乏革命意志」。

　　一九三四年，我母親去維也納探望考茨基時，考茨基已經
退休，他正努力研究社會主義的「社會性」，並把研究記錄在著
作《勞動革命》（The Labour Revolution）中[28]。考茨基像佛洛依

德一樣，後來在一九三八年德奧合併（Anschluss）時逃離維也納，不久後就過世了。在維也納，考茨基的公寓外有人看守，因為史達林一心想暗殺他。考茨基的公寓給我母親的印象，就像一個圖書館，書籍從未整理上架，彷彿這位博學多聞的人再也不知道該把書擺在哪裡、不知道如何為這座致力於「社會問題」的私人博物館帶來秩序與連貫性似的。儘管如此，他還是一心想找出合作的關鍵所在。歐文所推崇的工作坊似乎是開啟相互關係（mutuality）的關鍵，但考茨基不相信這種烏托邦能在日常生活中持續下去。

考茨基的圖書館所呈現的混亂，是巴黎世博會留下的遺跡之一：對於如何實踐合作感到困惑。考茨基晚年迫切想要了解積極合作，而不只是包容的意義，這同樣也是那年代留下的遺跡。這不只是左派面臨的挑戰，而是任何想從基層開始創造變革的個人或團體都面臨的挑戰。當我們和異己合作時，挑戰特別大。

不過，我們的討論忽略了一點：沒有提到競爭。在政治聯盟中、在公民團體內、在致力一起工作的人之間，競爭似乎阻礙了合作。事實上，我們接下來會看到，合作與競爭是密切相關的。

第二章

脆弱的平衡

自然與文化中的競爭與合作

　　任何參加過團隊運動、做過交易或養過一群孩子的人都知道，合作與競爭是可以結合在一起的。競爭底下，攻擊與憤怒的情緒暗潮洶湧，這是人類與生俱來的情緒。排練、對話、聯盟、社區或工作坊可以抵銷這種破壞力，因為善意也深植在人類的基因中。身為社群動物，我們必須透過經驗，在競爭與合作之間拿捏平衡。

　　本章探討這樣做的可能性。一神論的宗教為我們提供了一個指引：他們把伊甸園的毀滅，描繪成釋出相互競爭的自然力量；恢復平衡需要重新服從更高的力量。科學對於自然的不和諧，採取了另一種觀點。行為學（Ethology）是現代科學的一個特殊分支，把遺傳學與行為研究結合在一起，研究群體中的動物如何管理他們對彼此的需求及相互攻擊。我們很容易──太容易了──把宗教與科學視為勢不兩立的兩股力量。然而，兩者關切的事

物，在一個行為領域出現了交集：儀式。在第一章中，我們稍微提到面子儀式在競爭與合作之間的調解作用。儀式應用的範圍更廣泛，也更深入──既可用來調解生物活動，也可用於信仰。

伊甸園

美國「原始」藝術家愛德華・希克斯（Edward Hicks）的油畫《和平國度》（The Peaceable Kingdom）描繪了森林邊緣的各種野獸。熊、獅子、鴨子、羊睡在一起。這幅畫中融入了真正的藝術，因為它的色調非常平衡，強化了和諧的主題。這幅畫描繪的是墮落前的伊甸園，上帝不在。理想化的圖像排除了任何攻擊性暗示──當然，真實的大自然看起來不像這樣，沉睡的羊其實會讓旁邊的獅子感到飢餓。

我們不該太快把希克斯的畫視為純粹的幻想。伊甸園自然和平的形象，貫穿了三個主要的一神論宗教，這三大宗教都認為人類的反抗將會破壞這種和諧。聖奧古斯丁（St Augustine）認為，被放逐的亞當和夏娃離開伊甸園後，森林開始惡化，留在裡面的生物充滿了衝突[1]。一神論的宗教想要解釋，隨著墮落，我們是如何變成自己的敵人，並對萬物生靈產生影響。

十七世紀以前，大家通常是從性的角度，來描述蛇對夏娃的誘惑與她的反抗。夏娃毀了伊甸園，因為她充滿了欲望。這是一種受到約翰・米爾頓（John Milton）質疑的定義。在一六六七年首度出版的《失樂園》（Paradise Lost）中，米爾頓在第四卷裡，把亞當與夏娃描寫成有自然性關係的夫妻。套用一位現代詮釋者的說法，他們的結合是一種「相互依賴，而不是支配或階

級關係」[2]。夏娃透過自己的推理，為自己思考，而破壞了這種家庭和諧，也破壞了整個伊甸園。獨立的理性使她成為上帝的競爭對手。她試圖說服亞當相信她個人理解力的價值，而且她成功了。套用米爾頓的名言「境由心生，心之所向，可使地獄變成天堂、天堂變成地獄[3]」。

　　米爾頓對混亂的定義，與跟他幾乎同時代的湯瑪斯・霍布斯（Thomas Hobbes）的定義，形成了鮮明對比。對霍布斯來說，伊甸園從未存在過。在他於一六五一年出版的《利維坦》（*Leviathan*）中，自然人就像一頭有血腥獠牙和爪子的野獸。相對於米爾頓，我們可以提出霍布斯同樣有名的宣言，他說，在自然中，「沒有藝術，沒有文學，沒有社會；最糟的是，有持續的恐懼，還有暴力死亡的危險；而且人的一生，孤獨、貧窮、卑劣、野蠻又短暫。[4]」在所有人對抗所有人的戰爭中，人類的理性是軟弱的。由於沒有平衡支配著自然人的生活，人類欠缺和平合作的能力。

　　這種自然無政府的可怕形象，在許多非基督教文化中留下了極大的印記。神就像人類一樣衝動，但永遠存在，一心想用最暴力的方式相互競爭，對付我們凡人。例如，在阿茲特克人的世界觀中，人類的合作只不過是一種工具，是用來安撫憤怒、嫉妒的神。阿茲特克人是透過儀式，向羽蛇神（Plumed Serpent）獻上食物、黃金、活人做為祭品。古梵文的文本同樣把大自然的不穩定，歸因於敵對神靈之間的爭鬥。

　　霍布斯應該更了解希臘神話，在那些神話中，諸神播下了自然失序的種子。然而，對於「所有人對抗所有人的戰爭」，霍布斯的解方與《舊約》（*The Old Testament*）作者的觀點並無太

大差別。他認為，為了生存，人們必須放棄自然的自我，因為自然的自我不承認更高的力量。利維坦將會強制推行有紀律的服從與順服，社會將強制合作。米爾頓也相信，人類可以回歸順從。《失樂園》中描繪的「理性的破壞力」，被他在《論出版自由》（Areopagitica，1644）中所表達的觀點所平衡了。米爾頓在《論出版自由》中指出，推理可以引導人類回歸上帝。

在哲學對自然狀態的長期反思中，也可以找到探討其缺點的較溫和版本，尤其是約翰・洛克（John Locke）在十七世紀提出的版本。哲學思想的機制，往往把自然狀態視為一種「反事實」。如果沒有我們所知的社會約束，生活會是什麼樣子？在米爾頓與霍布斯之後的一個世紀裡，這不是抽象的問題。啟蒙運動想要扭轉「人類不能生活在自然狀態」的信念。這些作家堅持自然的理念，這意謂著他們的衣著、飲食品味、日常用語都很簡單。例如，十八世紀，婦女開始穿薄紗襯衣，露出乳房的形狀。十八世紀末，一些法國與英國的婦女流行把薄紗弄濕，製造貼身效果，以彰顯身材。她們想展露自然，而不是壓抑自然。

在現代，科學回到了米爾頓與霍布斯以不同方式所提出的觀點：人類不會、也不可能停留在伊甸園。行為學家透過對合作的分析，以一種特殊的方式思考了這個觀點。

自然的不穩定合作

如今，「自然」一詞等同於「基因遺傳」。這個等式很容易顯得僵化、注定不可變，彷彿基因決定了我們的行為。決定論（或譯宿命論，determinism）的一種類似形式是神經學，大腦的

神經迴路固定了我們自身的體驗及彼此的體驗。史蒂芬・平克（Steven Pinker）認為，這種決定論似乎太狹隘了，「你可以把意義與目的視為一種神經心理現象，並不表示你不能以別的方式來對待它，也就是說，以我們生活的方式來看待它。[5]」但決定論也是一種有限的科學，因為自然中沒有任何事物是固定形式的。

　　當然，合作深深烙印在我們的基因中，就像行為學家羅伯特・艾瑟羅德（Robert Axelrod）所說的，合作的發生「不需要友誼或先見之明」[6]。但合作也不可能穩定，原因是一樣的：自然環境從來都不是固定的。例如，一隻蜜蜂回到蜂巢，以飛舞的方式告知夥伴採集花蜜的地點，這看似動物懂得合作的實例。蜜蜂確實是非常善於溝通的舞者，昆蟲學家湯瑪斯・西利（Thomas Seeley）描述了蜜蜂驚人的舞蹈動作，「蜜蜂的舞蹈角度，對應了蜂巢和食物來源之間的飛行直線。這舞蹈整合了太陽的角度及不同飛行段的長度。[7]」然而，蜜蜂並不知道如何以跳舞來表達空氣污染的危險。

　　《和平國度》那幅畫顯現出自然界的靜止狀態。在真實的自然界裡，由於自然環境多變，再加上演化過程中可能出現隨機突變，所有生物的生命都是不穩定的。這也是我們不想把自然合作當成神話的一個原因，我們不能把自然合作視為動物行為的自然法則。合作確實有一個固定的特質：所有的社群動物都會合作，因為單一的蜜蜂、狼或人無法確保自己的生存，每一種社群動物都需要彼此才能生存下來。

　　這句老生常談比乍看之下的表面意義更加複雜。昆蟲學家伯特・霍德伯勒（Bert Holldobler）與愛德華・威爾森（Edward Wilson）指出，「工蟻的大腦中，沒有任何東西代表社會秩序的

藍圖。」這些昆蟲的遺傳社會知識很不完整，沒有一個領導者或蟻王擁有這種社會知識，「沒有監督者或『智慧階級』（brain caste）的腦中有這種總計畫」，也沒有一隻蜜蜂的大腦裡裝著整個蜜蜂社會的「總計畫」[8]。即使群居昆蟲的生活是以個體的不完整性為基礎，「螞蟻和其他群居昆蟲對環境的掌控，仍是合作性群體行為的結果」[9]。不完整的大腦與社會控制究竟是怎麼協調的呢？

　　另一句老生常談有助於解釋這點。個體不足的生物，是透過分工來補償，每個個體各自執行小小的獨立任務，從而使群體強大起來。但這裡又出現了意想不到的轉折。例如，群居昆蟲有足夠的基因規則，在疾病或意外發生時，牠們可以接掌蟻穴或蜂巢中其他成員執行的一些專門任務。分工是靈活的，群居昆蟲可以暫時互換角色。這點令人訝異，因為我們通常以為蜂巢跟工廠一樣有效率，以為蜂巢的分工就像工廠一樣是做固定的任務。然而，在蟻穴或蜂巢中，效率並不等於僵化，合作是比較靈活的。

　　溝通技巧也可以解釋，為什麼不完整與效力會結合在一起。這些自然溝通技巧的核心是模式化的行為，那是由動物知道怎麼表達的訊號所組成的。其他夥伴一看到那些訊號，就能立即解讀，而且那些訊號是可以重複的。這裡的關鍵字是「立即」。蜜蜂一著陸就可以開始跳舞，周圍的蜜蜂都明白那些動作的含義，並迅速飛向花蜜。這種立即溝通的規則，存在動物的基因裡。同樣的，人類與生俱有基因碼，基因碼為我們提供了基礎。但身為更高等的靈長類動物，正如本書前言所說的，這些基因碼提供嬰幼兒基本的素材，讓他們進一步發展出更複雜、不易立即辨認的行為。

　　由基因決定的行為模式，似乎是合作與競爭之間平衡的來源。儘管十八世紀的行為學家還沒有基因的概念，但他們確實是這樣想的。朱利安・奧弗雷・德・拉美特利（Julien Offay de la Mettrie，1709-1751）想像自然就像一台機器一樣平衡。他和伏爾泰（Voltaire）一樣，是從對牛頓的奇特解讀中得出這樣的信念。哲學家兼沙龍聚會的主辦人霍爾巴赫男爵（Baron d'Holbach，1723-1889）把機械論的觀點，應用到動物與人類的社會生活中。他問道，要不是在競爭與合作之間取得平衡，動物物種如何能在環境中並肩生存，一代又一代，相互吞食，但又不至於貪吃到破壞食物來源？牠們肯定有某種程度的合作，以確保彼此的生存吧？瑞典的植物學家卡爾・林奈（Carolus Linneeus，1707-1778）以另一種方法發展生態棲位（ecological niche）的概念。根據這個概念，每個物種在這個神聖的機器中，都擁有特殊的地位與角色。林奈是一位細心的博物學家，他詳細記錄了物種如何避免逾越自己的自然領地。他認為這是一種對彼此邊界的尊重，是一種互惠合作。

　　以上這些觀點都沒有提到伊甸園，但都強調自然界的平衡。許多相信神聖機器的人，呼籲深陷在相互仇恨泥沼中的人類，回歸這個第一原理（first principle）①。大自然協調了「與他人較量」和「與他人相處」這兩種力量。強調平衡的啟蒙運動，多多少少呼應了現今的蓋亞理論（Gaia theory）。蓋亞理論主張，地球就像一個自我調節的機制，它會藉由重新平衡其生物組成的部分，來因應氣溫上升之類的實體變化。如今其他的環保主義者認為生

---

① 哲學與邏輯名詞，是一個最基本的命題或假設，不能省略或刪除，也不能違反。

態平衡已經消失，需要恢復[10]。

　　我們十八世紀的祖先可說是站在天使那邊，但他們的第一原理並不是那麼可靠。例如，氣候變化會改變植物的生長位置，促使動物遷徙及侵入其他物種的地盤。就像表演者一樣，自然界的行為者無可避免會出現在陌生的舞台上。因此，關於演化的一個關鍵事實是，環境變化往往領先於模式化的行為。這點對那些溝通技巧已經固定在基因碼中的社群動物來說更是如此。無論分工多麼明確，環境變化總是比基因印記的發展還快。人類就是這樣的動物。

　　尚一巴蒂斯特・拉馬克（Jean-Baptiste Lamarck，1744-1829）等早期的博物學家認為，動物可以透過立即調適來因應毫無準備的挑戰。拉馬克想像，生物可以在一個世代內，改變其基因決定的行為。十九世紀，奧地利的修道士兼科學家格雷高爾・孟德爾（Gregor Mendel，1822-1884）證明了為什麼生物無法做到這樣。偶然發生的基因變異，需要經過幾個世代，才會對環境產生影響，而且還要經過更多世代的篩選，才能選出更好的適應方式。任何適應行為都無法縮短演化時間。如今我們能夠操縱及加快某種生物的基因變化過程，但即便如此，物種群之間的環境重新調整仍需要時間。例如，遺傳學家史蒂芬・古爾德（Stephen Gould）提出了「間斷平衡」（punctuated equilibrium）的概念，以強調集體中斷的現象。在他的分析中，環境破壞是突然發生的，打亂了之前建立的模式[11]。這並不是說混亂主宰了一切，也不是說環境中沒有平衡，而是說平衡只會暫時存在。

　　這些普遍規律幫生物學家了解人類的近親——高等靈長類動物——之間合作行為的變化。例如，靈長類動物學家邁克・托馬

塞洛（Michael Tomasello）發現，黑猩猩面臨不確定的環境挑戰時，會突然切換角色，從互助轉變為相互競爭[12]。法蘭斯・德瓦爾（Frans de Waal）與莎拉・布洛斯南（Sarah Brosnan）研究捲尾猴時發現，分享食物的互惠關係，也可能採取不同且不穩定的形式。這些猴子對彼此的付出與尊重並不可靠[13]。這種行為的變化，有助於這些靈長類動物因應多變的複雜環境。以前大家認為，有效率的繁殖為高等社群動物的合作提供可靠基礎。但現在看來，繁殖似乎不足以解釋牠們的社會關係。靈長類動物與等級相近的個體之間的關係，通常比有親緣關係的個體更親近（靈長類群體有階級結構），或牠們與同性的關係比較親近，如梳理毛髮的行為[14]。黑猩猩之間的合作狩獵，同樣也很難只從效率繁殖的角度來解釋[15]。物種面臨的外部生存挑戰，以及牠們必須因應的破壞（如狩獵與覓食地點的改變）都太複雜了，光靠家庭結構並無法因應。

　　因此，自然合作是源自於一個事實：我們無法獨自生存。勞動分工有助於個體把不足的力量加以倍增。但這種分工在靈活的運用下，效果最好，因為環境本身瞬息萬變。環境的變化領先了基因決定的模式化行為。在社群動物中，任何單一組織（如家庭）都無法保證穩定。有鑑於此，如何在合作與競爭之間取得平衡呢？答案就在螞蟻、猿猴、人類所經歷的各種交流中。

交流的多元類別

　　「交流」是指所有動物間的相互付出與回報的經驗。這是源自於刺激與反應的基本生活節奏，在性行為、餵養或打鬥中都會

發生。在高等的靈長類動物之中，交流需要仔細思量，因為證據顯示，所有的靈長類動物都會思索該付出什麼及接受什麼，而且他們也會嘗試不同類型的交流。

　　社群動物參與的交流行為非常多元，從利他行為到惡性競爭，不一而足。我不喜歡隨便分類，但為了清楚起見，我把交流分成五種類別：利他交流（需要自我犧牲）；雙贏交流（雙方皆受益）；差異化交流（合作夥伴意識到彼此的差異）；零和交流（一方的利益是以另一方為代價）；贏者通吃的交流（一方消滅另一方）。從動物的角度來看，涵蓋範圍是從工蟻（把自己的身體做為其他螞蟻的食物）到狼（羊與狼的交流總是致命的）。從人類的角度來看，涵蓋範圍是從聖女貞德（Joan of Arc）到種族滅絕。

　　合作與競爭之間的平衡，落在這個範圍的中間最為恰當，也最明顯。在雙贏交流中，競爭可以產生互惠互利，就像亞當・斯密所想像的市場交流，或是像為了平衡相互競爭與合作的政治聯盟一樣。差異化交流，無論是透過簡單的身體接觸，還是像人類是透過討論和辯論，都可以界定邊界與界限。就像動物搶地盤一樣，在城市的社區裡，群體可能為了確立日後大家都尊重的勢力範圍，而爭執及發生衝突。

　　一些科學家容易把這些交流都視為成本與效益的問題（會計師的有害影響，在現代生活中隨處可見），行為心理學家娜塔莉（Natalie）與約瑟夫・亨里奇（Joseph Henrich）就是一例。他們說，每次「一個人為了給另一人或一群人提供效益而付出代價」時，就會出現合作[17]。另一種會計觀點是出現在理查・道金斯（Richard Dawkins）的暢銷書《自私的基因》（The Selfish Gene）

中，他宣稱「善良與寬恕是有回報的」，儘管人類無法預先估算這種好處[18]。這種像記帳般記錄生活的習慣，與其說是錯的，不如說是想得太單純了。社群動物經常從一種交流方式切換成另一種交流方式，所以是善變的記帳者，例如，公狼一心想獵捕一頭羊來吃，突然覺得身旁那隻母狼的黃灰色眼睛好性感……兩隻狼在松樹林的柔軟草地上打滾時，在黑夜的籠罩下，牠們暫時忘了自己本是出來獵羊的。此外，高等靈長類動物的思維方式往往太複雜，無法以得失來清楚表達。他們是在探索現實，而不是在為現實定價。

利他交流

這個含義豐富的詞，讓現今的許多行為學家感到不自在，因為它的人類意涵是一種高尚、自由意志的表現。昆蟲獻出自己的身體，讓其他的生物把牠吃掉，這是在實踐一種不涉及道德選擇的基因設定。同樣的，在高等的靈長類動物中，當一隻母猿為了保護幼子而讓自己暴露於險境時，她可能只是為了保護後代的基因，而不是在展現高尚的行為。行為學家的擔憂是有道理的，我們不該拿同類相食的螞蟻或自我犧牲的猿猴，跟聖女貞德相提並論。聖女貞德選擇為一項理念奉獻生命，而不是為了確保自己的基因存活下去。

利他主義真正關注的是贈與。法國的社會學家馬塞爾·莫斯（Marcel Mauss）是研究贈與的先驅，也是積極投身政治的先驅。他比較了原住民社會中贈與所產生的強大連結，與競爭資本主義的薄弱社會組織。這種並列可能看起來像漫畫對比，或者只是慈善與自私的區別。贈與當然不是抽象的慈善，誠如歐洲近代

史學家娜塔莉・澤蒙・戴維斯（Natalie Zemon Davis）所證明的那樣；在十六與十七世紀，把時間奉獻給在地社區的活動，有緩和宗教敵意的實際好處[19]。然而，沒有法律強迫他們做到這樣，付出是他們自己的選擇。

在現代，英國的社會學家理查・提墨斯（Richard Titmuss）在一項有關捐血者的研究中，也提到利他主義發揮同樣的實際效果。他的研究是比較無償捐血者與有償捐血者，無償捐血者對於捐血感到非常滿意；有償捐血者對於捐血幾乎沒有感覺。實際的效果如下：整體而言，無償捐血者的血液比較不可能有污染，因為捐血者在捐血時會注意自己的身體健康狀況；而有償捐血者只注意現金，他不太在意自己的血液是否健康。

利他主義可以是自發的，例如衝過去幫助受傷或受到威脅的人。當付出者完全得不到回報時，這種付出可能是完全無私的。我認為這就是猶太法典《塔木德》（Talmud）所說的「祕密行善者比摩西更偉大」的意思[21]。比較常見的贈與，是贈與者確實獲得回報的情況，但形式上比償還商業債務更崇高，例如捐血者感受到的幸福感。交流發生了，其回報內化了。因此，儘管孩子希望自己因行善而受到稱讚，當他們不是為了受到讚揚而行善時，利他主義就開始了。至於成人生活中的利他主義例子：員工致力做好工作或幫助其他員工，儘管老闆不會因此表揚或肯定他們。

〈哥林多前書〉（First Letter to the Corinthians）的作者說：「恩賜原有分別，聖靈卻是一位。[22]」②這段聖經的一個世俗版本

---

② 【和合本】恩賜原有分別，聖靈卻是一位。【新譯本】恩賜有許多種，卻是同一位聖靈所賜的。

是：我們之所以展現利他主義，是為了一個「影子自我」；我們與這個影子同伴對話，以討論該如何行事。這種世俗的影子自我比較像一個證人，而不是神聖的法官，例如，研究勞資關係中的權威時，我發現，勞工會受到激勵而無償幫助他人好幾個月，他們不是只在當下與這個內心同伴持續對話而已。結果是，利他行為塑造了他們的個人能動感[23]。雖然與他人合作本身不是利他主義的目的，但這種內化的對話激勵了利他主義者。

我們舉一個更具體的例子：在修道院的園藝中，有一種盛行數百年的利他主義形式。原則上，修道院的花園象徵著回歸原始的伊甸園。實務上，修道院的園藝有兩種形式。瑞士的聖加侖（Saint Gall）是最早有完整園藝紀錄的修道院，它把藥草、噴泉、灌木、小路按邏輯劃分，並要求修道士專業分工，以便合理地合作。零碎的紀錄顯示，阿索斯山（Mount Athos）上的修道士，則是放任修道院的花園恣意生長。修道士從大自然的豐富資源中，找出哪些植物可食用、哪些可拿來做藥。如果你熱中園藝，可能知道這些修道院的花園，無論是哪種形式，都與古羅馬維吉爾（Virgil）的《農事詩》（*Georgics*）所描繪的農作觀點相悖：維吉爾筆下的農民獨自與大自然抗爭，而聖加侖和阿索斯山的修道士則是在大自然中一起勞動[24]。花園中的合作勞動是為了消除攻擊與好鬥，讓辛勤勞動的修道士回歸比較溫和的自我。

儘管這些宗教花園與世隔絕，但它們與世俗的工廠有相似之處。一般人通常希望、也喜歡自己因行善而獲得讚揚。當他們即使沒有獲得他人的肯定也願意行善、只對影子自我透露自己的行為時，利他主義就出現了。在這方面，利他主義具有隱密行為的特質：這正是我們在日常中觀察到的，利他主義者似乎有很強的

內在動機。

雙贏交流

　　相較之下，雙贏交流更明顯是互惠的。築巢是一個很好的自然例子，巢中的每個成員都一起付出，也一起從結果受惠。在這種雙贏交流中，模式化的行為非常重要，那是指引動物的基因提示。那些提示讓動物知道，群體中的其他成員可以做什麼及應該做什麼，以造福所有的成員。「行為沉淪」（Behaviour sinks）是指動物無法或拒絕扮演自己的角色，例如，在科學家的實驗室裡，當老鼠被阻止打造共同的巢穴時，這個群體就會瓦解，變成有攻擊性、暴力又凶猛的動物，一場相互對抗的戰爭隨之而來。在社群動物的群體內，有一種自然版的「我們對抗他們」會促進雙贏交流：對共同威脅的感知，將促使原本彼此不太友好的老鼠團結起來。

　　一些行為學家很容易以為人類也是如此[25]。這是真的，也不是真的。人類的基因中有模式化的行為，但文化對雙贏交流的實踐有強大的影響。

　　人類雙贏交流的典型例子，是各方都受益的商業交易。他們可能是競爭才達到這個令人滿意的結果，但在分享的過程中，每個人都獲得了東西。至少，亞當・斯密認為，這正是市場中發生的事情。他不是在野外工作的博物學家，但他贊同林奈與其他人的信念：自然平衡了競爭和一種類似「相互尊重」的友好秩序。比較有名的是，他接受十八世紀天體力學概念的社會版本：這點出現在他著名的「看不見的手」理論中。該理論確保市場競爭中

的每個人，最終都能得到一些東西。現代的聯盟也是希望達到這種令人滿意的結果，他們在選舉期間相互競爭，掌權後再與其他政黨分享一些政治權力。

競爭與合作之間的平衡不是自然發生的。無論在商業交易，還是其他的各行各業，在缺乏意念與努力下，平衡都不是必然的。談判技巧必須對平衡進行細微的調整，而這種技巧本身就是一門技藝。例如，優秀的談判者會在情況惡化、一方揚言退出談判時，學會如何淡化對立。他會間接地傳達令人不快的真相，讓對手更容易面對那些真相。這兩種情況都是以務實的技巧，表達你的「善解人意」（sensitivity）。這表示熟悉雙贏談判技巧的大師，通常很擅長處理模稜兩可的情況。

在本書的後面幾章，我們將更深入探討專業外交官、就業輔導師、社群活動人士如何展現這項高深的技藝。目前，我們需要先探討模稜兩可本身的重要性。

雙贏交流往往是一種開放式的過程，不是一開始談判就能清楚列出利弊得失。例如，亞當‧密斯那套「看不見的手」所依賴的是，以不可預測的方式擴張的市場。到了他那個年代，三百多年的殖民征服，導致可交易的原物料與製成品的數量和種類不斷增加。競爭者不只交易他們已經擁有的東西，也交易他們將來可能擁有的東西。幻想在很大程度上主宰了這種交易。例如，一七三〇年代，一些從墨西哥進口番茄的批發商真的以為，番茄將取代牛奶，成為主要的食物來源。從一七二〇年代開始，鬱金香與雲母的需求突然暴增，轟動了歐洲市場。大家其實不太明白到底是什麼因素讓這些東西變得有價值，但當下他們姑且相信這些東西的需求真的很大。在談判桌上，談判者一開始都有這樣的幻

想，接著他們為了在市場上分一杯羹而展開激烈的競爭。

即使在沒有鬱金香或雲母狂熱時，商人也會交易大量從國外湧入歐洲的奇怪商品，這些商品的內在價值並不確定。亞當・斯密若是活在現代，應該很了解期貨市場中的大宗商品交易，或現在的網路公司交易，因為在這些交易中，交易各方並不太清楚產品的最終價值。以前和現在，市場模稜兩可的特徵使大家相信，每個人最終都能得到一些東西。相對的，在商品的供給稀缺、商品效用或價值已經確立的市場中，交易比較可能分出贏家與輸家[26]。亞當・斯密簡潔扼要地指出，國家財富是來自擴張，而非靜態貿易[27]。

在眾多的雙贏交流中，潛伏著一個重大的社會議題。許多電腦技客在螢幕前度過大部分的時間，但他們很熱中參加各種電腦大會，喜歡花很多時間聚在一起吃喝，這看起來可能很奇怪。但我覺得，他們之所以這樣做，可能是因為這種隨性的面對面交流可以帶來雙贏的好處。這就是非正式交流的作用，這與達成正式協定剛好相反。正式合作會制定相互往來的規則，例如，你需要採取行動的確切資訊、你對合作夥伴的期望、合約將如何執行等等。當然，這是透過談判創造的模式化行為，而不是基因設定的。這些明確的行動在非正式的交流中都毫無進展。在下班後的酒吧裡，在辦公室的茶水間裡，就像在會議中心的走廊上相遇一樣，大家透過閒聊八卦來獲得意想不到的寶貴資訊。偶然的一句話，可能為共處一室的人，突然開啟了新的合作可能。更廣泛地說，對話交流以非正式的方式蓬勃發展，這些對話的奇怪轉折可以促成雙贏交流。

我們都認識那種懂得避免強迫推銷的業務員，他幾乎可以把

任何東西都偷偷賣給我這種顧客。他看起來很放鬆、很和善、很好相處。隨性與人打交道的技巧，近似於操縱他人，因此，遇到那種能輕易與人融洽相處的人，無論他是不是出於善意，你都應該當心，那是一種警訊：他們顯示，非正式的隨性風格不見得單純。

以上一切所強調的重點是，雙贏交流很可能是互惠互利的，但這種利益也需要慎重面對。在亞當・斯密的雙贏交流版本中，必須有足夠的東西可供分配，商品的稀缺並無法促成雙贏交流。在亞當・斯密那個殖民時代，富足與價值模稜兩可或未知的商品連在一起。對價值的幻想與財富相伴而生。模稜兩可是非正式的雙贏交流與合約交易的特色。在八卦與對話中，模稜兩可（模糊性）可以發揮正面效用，例如，零星的八卦可能變成有價值的資訊，或者，對話中偶然的一句話可能促成新的合作案。但擅長非正式交流的人，並不是單純的等閒之輩。他們可能壓抑強勢、好強的自我；他們可能真的會促進他人的福祉，或像舌粲蓮花的推銷員一樣，讓人感覺良好——在這些情況下，雙贏交流只是一種幻覺。

差異化交流

在交流光譜的最中間，是差異化交流。在動物環境中，這種交流可以建立地盤，以及定義動物之間的邊界。在珍・古德（Jane Goodall）的黑猩猩研究中，她描述黑猩猩在邊界上交流（也可以說是開會），讓每群黑猩猩留下氣味的標記。後來，透過進一步的接觸，牠們會重新調整標記。等到牠們都同意哪一群黑猩猩占據森林的哪一區塊後，黑猩猩就會撤退[28]。這種交流的

目的是為了盡量減少激烈的地盤之爭。

在自然地理中，邊界是令人擔憂的地帶，因為它們不斷變化。氣候變化等無生命的力量，可能迫使生物群落重新調整其內部邊界，例如，隨著南極水溫的上升，企鵝與海鷗正在改變牠們分享空間的方式。邊界有兩種：boundary 與 border（這兩個英文字在中文裡都譯為邊界）。Boundary 是比較靜態的邊界，種群在這種邊界處變得稀疏，生物之間幾乎沒有交流。Border 是比較動態的邊界，例如，分隔海洋與陸地的海岸線，這是生物活動旺盛的地帶、是動物的覓食地、也是植物的滋養區。在人類生態中，把城市隔成不同地區的八線道高速公路是 boundary，在兩個社區之間的多用途街道則比較像 border。

在個人層面上，例如，兩個陌生人在城市的酒吧裡相遇，隨意交談，聊完後對自己的興趣、欲望或價值觀有了更深刻的個人了解時，就會出現一種比較私人的 border 狀態。一場晚宴把一群只是偶然認識的人聚在一起，也會發生同樣的情況。談話過程暴露出彼此的差異；接觸可能會刺激自我了解；即使酒吧裡或餐桌旁相遇的人可能再也見不到對方了，但一些有價值的東西會藉由交流透露出來。這種經歷可能看似另一種雙贏交流，但它的重點是反身性的，我們更注重的是對自己的了解，而不是維持關係。我們大多都曾經從這種人際社交中受益。

差異化交流是對話學的範疇。我們十八世紀的祖先試圖透過小餐館、咖啡館、酒吧來安排這種交流，以鼓勵陌生人交談。賺錢是店家的動力來源，顧客在店裡待越久，消費越多。顧客圍坐在十二至十六人座的長桌旁（一人座或兩人座的小圓桌，是十九世紀才在巴黎的咖啡館首先出現的）。在倫敦、巴黎與其他

大城，所有階層的人都沉迷於戲劇。大家圍坐在桌邊面對彼此時，使用的稱呼、措辭、手勢是模仿他們看戲時的所見所聞[29]。大家從劇院吸收的言談舉止模式，為陌生人提供了一種共同的言語準則；而啟蒙運動宣傳的另一種價值觀——公開、直接與他人交談，而不感到尷尬——則豐富了咖啡館裡的交流。艾迪生（Addison）與斯蒂爾（Steele）很早就指出，「咖啡館言論」讓大家能夠「毫無保留地自由談論一般話題」[30]。如果艾迪生與斯蒂爾是現代的哲學家，他們可能會說，咖啡館是對話交流既正式又自由的場景。

　　現實的原因促使陌生人以這種戲劇化又直言不諱的方式交談。十八世紀是歐洲城市大規模擴張的開端。倫敦與巴黎，尤其是一七六〇年代以來，到處都是陌生人，他們不僅需要分享資訊，還需要解讀及判斷其價值——這也是勞合社（Lloyd's）等保險公司最初是從咖啡館發展起來的原因。為此，他們需要有表現力的交流。狄德羅（Diderot）說，咖啡館是「一個劇院，目的是讓人相信你」[31]，只要暫時有人相信就夠了。那個年代，很少人透過在咖啡館與陌生人的偶遇來結交親密的朋友。他們在這些社交邊界上會面，可能比我們今天還要自在，因為我們現今要求比較親密的關係。

　　十九世紀，大眾生活從口頭接觸轉變成視覺接觸。到了一八四八年，在巴黎，大家理所當然地認為，陌生人在街上或咖啡館裡不會隨意交談，除非獲得明確的邀請。讓別人獨處及自己獨處，形成了一種新的保護。在彼此面前保持沉默的陌生人，達成了一種不侵犯對方隱私的協議。眼睛取代了聲音；城裡的漫遊者（大多是男性）環顧四周，被他看到的景象所刺激，並把

這些印象帶回家。十九世紀的遊客取代十八世紀的旅行者時，也發生了同樣的轉變。十八世紀的旅行者可以自由地敲門，然後與房屋或農場的主人聊天。十九世紀的遊客則是手拿著貝德克爾（Baedeker）或其他的旅遊指南，仔細地環顧四周，但比較不會與當地人交談。我覺得，詩人夏爾・波特萊爾（Charles Baudelaire）身為漫遊者，是這種轉變的最佳例子。他喜歡在黃昏時冒險外出，在巴黎的街道上漫遊，夜晚再回家寫作。他默默地做這些令他振奮的散步，仔細觀察周遭環境，但從來沒想過與那些刺激他靈感的陌生人交談。他把城市印記在腦海中，在視覺上體驗了差異化交流[32]。他就像齊美爾一樣，把這些視覺刺激的時刻變成主體性的社會理論。

　　以上這段大眾生活史的小小回顧，顯示了合作的兩個難題。以前與陌生人的對話既戲劇化又直言不諱，那體現了與他人明顯又積極的合作，但波特萊爾與齊美爾那種相遇是什麼情況呢？在無聲的視覺接觸中，合作完全消失了嗎？GoogleWave的程式設計師當然不希望這樣，螢幕的目的是為了讓合作比講電話更生動、更有吸引力，但是該程式在社交方面失敗了。難道眼睛天生就比聲音不善於社交嗎？

　　另一個難題與短暫性有關。感覺自己與別人不同，這種差異感會逐漸消失。如果你和某人一起喝酒或用餐二十次，這種差異感可能會消失。短暫的相遇確實可能改變你的生活——例如，短暫的戀情，與同事出乎意料地坦誠聊了一小時——但那對你的合作方式有什麼持久影響呢？短暫的戀情可能產生漣漪效應，改變你對他人的反應，但也可能沒有改變。這個難題在於主觀啟發與日常社交實務間的不確定關係。如果你是某種浪漫主義者——我

認為亞當‧斯密那麼熱情地書寫談論同情，就帶有那種浪漫主義的色彩——你會相信內在啟發會轉變日常行為。但是，我們也看到波特萊爾那種相反的例子，他的主觀生活是由突然、短暫的內在啟發所組成的，他的社交自我是嚴謹、克制、毫無反應的。

　　除了哪種感覺被刺激，以及由此產生的內心啟發最終有多大的影響等難題外，差異化的對話交流還有一個完全不同的面向：體驗可以緩和競爭。「差異」不見得就是比較好或比較差。差異感不見得會引起嫉妒性比較（invidious comparison）。漢普頓學院和塔斯基吉學院因為肯定這個原則而充滿了活力，我認為，這也代表它們的偉大榮耀。這些學院每天都會以祈禱結束一天的課程，在祈禱中，他們會提到每個人當天完成了什麼，即使他們完成的事情在外界看來可能微不足道，如「讓我們恭喜瑪麗姊妹，她今天做了十磅乳酪」。在工作坊的歷史中，大家很早就用這種儀式來強調技能的差異。中世紀的每個行會中，他們也是以類似的祈禱來結束每項技藝的每個工作日。每天結束時的儀式，都會提到每個人為公共利益而對社區做出的獨特貢獻。

　　華盛頓希望藉由強調每個人都有不同的東西可以貢獻，來消除「更好或更差的尖刻說法」，亦即個人競爭的酸言酸語，那是嫉妒性比較。合作因此強化了，這種肯定學院裡每個人都有特殊的東西可以貢獻的儀式，提高了學院的生產力及產品的品質。外界注意到了這些結果並認真看待，就像他們看待歐文在新哈莫尼市創立的工作坊一樣，因為那強調獨特性有實際的價值。

　　這些是差異化交流的複雜面向。在動物界，差異化交流可以劃分地盤；這些地盤的邊界可以是靜態的boundary或動態的border。在人類的環境中，我們也可以對高速公路與街道做類似

的區分。邊界接觸可以發生在內在，也可以發生在外在，就像十八世紀的咖啡館一樣。這些模式化但開放的言論場合，與十九世紀漫遊者與城市的視覺接觸形成了鮮明的對比。十九世紀的視覺接觸是沉默、斷斷續續、內在的，這些體驗與其說是交流，不如說是刺激。這讓我們不禁想問：當我們觀察別人時，那在多大程度上把我們與他人連在一起？主觀刺激對日常行為有多重要？但這種差異化的對話交流，在華盛頓與歐文所建構的組織中，有實際的價值。頌揚社群成員差異的儀式化時刻，肯定每個人的獨特價值，可以消減嫉妒性比較、促進合作。

零和交流

　　我們都熟悉零和遊戲，那是指交易中一方的收益變成另一方的損失。我們從小就玩這種遊戲，無論是在學校，還是在運動場上。幾乎每一種對個人天賦與成就的測試，都是採用零和遊戲的思維。在成人的職場生活中，招募與升遷也是如此。國家之間，無論是否處於戰爭狀態，也是在玩零和遊戲。遺憾的是，連宗教也是如此，尤其他們試圖讓其他宗教的信徒皈依的時候。

　　成年後，兩個小謊言經常掩蓋零和交流。第一個是「我不想傷害你，很抱歉你輸了，但人生本來就有輸贏」諸如此類的說法。這種謊言刻意隱瞞了贏家往往樂見輸家的命運。這讓我想起一位音樂圈的同行，有次他提到我們某位共同朋友的演唱會遭到惡評。他引述評論時，雖然說那些評論者有多愚蠢，但臉上又不禁露出了一絲微笑。第二個謊言是輸家說的「我真的不在乎」。讓我們屏棄這些謊言，思考一些更有意義的事情。講究輸贏的零和交流雖然強調競爭，但沒有完全消除合作。

　　零和交流顯然需要同一方的個體密切合作。高等哺乳動物就像人類一樣，這種協調需要有複雜的策略思維。例如，灰狼是機靈的狩獵者，牠們分散開來包圍獵物時，一組精心策劃的動作使牠們能夠有效地協調，然後在逼近獵物時，以緊密的隊形收攏。軍事策略家安托萬—亨利・約米尼（Antoine-Henri Jomini，1779-1869）借鑑了這種方法，在拿破崙戰爭期間，根據他對狼群的觀察來規劃軍事行動，模仿狼群的協調包圍行為[33]。

　　即使在對手之間，零和交流也需要某種合作。這包括制定競爭的基本規則，這些規則是在個人或群體相互競爭前制定的。在比較低等的社群動物中，這些基本規則似乎是由基因決定的。早在遺傳知識出現以前，拉馬克等博物學家就注意到，相互競爭的動物會「本能地」針對戰場的形狀與大小達成共識。比較高等的哺乳動物則會進行協商。誠如前言所述，五歲左右的孩子已經懂得為遊戲設定基本規則。這不僅涉及協議而已，孩子知道規則是可以制定、也可以改變的。

　　競爭對手之間的另一種連結，也會出現在人類的零和交流中。輸贏很少是完全且絕對的，贏家會留點東西給輸家。亞當・斯密認為，當市場交易的稀缺商品有確定的價值時，就會出現這種剩餘。這種競爭必須留給輸家一點東西，輸家才會再次嘗試，並願意繼續競爭。這種嚴格的市場就像運動一樣，你不希望輸家因為輸了比賽就解散。這是結束競爭交流的基本規則，類似啟動遊戲的共用基本規則。

　　幻想的元素也可以把贏家和輸家連在一起。亞里斯多德針對戲劇提出的「姑且信之」（willing suspension of disbelief）概念，也可以在經濟競爭中看到：冒險的意願通常是取決於玩家的信

念，也就是說，不管成功機率多小，當他相信自己一定有辦法成功時，他就會冒險。我們前面也看到，在雙贏交流中，在定義重要事物的價值時，共同幻想也發揮了作用，例如，十八世紀的投資者不知何故，都認同鬱金香與雲母是價值很高的商品。競爭本身可能也抬高了產品的價值：如果你費盡心思才能得到那東西，你會覺得那東西肯定很重要。這個現象在美國文學中格外顯著，因為美國崇尚成功；十九世紀詹姆士・菲尼莫爾・庫柏（James Fenimore Cooper）的小說，二十世紀史考特・費茲傑羅（F. Scott Fitzgerald）的小說，以及現今強納森・法蘭岑（Jonathan Franzen）的小說，都描寫那些為了獲勝、為了成功而犧牲生命的人，結果卻發現，獲得的獎勵沒有他們想像的那麼重要。社會學家赫伯特・布魯默（Herbert Blumer，1900-1987）把這些幻想統稱為「戲劇的虛構」（fictions of play）。這並不是說它們都毫無意義，畢竟，有些人一輩子致力追求勝利，或用餘生舔舐失敗的傷口。布魯默年輕時經歷過經濟大蕭條，對經濟的必要性瞭若指掌，但他在零和遊戲中看到了更多東西在運作。他在職業生涯早期，花了很多時間研究電影；並在早期的寫作中提到，人們如何模仿好萊塢的銀幕幻想來塑造自己的行為。這種幻想能力變成了「戲劇的虛構」。玩家間及個人的腦袋中都會協商行為慣例，他說，這些慣例變成了「象徵性的互動」[34]。

　　布魯默的見解很重要，因為它消除了一種硬漢觀念。那種硬漢觀點認為，分輸贏的交流才是社會生活的核心，寬容大方的交流只是一種文化或道德裝飾。硬漢現實主義其實帶有一種盲目性：它對零和考試主導的學習環境所造成的意志消沉視而不見，也對辦公室裡大家為了爭奪升遷所造成的生產力受損視而不見。

競爭與合作一樣，本質上及醞釀過程都是象徵性的。更重要的是，它是由合作構成的：參與者需要在比賽開始時合作，以協商規則；贏家必須同意留給輸家一點東西，競爭才能持續下去；完全的自私將導致新的遊戲再也不會出現。

即使伊甸園不存在，零和交流也不完全是霍布斯所說的自然狀態（自然人像有血腥獠牙與爪子的野獸，所有人對抗所有人）。霍布斯所描述的情況，更像是贏家通吃的交流。

贏家通吃的交流

我們相遇，我們競爭，我拿走一切，你就完了——這是最純粹的霍布斯版本。在自然生態中，頂端的獵捕者是這種不對等相遇的主宰。狼是位居頂端的獵捕者，鱷魚也是。牠們位居食物鏈頂端，沒有對等的競爭對手。只要人類不介入，牠們可以隨時拿走任何喜歡的東西。在人類社會中，贏者通吃的交流是全面戰爭與種族滅絕的邏輯。在商業中，贏家通吃是獨占的邏輯，目的是消除所有的競爭對手。關於這種狀態，讓我們像霍布斯那樣簡明扼要地作結吧：這種狀態應該盡早結束。

以上就是五種交流形式。在這個交流光譜的中間，合作與競爭最平衡。雙贏交流在自然界與文化中都可以看到，但在這兩種情況下，平衡是脆弱的。差異化的對話式交流，也可以平衡合作與競爭。以劃邊界的方式來建立地盤，是自然界群落的普遍作法，但在人類文化中變得更專業化與微妙。利他主義是交流光譜的一個極端，它在自然社會中是一種非自願的力量，而在人類之間則是一種內化的經驗，不需要有形的互惠關係。在交流光譜的另一個極端是零和交流，競爭凌駕了合作，雖然這種競爭需要合

作才能開始；人類的競爭就像合作一樣，是有象徵意義的。在贏者通吃的交流中，雙方間的所有連結都被切斷了，頂端的獵捕者主宰了一切。

由於符號、符號製作、符號交流在交流光譜的中間地帶非常重要，我們需要更了解它們是如何建構的。儀式是建構符號交流的一種方式。儀式不僅可以建立強大的社會關係，也是多數人類社會用來平衡合作與競爭的工具。

儀式的力量

許多社會學家認為，動物之間的交流與人類的儀式之間連著一條未曾中斷的線。歷史學家威廉・麥克尼爾（William McNeill）試圖在一項舞蹈儀式的研究中展示這條線。他在《舞蹈、軍事操練與人類歷史》（*Keeping Together in Time*）中，探索了舞蹈與演習的關係，也就是說，他探索了那些演變成軍事操練的身體儀式[35]。麥克尼爾認為這些儀式源自於所有社群動物的活動協調。事實上，他發現有證據顯示，珍・古德研究的那些黑猩猩有能力學會跳舞。

當昆蟲行為學家使用「儀式」這個詞時，他們是指基因決定的交流行為。古德發現，黑猩猩的跳舞與蜜蜂跳舞不同，黑猩猩可以學習把協調的舞蹈動作視為遊戲。牠們像小孩子一樣，會實驗該怎麼做，這其中涉及創造的元素。麥克尼爾發現，在人類身上，這種一起配合拍子的遊戲，進一步演變成表演，變成「幾乎所有社區成員都參與的節慶活動，而且持續好幾個小時……這種遊行把社群更緊密地結合在一起，使各種合作更容易進行」[36]。

他認為，這種感覺良好的活動是靈長類行為的進一步演化，不是人類獨有的行為。

對麥克尼爾的許多讀者來說，這種論點有點過頭了。儀式哪有什麼樂趣啊！我們不妨來看看貝克漢夫婦（Beckhams）的情況。

二〇〇四年，足球明星大衛・貝克漢（David Beckham）和妻子「時尚辣妹」維多利亞・貝克漢（Victoria Beckham）決定讓兒子羅密歐與布魯克林受洗成為教徒時，面臨一個問題。布魯克林出生後，貝克漢告訴媒體，「我確實希望布魯克林受洗，但我還不知道是受洗成為哪個教派的教徒。[37]」他們決定發明一種儀式。不得不說，那個正式場合有點喧賓奪主，搶了孩子的風采。貝克漢以六道菜的大餐宴請賓客，據傳每人的餐費成本是兩千五百英鎊。歌手艾爾頓・強（Elton John）開著他那輛招牌的銀色勞斯萊斯來到貝克漢的豪宅，其他名人也仔細向媒體透露他們何時會抵達，以及穿戴什麼行頭。貝克漢夫人籌劃了儀式，以及現場的美饌與鮮花。貝克漢的豪宅外，設立了兩座佛壇（Buddhist shrines）。

雖然這場活動聽起來很有趣，而且這對父母只是想盛大地向外界介紹兩個孩子，但英國聖公會為此大發雷霆。截至目前為止，沒有哪位牧師承認在那裡主持過任何儀式。那整個儀式的奢華鋪陳當然令牧師深惡痛絕。他們認為，把昂貴的瓶裝水倒在嬰兒的身上（或者更糟的是，據傳言，是倒年分香檳），簡直是低俗。但更重要的是，牧師鄙視貝克漢夫婦試圖自己創造儀式。正當儀式的神聖性源自於傳統，其起源已埋藏在悠久的歲月中。他們認為，儀式是無法編造、不能創造的。

是人造、還是發現？

　　牧師的說法確實有一些心理學的道理。儀式行為給人的感覺是，慶祝者是執行傳統或神靈賦予的儀式，那儀式已經超脫了時間，變成了永恆。儀式不必規模龐大，有些儀式很稀鬆平常，如餐桌禮儀，或誰在酒吧裡請誰喝酒。但儀式不分大小，似乎都是來自我們自身以外的行為，它讓我們擺脫自我意識，只要專心把儀式做對就好。然而，如果儀式僅支配行為，不是我們自己打造出來的神聖東西，那麼儀式就只是一種靜態的力量──但儀式並不是僵化的行為。

　　我們以另一個儀式為例：我孫子學校的老師是支持有機食物的左派分子，他們對於我和我兒子抽菸，以及我們帶著這個小傢伙去酒吧，感到震驚。但這些老師並不是傻瓜。他們知道，在東倫敦，孩子很早就加入幫派，需要做點什麼來防範未然。因此，他們改編一種古老的英國習慣，要求學生在參加競技運動後握手。老師也把這個習慣延伸到課堂上，尤其是學生被迫接受英國教育特有的無情考試之後，受試者也需要握手。

　　對世故的人來說，這種儀式似乎更像是要求有機飲食的政治正確思維，但孩子很喜歡這一套，他們握手時互捏手指，誇張地鞠躬，但依然熱切地執行這個儀式。藉由改編古老的習慣，把它融入新的情境中，這些儀式的目的是遏制競爭及競爭帶來的攻擊性：握手象徵著孩子回歸孩子之間的關係。

　　人類學家現在強調這種調適的過程。儀式不是靜態的，而是從內部不斷演變的。克利弗德‧紀爾茲（Clifford Geertz）在一些峇里島的儀式中看到了這種內在歷史。他以前的人類學家

覺得，那些歷史是塵封不變的[38]。歷史學家艾瑞克・霍布斯邦
（Eric Hobsbawm）與班納迪克・安德森（Benedict Anderson）以
同樣的方式，描述國家或地方價值觀中的「傳統發明」。過去的
發明會隨著現在情況的轉變，而跟著變化[39]。變化的步調，確實
就像自然演化一樣，是緩慢的。多數儀式形態是在多年間或好幾
個世代間，逐步演化出來的。大家是在不知不覺中做出改變。隨
著時間的推移，儀式似乎歷史悠久，但傳統的發明不僅於此。

　　我敢打賭，我們握手時，沒有人記得這種問候方式是希臘人
發明的，他們是以握手來表示手裡沒有武器。如今，握手本身通
常是一種低強度的交流。但是，對我孫子那個學校的孩子來說，
握手很重要，因為新的背景造就了這一切。我們常說「活的儀
式」，這可能是指過去仍活在現在——但活著的儀式也意謂著言
談舉止在現在的價值，它現在之所以存在，與它過去出現的原因
不同，可能是因為我們需要處理眼前的問題，或是為了填補一個
空白。貝克漢一家想要某種儀式，因為他們家有了新成員，有一
個空白需要填補。

　　儀式的三個組成要素，有助於平衡合作與競爭。

儀式的三個組成要素

　　早期，人類學把儀式視為神話的表現。人類學家所處的情
境，使這種觀點顯得合理。二十世紀初，人類學家往往是探索
者，尋找著尚未被西方文明觸及的文化。他們想了解這些文化
的世界觀，而神話似乎是獲得這種見解的關鍵。布朗尼斯勞・
馬凌諾斯基（Bronislaw Malinowski，1884-1942）是這種探索的
典範。一次大戰期間，他大多待在西太平洋的特羅布里恩群島

（Trobriand Islands）。例如，他在那裡試圖研究贈與及接受庫拉項鍊（Kula necklaces，由貝殼與線串接而成的美麗物品）的儀式，以推斷特羅布里恩人對宇宙的看法[40]。他當然考慮了這些儀式的場景、物件與參與者，但對他來說，這些具體事實的意義在於它們所代表的宇宙神話。

二十世紀後期，發生了一個巨大的轉變。人類學家開始把儀式視為獨立的活動來探索，不再覺得儀式是用來表述宇宙。紀爾茲促成了這個轉變，維克多・特納（Victor Turner）也是如此，他認為儀式無可避免地演變成戲劇表演。在這些表演中，道具、服裝、表演者的技巧，以及與觀眾的關係，都有了自己的意義[41]。這種轉變出現時，人類學家也對於自己介入未被西方觸及的早期文明，開始感到不安。到了二十世紀末，這種未被西方觸及的早期文明已經少之又少——而且這種想法似乎散發出一種頌揚「美好野蠻人」的氣息。如今的人類學家比較可能研究特羅布里恩群島當地的手機使用，或是關注西方文明（例如，凱特琳・扎勒姆〔Caitlin Zaloom〕研究芝加哥與倫敦的大宗商品交易員的儀式），而不是關心形而上學[42]。神話與儀式已經分開了。

我了解這種轉變為什麼會發生，雖然我不是那麼樂見這種轉變，或許是因為詩歌可以把渺小與宏大連在一起吧，就像艾略特（Eliot）在《荒原》（*The Waste Land*）中所寫的，「我會讓你在一掬塵土中看到恐懼。」神話的創造也是如此，那是對語言的強大運用，將小與大連結起來，不僅涉及詩人，而且涉及每個人。儘管如此，我認為有三種方式可以把儀式打造成獨立存在的東西。

第一種有點自相矛盾。儀式的強度有賴於重複進行。我們常

把重複視為例行公事，一遍又一遍地重複做某件事，似乎會麻木我們的感官。不過，就像前言提到的音樂排練所示，重複可以採取另一種方式。一遍又一遍地演奏某個樂章可以讓我們更專注於它的細節，而且聲音、文字或肢體動作的價值會深植人心。在儀式中，同樣的深化也會發生。這就是宗教儀式的意圖，聖餐儀式就是一例。重複做一千次，它將融入你的生活中，伴隨你一生。它的效果會比你只做一次大一千倍。世俗儀式也是如此，考試後握手的儀式若是一次又一次地發生，會變得更有意義，因為這樣就建立了一種經驗模式。

　　當然，重複也可能變得乏味。就像排練過程所示，重複必須遵循某種過程，才能維持新鮮感。你需要先養成一種習慣，積極去檢查及擴展它，持續下工夫，把它變成一種不自覺的行為，就可以維持新鮮感。在我孫子的學校裡，老師先要求孩子握手，接著孩子討論他們為什麼要握手，接著就一遍又一遍地執行，沒有再做進一步的討論。漢普頓學院每天放學的儀式，始於一八七〇年華盛頓發布的一項命令。某天（很難確切說出日期，似乎是約一年後），匠人開始討論為什麼他們會接到這項命令，以及他們可以運用什麼語言來肯定每個人貢獻的價值。此後，他們練習這種日常工作儀式，不再進一步地討論動機。如果儀式一直卡在第一個學習階段，也就是養成習慣的階段，便會變得乏味。如果儀式經歷了完整的實踐節奏，它們就會自我更新。

　　第二，儀式把物件、肢體動作或平淡的語言轉化為符號。握手的意義，不單只是感覺對方的皮膚而已。聖餐中的麵包和酒，或逾越節家宴中的食物，也不只意謂著有東西可以吃喝。

　　像「停車再開」標誌這樣的符號，提醒我們有危險，並直接

告訴我們該怎麼做。艾略特以「一掬塵土」創造的符號，是以一種更不確定的方式吸引我們。它告訴我們塵土有一個很大的含義，但沒有確切告訴我們這個意義是什麼。自柏拉圖以來，哲學一直在「符號做為表徵」與「符號做為喚起」之間掙扎。符號學家羅蘭・巴特（Roland Barthes, 1915-1980）認為，只要我們努力的思考，每個「停車再開」標誌都會變成一掬塵土。也就是說，看似直接的表徵會化為喚起的氣氛[43]。

儀式會利用這兩種符號，但儀式是透過實踐的節奏來區分兩者。首先我們接到指示，並把它養成習慣；這些指示會轉化成我們試圖更積極追求的召喚；這種追求不是永無止境的，我們在習以為常的更豐富習慣中，恢復我們對指令的感覺。在儀式中，物體、肢體動作、語言都經歷了這個轉變過程，並在過程中獲得了更密集的意義。不過，我們知道如何使用庫拉項鍊或家宴高腳杯等象徵性物品，這些符號蘊含著豐富飽滿的意義，指引著我們。

儀式的第三個組成要素與表達有關，尤其是戲劇性的表達。在婚禮上沿著教堂中央的走道走到聖壇，與在大街上漫步完全不同。即使你的步態相似，但在婚禮上，你是在展現自己，走向聖壇的每一步看起來都很重要。GoogleWave缺少的，就是這種表現元素。它的交流所關注的是資訊的分享，而不是情感的喚醒，電腦程式的戲劇性內容很單薄。

在一個儀式上，你可能充滿感情，但這種飽滿代表著一種危險。在《表演的悖論》（*The Paradox of Acting*）中，談到專業演員的工作時，德尼・狄德羅（Denis Diderot）如此描述這種危險，「如果演員充滿感情，真的感情飽滿，他如何以同樣的精神與效果去扮演同一個角色兩次？第一次演出感情飽滿，第三次演

出時，已經精疲力竭，像大理石一樣僵冷了。[44]」儀式也有同樣的危險：感情太豐富的話，你可能會開始哭起來，忘記該做什麼，甚至崩潰。如果這種情況發生在婚禮上，其他人可能會感到同情，但儀式本身將變得一團糟。

專業演員專注於台詞的內容，專業音樂家專注於音符，他們是在表達自身以外的東西。表演的時候，他們轉向外部。儀式中，也會出現同樣轉向外部的情況。儀式的表現力與迷失在自己私人情感迷宮中的人，是站在相反的兩個極端。這就是為什麼大家會竭盡所能精確地執行儀式的原因之一，無論那是關於社交禮儀，還是關於教堂內使用哪個聖經版本。無論你感覺如何，場合的力量取決於你表演什麼。

關注內容，而不是關注自己，這涉及社會學的微妙之處。社會學家厄文・高夫曼（Erving Goffman，1922-1982）研究了戲劇在日常生活中的角色，並自創了「自我呈現」（the presentation of self）這個詞，以喚起人們在行為上扮演的角色，就像戲劇中的人物一樣。對其他人來說，這些角色是可以理解與信任的，就像一個精神病患者面對他的醫生，或一個囚犯面對獄警一樣。用戲劇術語來說，高夫曼探索了「類型選角」（typecasting）。儘管高夫曼的研究很寶貴，但裡面欠缺了某個東西。在儀式中，人們不必扮演自己、不必代表自己說話，參與者進入了一個更大、共同的表現領域。這也是為什麼我與歷史學家基斯・湯瑪斯（Keith Thomas）是使用「演出」（enactments）一詞，而不是「自我表現」來描述儀式中的轉向外部[45]。

日常儀式，與專業音樂家或演員的表演不同，必須是可接觸及容易學習的，好讓每個人都可以參與其中。在職場上，這些儀

式通常是小事，如喝茶聊天的休息儀式，那很難稱得上是驚心動魄的戲劇。儘管如此，喝茶聊天的參與者還是想吸引其他人的注意，而不是漫無邊際地閒聊，讓人覺得無聊。他必須學會聊天八卦，把原本平淡無奇的事情戲劇化，從這個意義上來說，他就成了表演者。

「表演」（performance）這個詞可能暗示著一種「日常現實被暫停」的幻覺。鬱金香狂熱確實是戲劇性的。你相信自己可以在零和遊戲中勝出，這可能應用了戲劇中的「姑且信之」概念。然而，這個故事還有另一面。

馬基維利（Machiavelli）的信裡，有一個美妙的時刻：那位被流放到佛羅倫斯郊外某個小農場的公務員描述一個日常儀式。「夜幕降臨時，我回到家，進入書房。在門檻上，我脫下滿是泥濘汗水的工作服，穿上宮廷長袍。我以這身莊重的打扮進入古人的宮廷，受到他們的歡迎，享用屬於我、我生來就該享用的食物。[46]」這個儀式是為了逃避農場的現實嗎？當然不止於此。穿上他不再有權穿的服裝，馬基維利突然活躍了起來，這個儀式帶給他幾小時的強烈體驗。對一個受辱的人來說，這是一份真正的禮物——儀式對其他無權無勢的人來說，也有一樣的效果。

儀式的平衡

儀式的這三個組成要素，是平衡競爭與合作的工具。〈創世紀〉沒有描述伊甸園的平衡儀式，因為沒有必要。在夏娃開始推理思考以前，一種平淡無奇又祥和的和諧氣氛，彌漫在自然狀態中，所有的生物都服從上帝的命令。在霍布斯想像的自然狀態中，有太多的戲劇性，但沒有平衡；在所有人對抗所有人的戰爭

中，沒有儀式。

行為學所了解的自然界，有某種表達儀式，就像跳舞的蜜蜂一樣。這是基因決定的行為模式，其內容往往落後於環境變化。在自然群落中，同一物種內或不同物種之間，合作與競爭是可以平衡的。建立界限是實現這種平衡的一種方法。

平衡有賴交流。前面提到，交流有多種形式，從利他主義到贏者通吃的關係都有。在人類的交流中，互惠在交流光譜的兩端都會減弱。對人類來說，利他交流可能是一種純粹的贈與，不求回報，或是給予者與他自己的影子對話。這種過程中不涉及與他人的競爭。捐血有一些儀式，但這些儀式的性質是溫和且文明的。我知道，我沒有提到參賽者競相比較誰付出最多的那種誇富宴（potlatch）和類似的競賽。那種比賽的性質通常是精心設計且戲劇性的（想想募捐活動），確實也算是利用儀式以取得平衡。

在交流光譜的另一端，像狼群或一心想滅絕種族的軍人那種位居頂端的獵捕群體中，可能有密切的合作，但他們不會與其摧毀的目標合作。同樣的，這裡也要補充一個例外的情況，而且是一個令人髮指的意外。鄂蘭說，在納粹屠殺猶太人期間，集中營裡的猶太領導人與納粹共謀，以毀滅自己的同胞。他們與納粹那個狼群一起設計儀式，把殺戮過程常規化，變得更有效率[47]，我認為那實在很糟糕。

在交流光譜的中間地帶，互惠最重要。在雙贏交流中，有足夠的東西讓同一領域的競爭對手平均分配。在某些零和交流中，會留足夠的東西給輸家，讓輸家能夠再次嘗試。在這兩種交流中，合作設定了基本規則，並定義對大家來說特別有價值的競爭

目標。儀式在這兩種交流中都可以發揮作用。儀式可以塑造非正式的雙贏交流；此外，顧全面子的儀式有助於強者與弱者聯盟，為共同的利益一起努力。在零和交流中，儀式是出現在精心設計的會議禮儀裡，這些禮儀為競爭設定了基本規則。這種禮儀是以孩童早期學習談判遊戲規則的熟練度為基礎。

儀式在差異化交流中占有特殊的地位。就像酒吧裡陌生人之間的偶遇，或晚宴上偶遇泛泛之交一樣，儀式引導著比較與對比的過程。十八世紀的咖啡館談話，明顯模仿了舞台上的言語和肢體動作。如今當我們試圖讓八卦變得更生動，而不只是單純傳達事實時，我們也會含蓄地這樣做。

以儀式來平衡競爭與合作有一段歷史，尤其現代早期出現一個重大的轉捩點。這個轉捩點塑造了大家與異己一起生活時所採用的儀式。這個歷史轉捩點在當時導致競爭與合作的平衡變得脆弱，如今我們依然承受著後果。下一章將探討這是怎麼發生的。

第三章

「大動盪」

宗教改革如何轉變合作

　　一五三三年，小漢斯・霍爾拜因（Hans Holbein the Younger）完成了《出訪英國宮廷的法國大使》（The Ambassadors）這幅畫，現在掛在倫敦的國家美術館（National Gallery）裡。這幅畫中有兩個面向前方的年輕男子，他們之間是一張雙層的木桌，桌上擺滿了東西，上面那層擺著科學儀器，下面那層放了一把魯特琴、一盒笛子、一本讚美詩、一本數學書、一個手持地球儀。兩個年輕人穿著華麗長袍，尤其是左邊那位，他的大衣鑲著白色的毛皮。他們身後掛著精緻的綠色布簾，桌面披著一張東方的毯子。在這幅感官豐富的圖像中，前景出現了一個令人不安的東西：如果從正面看這幅畫，一個巨大的圓盤以某個角度飄浮著，表面有個模糊的東西；但觀賞者只要移到側面，那個模糊的圖像就清晰了起來，變成一個骷髏頭，亦即一個頭骨。

　　霍爾拜因創作這幅畫時，正值宗教改革的世俗影響在英國

達到顛峰[1]。亨利八世引領了這場變革，與其說是出於宗教信仰，不如說是出於性慾。他想和亞拉岡的凱薩琳（Catherine of Aragon）離婚，以便與安‧寶琳（Anne Boleyn）結婚，而當時的教會與現在一樣是禁止離婚的。亨利八世願意推翻舊信仰，接受新教的教義（至少名義上如此），以達其目的。那幅畫中的兩位大使是尚‧德‧丹特維勒（Jean de Dinteville）與喬治‧德‧賽爾弗（Georges de Selve）。他們是法國天主教派往英國的使者，負責處理亨利八世的婚姻問題所造成的嚴重動盪。這是一項複雜的任務，因為寶琳與法國宮廷有關聯。不過，霍爾拜因的這幅畫代表著，現代早期社會對合作的了解發生了較大的變化。

下層那本攤開的讚美詩，代表宗教分裂的一個社會後果：新教努力改革宗教儀式，以提升其合作性。這本讚美詩是翻到馬丁‧路德（Martin Luther）寫的兩首詩歌──左邊是〈聖神！請禰降臨〉（Come sacred spirit），右邊是〈人啊，如果你想幸福的生活〉（Man, if thou would live a good life and remain with God）。這兩首讚美詩都是頌揚脫離肉體，亨利八世不太可能熱情地吟唱這兩首歌。路德希望以這些讚美詩做為新的教會儀式，把信徒更緊密地團結在一起。他以信徒平常使用的母語、而非神職人員使用的高雅拉丁語，寫出簡單的詩詞。他使用的聖經是印刷版，以便大眾可以普遍取得。路德試圖透過這些方法來強化宗教社群──一個所有人都可以直接、平等分享信仰的社群。

在霍爾拜因的那幅畫中，桌子上層擺放的工具，代表著工作坊組織的改變。那些是領航員用來把天體資訊轉換為精確數學計算的精密工具。一個是用於計算日光與日照時間的複合日晷；一個是用來定位太陽在空中位置的六分儀；還有一個類似陀螺的九

面體，每面都刻著圓圈，可用不同的方式測量角度，以計算不同形狀的空間。這些都是航海探險家用來繪製世界未知區域的工具，是有政治價值的工具，因為它們有助於歐洲征服新領土的計畫，但第一批探險家還不太會使用那些工具[2]。霍爾拜因那張桌子上的工具，是新型工作坊（技術實驗室）的產品。那種工作坊將改變匠人合作的方式。

此外，那兩個年輕人其實不是職業外交官，這很奇怪，因為當時外交正在成為一種有組織的職業[3]。這種職業是圍繞著常駐大使形成的，由領事、祕書、雙重間諜所組成的新官僚機構提供支援。這兩位年輕人是在危機期間被召來當救兵的特使。外交職業雖然專業，但外交官的對話方式使這種職業在歐洲文化中產生較廣泛的影響。約莫西元一五○○年以前，拉丁語一直是歐洲的外交語言，也是神職人員的語言。但這時，外交官也開始講法語了，這是一種把日常的口語表達與外交的正式稱呼結合在一起的法語[4]。就像十八世紀咖啡館內的討論會模仿戲劇化的說話方式一樣，十六世紀的外交法語像墨跡那樣傳播到普通的社交談話中。結合正式與口語說法的語言，從大使館傳到了貴族沙龍。隨著時間的推移，沙龍語言又進一步傳到資產階級的居家客廳。

外交語言傳入日常生活，可能看似歐洲文明史上的一個小註腳，但那其實象徵著社交行為的巨變：從騎士精神（chivalry）轉向禮儀素養（civility）。騎士價值觀與貴族生活緊密相連，禮儀守則是以職業行為為基礎。職業需要技能，那是非專業人士也能學習及運用的技能。此外，禮儀素養也會創造出新的人際社交（sociability）道德，規範大家的言行舉止，這些道德標準特別適用於合作的實踐。

　　歷史學家有充分的理由懷疑中世紀、文藝復興、宗教改革等時代的嚴格劃分，因為這些都是武斷的時間劃分。然而，歷史不是連續不斷的。跟自然時間一樣，人類歷史也有斷斷續續的時刻。《出訪英國宮廷的法國大使》那幅畫除了優美外，也是一幅充滿代表性的畫作，代表著十六世紀歐洲社會的三大變化。這三大變化分別是宗教儀式的轉變、物質生產方式的改變、新的人際社交道德的出現。霍爾拜因的這幅畫代表著現代早期這三種合作方式的轉捩點。

　　這位藝術家不是簡單地記錄這些變化。在畫布的底部，骷髏頭本身就是一種評論。這個頭骨只有站在側面才看得到，這種繪畫技巧稱為變形圖像（anamorphosis）。從側面看時，畫中的其他物體與人物都變得扁平又扭曲。骷髏頭在傳統上象徵的人類願望的虛榮。那把魯特琴對時代做出了另一種評論，它有根弦斷了，那在傳統上象徵著不和諧。比較新奇的是那本數學書，那是一五二七年彼得・阿丕安（Peter Apian）寫的《論商業計算》（*On Mercantile Calculations*），畫中那本書是翻到「除法」那一頁。這三者所產生的效果都令人不安，但霍爾拜因是畫家，不是布道者。從正面看那幅畫，畫中的人物與物件都很吸引人，本身就很好看。本著這樣的精神，讓我們直接來看這幅名畫的每個元素。

宗教儀式

　　在霍爾拜因的畫中，路德的讚美詩代表著宗教儀式的社會組織發生了巨大轉變。路德試圖以母語創作的文字與歌曲來吸引信徒，部分原因在於他覺得中世紀的儀式使一般百姓無法直接參與

宗教活動。他們可能變成信仰的旁觀者，只能看著神職人員表演，而不能一起合作演出。

維克多・特納（Victor Turner）曾描述發生在中非與密克羅尼西亞的一種過程：儀式轉化為戲劇。路德的擔憂體現了西方文化對這種過程的反應。路德在神學上及社會上，都擔心這種結構性的變化。宗教戲劇把社群分成兩個不平等的部分。我們可以用聖餐中使用的餅與酒來說明他的擔憂。

餅與酒

聖餐儀式經歷過一段很長時間的演變。西元六世紀以前，聖餐禮是大家在聚餐中共享餅與酒，就像最早基督徒的團契那樣。據目前所知，那是很簡單、非正式的場合，大家在用餐過程中會自發地祈禱與禱告。西元六世紀，拉丁彌撒的正式儀式開始取代這種宗教聚餐[5]。然而，約西元九〇〇年以前，餅與酒都是會眾自己帶去教會的供品。到了十一世紀，修道院神職人員的製品取代了這些供品。隨著羅馬式教堂建築演變成哥德式教堂建築，儀式在空間上日益遠離教堂的會眾。羅馬式教堂在接近會眾的地方做禮拜，哥德式教堂則是創造出聖體欄杆與聖壇屏，把會眾推得更遠。

餅與酒的感官體驗也從日常生活中消失了。早期，一杯酒是從一個信徒的唇邊傳到另一個信徒的唇邊。到了十世紀，大家通常是用吸管吸取。十二世紀，牧師常代表會眾獨自喝酒。九世紀以前，彌撒中使用的餅是發酵的，而且是信徒分塊食用。這種日常麵包通常是由黑麥與斯佩耳特小麥製成，後來逐漸由一種特殊、無發酵、純小麥製成的白色薄餅所取代。只有這種特殊的麵

包（即oble）可以在彌撒期間轉化為基督的聖體。

在教堂以外的地方，各種表演也蓬勃發展。從西元九〇〇年左右開始，城市復興可謂是「中世紀」的特色。這不僅是地理與經濟上的復興，復興的城市也催生了儀式。例如，慶祝彌撒以前，聖餅或其他聖物被抬到街上遊行。巴黎早期的宗教遊行，就像奉獻聖餅一樣，也是相當簡單的活動。信徒穿著自製的服裝，拿著自製的十字架，隨性地在街上漫步，走向教區教堂。後來，規定開始出現，為這些活動增添了繁重的官僚負擔。一三一一年，在教宗克萊孟五世（Clement V）的支持下，基督聖體節遊行變成官方認可的權威性儀式。到了十五世紀，服裝已經變成專業織工的製品，儀式用的十字架是鑲著昂貴寶石的貴重物品，遊行路線是由教會當局精心安排[6]。

因此，社群中的戲劇表演，代表觀眾與宗教儀式的主持者之間日益分離，反映了日常與神聖題材間的劃分[7]。教堂內，牧師以特殊的手勢與聲調來表現基督最後的日子。舉揚聖體的儀式被戲劇化了，好讓那些可能聽不到或聽不懂牧師話語的人也注意到。從合作儀式演變成互動較少的戲劇表演，看似勢不可擋。不過，這個演變過程中，出現一個障礙：普通教區牧師的表演技巧。

歷史學家亨利·凱曼（Henry Kamen）指出，「在中世紀，牧師一直是大眾輿論的主要主持者」，但中世紀的牧師並不擅長公開演講。在劍橋的一個教區，當地有句諺語是這樣說的，「牧師走上講壇時，教區群眾直接走出教堂，回家喝酒。[8]」對神職人員做神祕的修辭藝術培訓，以恢復口頭布道的力量，是為了吸引教區居民重新積極地參與信仰。其背後的基本邏輯是這樣的：

權威源自於形式，而形式需要某種戲劇性，把宗教儀式的主持者與觀眾分隔開來。

在基督教發展初期，分享食物的儀式是為了促進聖愛（agapé），那是指人與人之間因信仰上帝而彼此相愛。受迫害的基督徒最早的聚會場所是在私人的家中，私人家中的聖餐是為了呼應「最後的晚餐」。食物本身沒什麼神奇的力量，是聖愛的盛宴使它變得神聖。一千年後，大家對這種表演場面越來越重視，強化了餅與酒本身的神奇體驗——它們神聖的「臨在」（presence）。在這方面，我們可以比較基督教的餅和猶太逾越節的薄餅（Jewish matzo）。每年逾越節吃的無酵餅，是為了讓大家回憶猶太人逃離埃及的迫害時所吃的無酵麵包，當時他們沒有時間，也沒有烤爐來烘烤發酵的麵包。猶太薄餅是一種幫助記憶的符號，它喚醒了散居僑民的歷史記憶，但在逾越節的儀式中，它本身並沒有獲得任何神奇的屬性。相反的，基督信仰的聖餅在天主教彌撒中是「真實臨在」（real presence），聖餐的餅與酒變成基督的血肉——神的活體。一二一五年，天主教會編纂了這個「聖餐變體論」（transubstantiation）的教義；神奇的食物加強了宗教戲劇所施展的魔力*。

合作儀式轉變為表演戲劇，就像所有重大的歷史事件一樣，引發了抵抗。在霍爾拜因的那幅畫中，桌上簡單的路德讚美詩代表著一種抵抗的形式——或者說，是一種技術變革輔助的替代形

---

* 註：有鑑於「真實臨在」的教義，天主教征服的一些民族得出了一個合乎邏輯、但錯誤的推論。一些亞馬遜的印第安人最初以為天主教徒和他們一樣，是類似的食人族，這兩個群體都吃他們的神以獲取力量。

式。十五世紀末古騰堡印刷術的出現，意謂著一般民眾可以擁有聖經與歌本。在此之前，這些手稿書都是昂貴的物品。宗教改革希望印刷的《聖經》可以譯成教區居民的語言，以便他們更直接地接觸聖言。路德讚美詩中的歌曲在音樂上簡化了，和聲上比十六世紀早期天主教會的音樂簡單許多，任何居民都可以輕易地學習及演唱這些歌曲。

　　如果信徒深信儀式無可避免會導致戲劇化這樣的缺點，另一種更激進的抵抗形式是貶低儀式本身。宗教史學家班傑明·卡普蘭（Benjamin Kaplan）寫道，少數「路德派」認為，「許多儀式既沒有規定，也沒有禁止。在神學中，這種可有可無的作法稱為『道德中性』（adiaphoral）或『無所謂』……正是因為儀式的表演無助於救贖。[9]」威廉·佩恩（William Penn）等貴格會教徒進一步推動這種抵制。套用一位現代評論家的說法，他們相信「只有內在的東西是必要的……儀式（這裡是指洗禮）……可以完全免除」[10]。不過，只有少數人抱持這種嚴格的觀點，對多數的新教徒來說（包括約翰·喀爾文〔John Calvin〕），完全廢除宗教儀式過於嚴苛，也過於孤立。信仰必須以別的方法在社會上扎根，洗禮儀式顯示了另一種作法。

洗禮

　　早期的教會，洗禮是給成人的儀式，而不是給嬰兒的。對嬰兒來說，洗禮可能沒有意義，因為那涉及一個人一生中最重要的決定。基督徒身體的轉變，反映了基督自己的死亡與復活：保羅在他給羅馬人的信中寫道，我們「受洗歸入他的死」[11]。然而，隨著時間的推移，洗禮在基督徒的人生中進行的時間越來越早，

後來變成出生後不久就做了。

　　毋庸置疑，洗禮曾經帶有神奇的表演元素，如今這些元素依然存在。在儀式的漫長歷史中，這些元素困擾了許多基督徒。路德就像天主教的先人一樣，認為儀式期間，水本身「不再像其他水一樣單純，而是聖潔、神聖、受祝福的水」[12]。不過，與先人不同的是，路德從天主教的洗禮中篩除了其他的表演元素（如熏香、點燃的蠟燭、塗滿嬰兒身體的香油），把重點放在浸泡於清澈、乾淨的水中，做為一種尋求救贖的姿態。他把重點放在受洗者身上，而不是放在執行洗禮的牧師身上，並恢復了早期基督教的成人浸禮習俗，重點在於重生的決定。

　　路德之後，許多新教的教派強調洗禮是與上帝立約。宗教之約是一種契約，那年代大家開始接受政治與經濟契約，並頌揚選擇的優點，所以對這種概念並不完全陌生。更重要的是，是否立約屬於個人的決策範圍。全球被殖民的地區，基督徒強迫異教徒集體皈依；歐洲的猶太人一再被迫面對你不皈依、就只能流放（或死亡）的「選擇」。相反的，生來就信仰基督教的基督徒，反而可以根據自己的意願做選擇。不過，對路德來說，這種選擇在實務中變得更加矛盾。在《巴比倫之囚》（*The Babylonian Captivity*，1520）中，他主張地方社群應該從普通教友中，自由地選擇自己的牧師。然而，一五二四至二五年的農民起義卻讓他感到恐懼[13]。他雖然反對天主教的宗教權威，但他仍然相信王公貴族的統治權，還會親自討好他們，而且經常過於臣服於他們的頭銜。

　　聖經中的格言「凱撒的就應歸還凱撒……」，看似可以緩解信徒與上帝的自由立約，以及路德對王公貴族的服從之間的矛

盾。但對路德來說，這並不容易。他對於信仰上帝時的直接參與及個人選擇的優點，有著不可動搖的信念。即使他感到矛盾，那信念對他來說最重要，對他越來越多的追隨者來說也是如此。新的基督教有簡單的讚美詩、有翻譯成日常用語的《聖經》，洗禮等儀式恢復了簡單與純淨，也願意拒絕那些阻礙人與上帝直接相連的儀式，或甚至在極端情況下完全廢除儀式——這一切都與精心設計的崇拜儀式形成了對比。那些表演儀式就像果實一樣，已經過了中世紀的成熟階段，開始腐爛。

　　有時為了練習思辨，我會思考，第二章描述的交流類別中，哪一種最適合這種宗教轉變。利他交流或雙贏交流都不太適合，因為新基督教的核心是對罪（sin）的高度個人化體驗。路德宣稱「上帝在哪裡建造教堂，魔鬼也會在那裡建造小教堂」。因此，痛苦是無可避免的[14]。這種對罪與苦難的強調，使利他主義有了特殊的意義。

　　從貴格會教徒到喀爾文教徒，宗教改革確實頌揚對社群的無私服務，尤其是在當地社群中當面為其他成員提供無私服務時，但是無論你做得再好，都無法贖罪。路德肯定「唯獨因信稱義」（sola fide，亦即憑藉信仰，就能被上帝判為無罪①）的合理性。一五四〇年代，天主教的特利騰大公會議（Council of Trent）則是宣稱，人類透過善行（利他主義）及內在信仰，都可以救贖自

---

①「因信稱義」中的「義」，是指上帝的正義，亦即無罪。根據基督教「原罪」理論，人的原罪讓人不能達到正義，而必須靠著上帝及聖子耶穌的恩典，從罪惡中獲得救贖。中世紀羅馬教廷則是強調，透過「善行」、「聖功」來得到稱義，而宗教改革提出了「唯獨因信稱義」的口號，即透過信仰，而不是善行，來得到稱義。

己。

相互安慰的經驗（如葬禮與其他的安慰儀式）也是如此。安慰在力量與範圍上是有限的，因為苦難是人類的命運。社區牧師，就像拉比、祭司或伊斯蘭教長（imam）一樣，不會利用葬禮這個機會來提醒大家，他們已逝的親人可能會下地獄。但路德（喀爾文更常這樣做）在著作中強調，地獄很可能是死者的目的地。新教抨擊教會出售贖罪券，認為那是掩蓋人類有罪的教會盈利活動。基督教路德派基於同樣的神學原因，只要有任何形式的儀式減少人類對其不完美性的認知，他們都會迴避那種儀式。

我認為，路德的思維模式最符合差異化交流：新教信徒在選擇毫無阻礙地接近上帝的過程中，應該會更加意識到人類與神性的差異。擺脫了儀式的過濾，尤其是戲劇性儀式的浮華：接近上帝使信徒更加意識到人類的有罪狀態。

「宗教改革」這個詞可能會讓我們想到，改革的敵人打著傳統的名義，抗拒改變，反對新教的合作版本。在天主教會中，這種情況確實發生了。但隨著時間的推移，中世紀宗教中那些打造戲劇儀式的公式，滲透到了新的領域。在宗教改革期間，一些政治人物從中世紀的天主教手中，接下了戲劇表演的火炬。我們來看這種情況在十七世紀發生的一種方式，其後果一直延續至今。

世俗反映

一六五三年的冬末，法蘭西的樞密院首席大臣朱爾·馬薩林樞機主教（Jules Mazarin）為宮廷舉行了一場長達十三小時的芭蕾舞劇[15]。首席大臣這樣做，不是為了尋歡作樂。《夜芭蕾》（The Ballet de la Nuit）是一場政治劇，從黃昏開始表演，直到黎

明才結束，由年僅十五歲的國王路易十四主演。喬治雅·科沃特（Georgia Cowart）說，國王藉由跳舞來展示權威，這是「王權的象徵性表現」[16]。這場舞蹈的故事情節就像一個開關：在夜晚的大部分時間裡，舞蹈是以戲劇化的方式，呈現出混亂、噩夢與失序。然後，黎明破曉時，路易突然現身，穿戴著紅寶石、珍珠和鑽石，象徵著一個閃閃發亮的年輕國王，驅逐了黑暗與亂象。

　　這種表演之所以存在，是因為宗教改革的餘波。宗教衝突在法國國內引發了一場世俗危機。在爆發「投石黨之亂」（Fronde）的內亂期間，新教徒反抗天主教的君主政體。貴族把握了這場宗教衝突的機會，開始反抗中央集權國家日益強大的鐵腕統治，等待成為國王的男孩路易因此被迫離開巴黎。這場芭蕾舞劇向叛逆的貴族觀眾傳達了一個訊息。一六五三年，那群叛逆的貴族在一個燭光昏暗、煙霧彌漫的巨大房間裡，連續好幾個小時，觀看那些扮演惡魔與憤怒的芭蕾舞者，演出他們的短暫叛亂。當陽光從窗外射入房間、劃破黑暗時，跳舞的國王恢復了現場的秩序。這個時期的芭蕾舞劇幾乎都是飾演古代神話中的人物。路易理所當然地扮演太陽神阿波羅，是光明的守護者。馬薩林為了一個新的目的，在劇中啟用了這位古老的神。在這場舞蹈中，路易選擇的角色呼應了他整個漫長統治期間的形象。也就是說，他是太陽王，貴族就像行星一樣，必然繞著他旋轉。

　　馬薩林所要傳達的訊息是否有說服力，取決於路易的舞蹈跳得有多好。舞蹈史學家茱莉亞·普雷斯特（Julia Prest）認為，他「一方面表現出超凡脫俗的神性，另一方面又太人性化了」。如果這個男孩表現失誤或疲憊不堪，就無法傳達戲劇性的訊息。這位年輕的國王必須在台上獨舞一個多小時[17]。權力的象徵有賴

身體的自我控制。馬薩林相信這位年輕的國王會表現出色：年輕的路易十四就像前任國王路易十三一樣，每天花在學習舞蹈上的時間比看書還多，他本身就是天賦異稟的舞者，據傳他是那個時代最卓越的舞蹈家。

一五八一年，《皇后喜劇芭蕾》（Ballet comique de la Reine）在法國宮廷的一場婚禮慶典上演出。那場表演是《夜芭蕾》的前身，是由鮑喬尤（Beaujoyeulx）編舞。鮑喬尤是第一批法國本土養成的專業舞蹈大師之一。十六世紀，義大利是歐洲舞蹈的中心。鮑喬尤那場芭蕾舞劇的持續時間，幾乎與路易十四的首演一樣長。他把高貴舞蹈與普通舞蹈、雜技表演、滑稽表演結合在一起。這位法國人也邀請觀眾一起來跳舞，許多參加《皇后喜劇芭蕾》的人並不是熟練的舞者，他們頂多只擅長非正式的地方舞蹈。

在路易的首演中，丑角都刪除了，社交（亦即「低俗」）舞蹈變成了神話中魔鬼的專屬領域。國王一出場，這些魔鬼就被一掃而空。在鮑喬尤的編舞中，舞台上有一個圓圈，內嵌著想像的三角形。三角形代表「最高權力」的軌跡，有幾個舞者可以依循著那條軌跡移動。在《夜芭蕾》裡，這條路線是國王專屬的軌跡。舞蹈運行的幾何形狀，只看國王的身體位置在哪裡。觀眾一看就明白了這種編舞想傳達的政治訊息。現代歷史學家菲利普・博桑（Philippe Beaussant）寫道，路易在位期間，舞會的夜晚「從君主與臣民的交融，轉變成君主獨自指揮一場以他自己為中心的舞蹈」[18]。十九世紀卓越的音樂家法蘭茲・李斯特（Franz Liszt）也說過類似的話，「音樂會就是⋯⋯我自己。」

就像所有涉及多人的表演藝術一樣，上演一場舞蹈必須在幕後合作排練。本著雙贏交流的精神，活動才能順利進行。路易十

四與其劇團所表演的那種舞蹈，是以嚴格的階級制度為基礎的合作與雙贏活動。誠如珍妮佛・霍曼斯（Jennifer Homans）所說的，這就是我們今天所知的舞蹈明星系統的起源。從芭蕾舞團的群舞舞者晉升到首席舞者，是一個精心設計的階梯[19]。不過，在觀眾席上，明星系統強調的是表演者與觀眾之間的距離：在迪斯可舞廳裡，沒有人的動作像芭蕾舞蹈家紐瑞耶夫（Nureyev）那樣。在劇院裡，這種距離可能令人興奮，但是像路易十四那樣把它運用到政治上，則可使人臣服。

這只是我們在較早時期追蹤到的區隔。當公共儀式演變成表演性的宗教戲劇時，高階神職人員與會眾之間也出現了同樣的鴻溝。如果說大主教與主教想利用戲劇演出來促進教區居民的順從，這樣說可能太誇張了。但馬薩林與路易十四肯定意識到了這種效果，並以此為目標。隨著戲劇性跨越神聖表演與世俗表演間的鴻溝，它變得更像是一種權力的操縱工具。「表演就是……我自己」，現今可能更適用於政客。他們在電視鏡頭前，經過形象顧問的精心打扮與建議，變得很擅長給人一種印象：他們的聲明是發自內心的。當然，路易向臣民講話時，是以國王的身分說話。他是在扮演那個角色，而不是在表達自己。但舞台上的路易與鏡頭前總是非常真誠的政客間有一種連結，這兩種表演都體現了個人魅力（charisma）。這個字值得我們停下來探究一番。

希臘語中的 charisma，原本是指神賜予的恩典，這種恩典賦予實體物質超凡的力量。天主教反映了這種實體魔力，因為餅與酒轉化為基督的血肉。在一些信仰基督的國家裡，有些君主在加冕儀式上仍用聖油塗抹，這與洗禮中使用的物質相同[20]，那個人因此獲得了神的恩典。在政治上，charisma 是指一種難以言喻的

光環，代表個人的正當合理性，例如，國王的「神聖性」。套用在世俗的政治演員身上，charisma是指他們看起來比普通人更偉大的特質，即使他們把自己戲劇化成普通人的象徵。

個人魅力的魔力，需要演技才能發揮效果。就在宗教改革以前，馬基維利制定了一些展現魅力的規定。他的君王論把國家的理由隱藏在面具後，以表演來激發大家對君王本人的愛與恐懼。馬基維利不得不舉修士薩佛納羅拉（Savonarola）②為例，他在十五世紀第一次透過純粹的演講能力，感動佛羅倫斯的天主教徒，讓他們放棄感官享受，點燃「虛榮之火」③（波提且利〔Botticelli〕等藝術家把他們最美的一些畫作送入火堆；薩佛納羅拉也曾把馬基維利暫時趕出佛羅倫斯）。但馬基維利並沒有好好地掌控他的舞台，有人要求他在火中行走時，他猶豫不決、躲躲閃閃，個人魅力因此「離他而去」[21]。路易比較擅長展現個人魅力，至少他早年是如此，他像一顆拋光的寶石那樣展現自己，戲劇性地展現他掌控自我的力量。

個人魅力做為一種社會力量，與合作有複雜的關係。有個人魅力的領導者，可以激勵追隨者更充分地相互合作，路德就是如此。不過，在魅力人物所啟發的合作中，嚴謹的判斷力往往會消失。在這方面，有一條又長又結實的繩子，把身為表演者的路易十四與現在那些充滿個人魅力的暴君連在一起。最著名的例子當

---

② 從一四九四年到一四九八年擔任佛羅倫斯的精神和世俗領袖。他在「虛榮之火」事件中，反對文藝復興藝術和哲學，焚燒藝術品和非宗教類書籍，毀滅被他認為不道德的奢侈品。

③ 當眾焚燬無數藝術品、書籍和化妝品。他們認為這些東西都是愛慕虛榮的象徵，會誘人犯罪。

然是希特勒，他自稱是「歐洲最偉大的演員」，並宣稱「政治人物主要關心的是登台表演」[22]。信仰的戲劇性對納粹來說並非隱喻，戲劇幻覺是納粹力量的基本要素。他們從一開始就培養這種幻覺，以產生可怕又盲目的服從。一九三八年，納粹集會的一名參與者告訴西奧多‧阿貝爾（Theodore Abel），「我感覺希特勒是親自對我講話，我的心開始輕盈了起來，胸口湧上一股感覺，體內好像有某種東西正一點一點地重建起來。[23]」

顯然，四百年前，沒有人會預見這種事件。但當時可以明顯看出，當儀式變成表演時，社群與個人都會發生一些變化。表演把社群變成一個階級制度。在這個階級中，底層的人只能旁觀與服從，但不能以具有獨立價值的個體身分參與。在這方面，即使我們沒有路德的宗教信仰，路德的矛盾也能引起我們的共鳴。路德本人很有個人魅力，是能言善道的演說家與作家，是個非凡的普通人。雖然他臣服在世俗王侯的面前，但也擔心他們對信徒群體的影響。一般的普通人必須直接與上帝立約──他們自己立約，或者更好的是，與他人一起立約──但他們必須選擇自己做這件事。「我的心開始輕盈了起來」，不是這個聖約的目的。一般人努力想要贖罪及避免下地獄，但表演無法取代這些努力。現今的宗教講究自我感覺良好，所以那種努力可能已經減少了。但宗教改革確實清楚地顯示，戲劇造成了持久的內在代價：「領導」對良知構成誘惑性的威脅。

工作坊

在霍爾拜因的那幅畫中，桌上的導航器代表著生產生活的巨

大轉變：以行會形式組成的工作坊擴大範圍，涵蓋了比較像實驗室的工作坊。一五一七年，路德把他的「九十五條論綱」（95 Theses）④釘在教堂門上以前，這種變化已累積了三個世代，並一直持續至今。製造新技術與新事物時的合作，也象徵著邁向現代性的一種動盪轉變。這讓人不禁思考，大家該如何在發現與實驗中合作，亦即GoogleWave的問題。

　　第一章提過，工作坊是人類社會最古老的制度之一。它之所以如此古老，有一個原因是和匠人在哪裡勞動有關。六千年前美索不達米亞的工作坊遺跡顯示，共同勞動已經固定在一個地方。就像農業一樣，匠人工作坊不再到處遷徙。遊牧部落靠四處覓食的方式生活，工作坊則是生產自己謀生的東西24。西元前兩千年的中國書寫紀錄預測，這種定居勞力的技能將變得比遊牧民族更熟練，例如，城市陶匠的陶藝優於遊牧陶匠。古人之所以這樣預測，部分原因在於匠人的工具越來越大、越來越重、越來越複雜，因此更難以運輸。城市陶匠的轉盤就是一例，它取代了流動陶匠的反轉葫蘆。

　　如果我們把時間回溯至更早的中世紀，城市匠人的熟練技能是源於行會中的官僚基礎。十一世紀開始，隨著歐洲城市的復興，修道院的工作坊也跟著轉變。城市的經濟生活，有賴於生產者的產出超過自身的需求。每個城市都把剩餘的產出賣給其他城市的人，城市間的貿易變得比城市內的交易更重要。個別工作坊都有生產剩餘，行會負責策劃如何把這些商品送進貿易體系中。

---

④ 或稱「關於贖罪券的意義及效果的見解」，是一份反對贖罪券的學術論辯提綱。這份提綱不僅引發了宗教改革運動，更促成了新教的誕生。

　　工作坊若要滿足本地以外的需要，必須做有效率的內部協調。這主要是一個時間分配的問題。在修道院裡，每天的勞動包括在花園裡或在有遮蔽的工作坊內工作，同時還要進行長時間的共同祈禱與獨自沉思。如果要為市場經濟生產剩餘的產品，就必須在工作台上花更多的時間。此外，工作本身也需要某種創新。城市工作坊為古老的技藝開發出更高的技能。由於複雜工具的出現，十二世紀的金匠與十四世紀的玻璃製造演變出新的技能。陶器製作可謂是最古老的技藝，西元一三〇〇年需要的工具種類與古代的偉大陶匠使用的一樣，但後來的陶匠會實驗不同種類的陶土。城市工作坊強調效率，這是生產剩餘產品的必要條件。舊約聖經並沒有為這個主題提供任何指引。然而，在中世紀的市場經濟中，宗教影響並未消失。勞動原則上仍是上帝認可的，教會仍是主導經濟權力的權威。但修道院那種自給自足的模式，不再適合為城市工作坊的社會關係提供日常典範。

　　行會在相互競爭的工作坊之間管理衝突，並保證產品如製造者聲稱的那樣貨真價實。最重要的是，他們強制執行勞動權利，以保護勞工，特別是年輕的勞工，以免他們在農奴或奴隸社群中遭到虐待與剝削。每個工作坊都有三種級別的工人，他們都住在工作坊內：學徒（合約通常是七年）；熟練工（合約為三年）；師傅（工作坊的主人）[25]。

　　這些枯燥的結構元素，透過行會演變的儀式而生動了起來。在城市的遊行與宴會上，學徒舉著行會的旗幟。所有行會的成員都有權穿著獨特的服裝，那些服裝往往是精心製作的。在每個工作坊中，儀式是對技能的一種特殊致敬。學徒在實習結束時，展示的作品稱為「代表作」（chef d'oeuvre），那是向工作坊展示他

目前為止的成就。隨後,代表作有時會在行會的會館中展出,讓城裡的任何人評論。在工作坊中,熟練工比學徒更高一級。他是向一個僅由師傅組成的社群,發表一件更進階的代表作。

發表代表作時,年輕的學徒或熟練工不准說話或解釋,製作者的個性不會顯現出來。儀式的目的是根據作品本身的優點來判斷作品,作品必須自己說話。我們中世紀的祖先是透過討論來確立品質的客觀事實,藉此達成共識。不過,這種討論是採用一種特殊的言語行為(speech-act)形式:對物品的標準稱呼是「你」,而不是「它」。中世紀的匠人又更進一步發展這種口頭語言,把物品視為活的,彷彿物品神奇地變成了人,可以跟真人討論與爭論。

因此,發表代表作的儀式就像一種表演,類似宗教領域的戲劇場面,但有一個很大的不同。在遊行或教堂裡,會眾在宗教表演者的面前是沉默的。在發表代表作的地方,觀眾會表達意見,他們是評審,不是旁觀者。宗教滲透了中世紀生活的方方面面,因此大家祈禱的方式與工作方式沒有很大的分歧。然而,工作坊在這些儀式中強調思辨以判斷作品的價值,但宗教表演並非如此。

我們想像,這些儀式可能有損社交關係,因為評審可以評判作品不夠好。但事實上,這些儀式是一種雙贏交流。學徒與熟練工製作的多數物品,通常會通過考核——在西元一二〇〇年的金屬加工業中,近90%的人通過考核;在同一時期的義大利皮革業中,約80%的人通過考核(這些只有非常粗略的數字)。被判定作品不夠「活」的人,隔年還有機會再次發表作品,第三次發表的情況較少。前述的通過率可能使考核日看似一場騙局,其實

不然，這種考核正是典型成年禮儀式的例子：年輕人被迫面對外界，暴露在危險中，然後重獲肯定，成為社群的重要成員。在中世紀的匠藝活動中，製作者的作品為他完成了這段旅程。

　　這種制度在十四世紀到十六世紀及十七世紀初之間發生了變化。個體化演變成創新，也就是說，製作某種特色鮮明、充滿活力的酒杯或杯子，開始讓人覺得那是在製造全新類別的東西。例如，在餐具工作坊中，叉子出現了，這種新奇物品最初是以一種微型雙叉刀的形式出現。約十六世紀中葉開始，這種聯想性的過程加速了，但無法預測。在霍爾拜因的那幅畫中，桌上那些導航器顯示了一個事實：大家一開始並不知道該如何看待那些新類別的東西。某種程度上，這是技術史上的一條通則：工具在大家完全了解其用途以前，就發明出來了。十七世紀，這條通則在社會上有一個特殊的應用。

　　那是一個科學實驗進駐工作坊的時代。這使得一些工作坊變成研究的地方，研究一些還看不出來有任何實際運用的東西。生產第一批六分儀的工作坊就是一例，其發明者不太確定自己在做什麼，也不太在意六分儀的實用價值，儘管他們知道它有實用價值。至於那個儀器該如何應用，那是別人（航海家）的責任。

　　這時，實驗室有自己獨特的儀式，已經很稀鬆平常。甚至有一個社會學分支，專門研究實驗室中的服從與主張、合作與競爭的準則[26]。實驗性工作坊的出現，似乎擾亂了工人熟悉的儀式。如果學徒的發現推翻了師傅的專業知識，技術上的發現可能會破壞師傅與助手間已確立的階級關係。例如，進化的拋光布發明時，就出現了這種情況。這種拋光布是用來擦拭儀器中的玻璃，比如霍爾拜因那張桌子上的雙六分儀。這種拋光布是兩位十幾歲

的助手開發出來的，是西元一四九六年安特衛普（Antwerp）的一個鏡片工作坊意外發生的結果。工作坊的師傅試圖壓制這種創新，那兩名少年只好自立門戶，「背叛」工作坊[27]。

即使工作坊裡的階級制度沒變，創新也改變了工作坊內合作的意義。這時，合作必須考慮到偶發事件，那些偶然發現的新東西或不同的東西。因此，這種實驗室工作坊（laboratory-workshop）開始重視對話交流，出現類似下面的討論：實驗室裡有人說：「你看，這好奇怪。」接著就和同一工作台的夥伴分享。實驗過程讓一種雙贏交流變得特別重要：來自橫向思維（觸類旁通）的互利。布料製作就是一個鮮明的例子。在中世紀的倫敦，織布工與染布工有不同的工作坊與行會。到了一六○○年，新的染色技術改變了布料的編織方式，染色與織布的工作必須合併，雙方都必須探索對方的知識。

這個過程強調所謂的跨學科思維，使工作坊本身成為對話式交流與非正式關聯的場所。歷史學家史蒂文・謝平（Steven Shapin）認為，對那些不知不覺進入早期實驗室工作坊的業餘實驗者來說，有一種約束性的儀式。他們是從事君子／紳士的工作，遵守君子／紳士的準則，亦即無私地探索，而不是為自己謀取個人利益[28]。在十七世紀，amateur（業餘）這個字確實是指對許多事情很好奇的人，而不是指其技能水準。藝術的amateur會收集畫作、創作音樂、研究歷史；科學的amteur則是從研究天文，轉而涉獵醫學、植物學。只要有獨立生存的方法，amateur就可能成為知識的漫遊者。不過，沒有私人收入的匠人很難負擔得起這種無私的作法。

研究現代早期的經濟史學家認為，發明促進了冒險進取的個

人主義，從而在過去與現在之間建立直接的連結。如今這在矽谷的類比是，位於階級底層的人，偶然發現了一種新技術或新配方，接著就像鏡片拋光布的發明者那樣，帶著創新離開組織，自立門戶。當時和現在一樣，把一項發明變現並不容易。安特衛普那兩名少年發明新技術後，自立門戶，卻不知如何把新技術推向市場，結果另一個業者把他們的發明轉化為有利可圖的運用，那兩名學徒最後窮困潦倒。

　　印刷業是技術倍增的一個例子。印刷術最初源於中國，一四五〇年代歐洲又重新發明了這項技術。印刷術出現前，抄寫員單獨工作，但印刷是一項合作活動，需要不同工人的不同技能。十三世紀起，歐洲開始造紙。為了在紙上印刷，阿爾杜斯・馬努提烏斯（Aldus Manutius）與約翰尼斯・谷騰堡（Johannes Gutenberg）等匠人應用了三項創新：金屬活字、油墨、固定框架的木製手工印刷機。印刷催生了版面編排。抄寫員的工作是忠實地複製文字，但印刷商開始用不同的字體，在視覺上統一文字格式，並配上封面頁、目錄、各種裝訂。印刷商改變了作者的手寫文字。這樣做的原因是，印刷商也變成了直接的零售商，他的任務是吸引大眾。歷史學家伊莉莎白・艾森斯坦（Elizabeth Eisenstein）表示，「印刷術的出現，促成一種新的工作坊結構……那需要不同技能的工人間更密切地接觸，並鼓勵新形式的跨文化交流。[29]」行會的階級制度被比較扁平的工作坊結構取代了，這種工作坊結構是由各自獨立但平等的技能所組成。

　　對工人來說，印刷的一個重要影響是，技術知識不再局限於某些地方。製作方法開始寫成指導手冊，可以應用在任何地方；新手不再只能依靠面對面的指導；新事物或新奇事物的交流，不

再只能靠口耳相傳。例如，早期一份印刷的「國際通訊」在玻璃工匠之間流傳（一五九三），裡面寫著如何加熱沙子的新聞，令人振奮。那新聞指出，沙子可以加熱到比大家以前預期更高的溫度，並說明如何做到那樣。因此，技術工人更容易覺得自己是某個行業的成員，而不只是局限於一個地方工作坊。

這一切又讓我們回到了霍爾拜因那張桌子上的儀器。導航裝置是手工製作的，但製造六分儀需要用到精密的金屬切割器與機械木刻器。新的技術工藝創造出這兩種機器，從事金屬切割與木刻的工作坊更像是印刷廠，而不是木匠廠。許多人參與其中，他們創新形式，但不太知道這些產品將如何使用。透過國際通訊傳播的資訊，從歐洲各地傳到地方的工作坊。在鏡片研磨的相關行業裡，匠人參與類似的開放式對話過程，在霍爾拜因的時代，他們討論著如何把望遠鏡的透鏡翻轉成顯微鏡[30]。沒有階級儀式指示他們該如何進行。

透過這些方式，技術創新改變了工作坊中的合作。技術變革撼動了工作坊的社交關係。以工作坊階級制度為基礎的儀式遭到了顛覆。對話交流是實驗方法的核心，至今仍是如此，但在十七世紀，大家並不清楚這種交流如何把那些為生存而掙扎的匠人連結在一起。君子／紳士可以像無私的業餘愛好者那樣合作，但一般的匠人負擔不起這種方式。

工作坊內發生的變化，為霍爾拜因那個時代的重要主題打開了一扇窗：宗教與科學之間的鴻溝。一開始，天主教會堅守神聖表演的神祕性，宗教改革一頭栽入了個人與上帝直接相連的迷

宮，而實驗科學則是試圖以自己的方式了解及開發物質世界。更
粗略地說，區別在於往後看或往內看 vs. 往外看。這種非黑即白
的對比，必然有誤導性。例如，在十六世紀的實驗工作坊中，大
家探索的物理奧祕似乎是上帝的祕密。

　　然而，為了了解現在的合作，我們不能完全放棄這種對比。
實驗促進了對話交流，促進了我們與他人針對假設、程序、結果
所進行的開放式討論。十六世紀與十七世紀出現的科學，重視對
話式、開放式的交流；基督信仰則是害怕這種交流。天主教擔心
那會破壞教會的權威，新教徒擔心自由思想的討論可能導致自信
之罪──這正是米爾頓在他描述的伊甸園版本中所表達的恐懼。
巴赫汀寫道，這種對話交流「肯定了人對自身經驗的信念。為了
產生創造性的了解……一個人應該置身於他了解的物件之外」[31]。

　　因此，開放交流與超然無私的背後有一種道德規範。即使有
人是為了把發明加以變現才參與合作，科學合作也只有在以「禮
儀化」（或譯文明，civilized）的方式進行時，才能蓬勃發展。
這是什麼意思呢？

禮儀

　　十六世紀，上流社會的行為準則從騎士精神（chivalry）轉
向禮儀素養（civility）。最終，這種轉變塑造了現代對合作的理
解。但大家是逐漸接受新的價值觀，而不是突然拋棄過去的標
準。城堡的變化證明了這點。

　　騎士精神的發源地是城堡。城堡跟修道院一樣，在中世紀早
期是避難的地方。做為軍事堡壘，城堡裡存放著大量的軍需（如

弓、盔甲、衝車⑤），以及馬匹。城堡的庭院主要是用來做軍事
演習。城堡內的空間擁擠，所以樓梯間、禮拜堂外的所有房間或
戶外，都是士兵吃喝拉撒睡的地方。在中世紀的晚期與文藝復興
的早期，城堡的建築發生了變化。其軍事功能減弱了，士兵被遷
移到城堡的地下區域，或整個移出城堡，遷到越來越大的兵營
（十五世紀期間，法國與義大利的城鎮出現了這種兵營）。戰爭
的變化促成了這項轉變，軍隊待在戰場上的時間越來越長，所以
城堡逐漸變成儀式與社交的空間。

　　諷刺的是，城堡在戰爭中的實際用途越少，騎士精神的儀式
規範反而越來越多。騎士精神與寓言中的遊俠騎士不同，它主要
是在防止暴力性行為的發生，尤其是強姦。它試圖推崇愛神，中
世紀的騎士史詩《玫瑰傳奇》（*Roman de la Rose*）就是一例（在
這部史詩中，騎士的欲望表達充滿了巧妙手腕）。中世紀的文明
認為，在街上、工作坊，甚至教堂裡，打鬥與咒罵是日常生活中
的正常現象。騎士精神的性約束，試圖在菁英階層中設置一道屏
障，以防止這種暴力行為。

　　然而，騎士精神還有另一面，套用彼得・柏克（Peter
Burke）的說法，騎士「對於別人批評其聲譽，極為敏感」，很
容易受到冒犯[32]。無論騎士是多好的基督徒，一旦受辱（被打
右臉），他並不會把左臉也轉過去挨打，而是亟欲復仇以洗刷名
譽。復仇對他來說是一種道義，因為在多數的榮譽文化中，他人
的批評既是對他本身的侮辱，亦是對其家族的侮辱。血親復仇就

---

⑤ 古代攻城器械，在四輪車上安裝撞木，前裹鐵皮，以衝撞的力量破壞城牆或
　城門的攻城主要兵器。

像性約束一樣，是騎士精神的象徵。

　　禮儀準則把約束延伸至生活的其他領域，象徵著行為準則開始脫離騎士精神。巴爾達薩雷・卡斯蒂廖內（Baldassar Castiglione）的《廷臣論》（*The Book of the Courtier*，1528），首次提到禮儀。該書主要是講述交談如何做到不那麼咄咄逼人，讓人更加愉悅。後繼者如喬瓦尼・德拉卡薩（Giovanni della Casa）的《禮儀》（*Galateo*，1558），試圖編纂宮廷中熟人間的禮儀規則。後來，十七世紀的禮儀書強調善待陌生人、來自其他宮廷的人或外國人。此外，他們也向社會菁英階層以下的人解釋，如何展現同樣的行為。例如，如何專心傾聽，或如何清楚地表達，但不提及陌生人、可能不認識的人或地方。

　　卡斯蒂廖內因應侮辱的方式，與騎士準則不同。他在著作中編造了一五〇七年曼托瓦（Mantua）宮廷（真實的宮廷）的對話。那些對話都是在探索廷臣的理想特質。例如，在某次交談中，艾米莉亞夫人（Lady Emilia）感覺受辱，幾乎快發脾氣了。惹她生氣的本博先生（Signor Bembo）以說笑的方式轉移其憤怒，暗示她太容易受到冒犯了。任何騎士都不會相信那種說法，尤其是女士感覺受辱的時候[33]。

　　這一小段例子體現了《廷臣論》中最著名的行為觀念：sprezzatura。盧多維科伯爵（Count Lodovico）很早就為這個字下了定義，「用一個或許是新字來說，sprezzatura是指，對任何事情都表現出若無其事的樣子，掩蓋了所有的藝術性，讓自己的所行所言都顯得毫不費力、極其自然。[34]」渾然天成，輕鬆寫意。廷臣若要做到這樣，必須避免把自己看得太重要。對路德來說，很難想像還有什麼價值觀比sprezzatura更陌生的了。對他而

言，自我是極其嚴肅的事情。卡斯蒂廖內認為，放輕鬆讓人變得更「有親和力」，也就是說，交談時更合作，少一些自我，多一些社交。

想要做到sprezzatura，需要一種特殊的自我約束。卡斯蒂廖內在整本書中，一再地批評吹噓這種行為。在他那個年代，吹噓是男性貴族的普遍行為，他們喜歡自吹自擂，一點也不覺得尷尬。他希望廷臣隱藏這種自我感覺良好的習慣，因為自誇會讓他人感到自卑。他的後繼者德拉卡薩詳細闡述了一套適用於宮廷外社交生活的規則，教大家如何避免浮誇[35]。「紳士」就是盎格魯撒克遜在這方面的一種應用：紳士對待僕人、租戶或其他紳士都是彬彬有禮。當然，這種行為並不意謂著任何平等的概念。史學家豪爾赫·阿迪提（Jorge Arditi）認為，這只是讓社會特權與控制變得比較微妙而已。但紳士與其下級之間的關係變得沒那麼對立了[36]。

我們不需要太多的想像力，就可以把這些禮儀準則與政治聯盟顧全面子的儀式（第一章提過）聯想在一起。如今在英國執政的聯合政府，最初與卡斯蒂廖內的書中所提到的曼托瓦宮廷，有著驚人的相似之處：聯盟者之間有同樣的謹慎與紳士般的禮貌，一起出現在公共場合時，也展現出同樣的自我克制*。

在社會學家諾伯特·愛里亞斯（Norbert Elias）的著作中，過去與現在的禮儀間有更宏大的連結。他的精采著作《文明的

---

* 註：我想對英國的讀者說句話：你不覺得目前的聯合政府向全國提出嚴重問題的方式，也是採取sprezzatura這種作法嗎？我們的主政者對市場的補救措施，表現出一副若無其事的樣子。

進程》（*The Civilizing Process*）主張，禮儀象徵著歐洲文明的巨變[37]。他深信，十六與十七世紀宮廷中的社交行為，為我們如今所謂的「禮貌」奠定了基礎——這種行為本質上是非侵略性及尊重的。這種宮廷行為在十八和十九世紀，成為資產階級的典範。這種變化的關鍵在於身體上的自我控制；在現代的早期，廷臣有放屁的衝動時，他們不再於大庭廣眾下放屁；他們在飲食習慣上變得更加克制，開始使用叉子，而不是用刀尖挑起食物或用手抓取食物；廷臣不再於公共場合吐痰；臥室變成私人空間，只有配偶、情人或僕人會看到廷臣赤身裸體。說話方面亦是如此，大家變得更加克制；新的宮廷準則是避免在公共場合咒罵，或以戲劇性的方式發洩怒氣。然而，諸如此類的禮儀也帶來了巨大的心理代價。

　　愛里亞斯指出，一個人需要在言語或身體失控時（如放屁或口無遮攔時）產生羞愧感，才有可能自我克制。禮貌的舉止（civility）與隨性自發（spontaneity）是相對立的。愛里亞斯提到羞恥（shame）與內疚（guilt）的區別，這是佛洛伊德（Freud）率先提出的概念：我們表現不夠好時，會感到羞恥，因此感到不足；我們對於犯罪或違法行為，則是感到內疚。缺乏社交禮儀的人，可能會覺得自己不夠好，因為他們無法掌控周遭環境與自己。愛里亞斯也指出為什麼尷尬與羞恥的感覺很像：尷尬反映了「暴露自己」的恐懼，擔心別人發現自己的缺陷；羞恥反映了「對自然與自發行為」的恐懼，那結合了缺乏自制力的羞愧及暴露自己的尷尬。人們把自己從伊甸園放逐出去，並把這種放逐稱為「禮儀化行為」（或譯「文明行為」，civilized behavior）。

　　愛里亞斯是研究現代早期宮廷生活的神祕文獻之後，得出這

些觀點。一九二〇年代，愛里亞斯還是研究生，不太知道該怎麼了解這些想法。納粹執政後，他被迫離開德國，流亡英國，並在英國待了幾十年。納粹掀起的動盪，讓他更清楚地意識到先前那些研究的意義：當羞恥感不再有自我控制力時，禮儀化行為就會消失；納粹已經沒有個人羞恥心了，無法約束他們內心的獸性。年輕的愛里亞斯所講述的歷史故事，似乎為現在的恐怖提供了啟示。

　　我想在不削減愛里亞斯那些卓越研究的意義下，指出其特殊的性質。愛里亞斯雖是猶太人，但他的文章對禮儀提出了一個非常新教的描述。羞恥感有助於抑制獸性／攻擊性。佛洛伊德在《文明與缺憾》（*Civilization and its Discontents*）一書中也有同樣的觀點，那是另一本在納粹陰影下寫成的書：人必須感到內疚，知道自己是罪人，才不會那麼有攻擊性。愛里亞斯研究的那些史料，在一定程度上促成了這種觀點，雖然那些史料的背景不像納粹執政時期那麼悲慘。十六世紀的禮儀書催生了更多有關兒童得體行為的書籍，包括伊拉斯謨（Erasmus）寫的一本好書，以及無數的禮儀書，其中許多書的語氣在現代人聽來確實相當古板──這些書都強調如何避免失態或不當行為。愛里亞斯認為，這種語氣顯示，社會大眾變得越來越有自制力，羞恥感驅使大家擔心自己的行事是否正確，害怕隨性自發的行為。

　　但羞恥心是驅使我們自制的唯一力量嗎？擔心失控真的讓我們變得文明有禮嗎？愛里亞斯輕描淡寫了禮儀令人愉快的一面，卻忽視了禮儀的合作性質，至少卡斯蒂廖內是這樣理解的。禮儀，不單只是一種人格特質，更是一種交流。在這種交流中，雙方都讓對方覺得這次相遇很好。卡斯蒂廖內認為，這與一方感到

屈辱和羞恥的那種相遇完全相反，這是一種雙贏交流。為了了解禮儀對社會的更多影響，我們最好抓住卡斯蒂廖內提供的一個線索：他把禮儀的實踐比喻成一種「職業」[38]。外交就是實際運用新興禮儀準則 sprezzatura 的職業。

職業禮儀

在霍爾拜因的那幅畫中，最重要的元素是大使——前面提過，畫中那兩位年輕人其實不是大使。在中世紀，外交本身並不是一種職業，多數駐外的外交官也沒有專門用於外交工作的實體場所（大使館）。十六世紀的威尼斯是一個國際貿易強國，也是一座經常與外國人打交道的城市。它引領了職業外交的發展，歐洲的其他大國紛紛仿效其模式，把交易擴展到歐洲大陸以外的地方。

文藝復興時期的外交官有兩種。第一種是特使，他們前往外國宮廷或城市以執行特定的任務，完成任務後就返國。第二種是常駐外國幾年的大使[39]。文藝復興時期的特使大多與古代的使節差不多。他們出差到他國，是為了慶祝重要人物的結婚或出生、談判戰爭或和平條約、發表官方演說或處理王朝的混亂。霍爾拜因那幅畫中的年輕外交官就是這種使節，他們來倫敦是為了撮合一樁婚事。

常駐大使比較像海綿，他們持續吸收資訊，然後傳達回國。十六世紀的最初幾十年間，亨利・沃頓爵士（Henry Wotton）是英格蘭駐威尼斯的常駐大使；弗朗切斯科・圭恰迪尼（Francesco Guicciardini）是教宗派駐亞拉岡（Aragon）的大使；尤斯塔斯・沙普伊斯（Eustace Chapuys）是神聖羅馬帝國駐英格蘭的大使。

官僚制度緊隨著這些海外高官的腳步搬到了海外：領事負責處理海外的商業事務，祕書負責把傳回國內的資訊加密。在亨利・詹姆士（Henry James）的小說《奉使記》（*The Ambassadors*）中，我們感覺到特使與常駐外交官之間的本質差異。直言不諱的主角史崔哲（Strether），以特使身分抵達歐洲，目的是把一位叛逆的年輕人帶回家。但是史崔哲一抵達巴黎，反而變得像常駐大使。他為了繼續駐留在海外，使盡了渾身解數。

歐洲宮廷與國家之間的聯盟不斷改變，這意謂著今天的朋友可能是明天的敵人。文藝復興時期的大使必須想辦法維持這種暴風驟雨般的關係。加勒特・馬丁利（Garrett Mattingly）是專門研究文藝復興時期外交的歷史學家，他把十六世紀的成功外交分成兩種：一種是宮廷或統治者之間可以用書面表達的明確協議；另一種是官員之間的口頭約定，雙方無法正式簽字，或因議題過於爆炸性而無法明確表示。宗教改革時期，外交官把這些角色分開。到了路易十四的時代，訓練有素的大使致力於第一種外交，他們的技能主要是來自法律。常駐大使則負責處理第二種外交，他們憑藉的是對當地事務的了解，以及對口語線索的細膩關注。

大使館的建築與布置，是為了營造一種接納外國人的氛圍，讓外國人感覺受到歡迎，否則大使在當地無法吸收任何資訊。打從一開始，大使館就在營造舒適氛圍方面毫不手軟，甚至追求奢華。文藝復興時期的多數建築中，人們在同一個空間裡睡覺、穿衣、吃飯、接待。這些不同活動所需的不同家具，是由僕人搬進搬出。十六世紀的常駐大使開創了把飯廳當成一種特殊空間的先河。即使大使外出用餐，他也會在住所中擺一張「空桌」，以便隨時宴客，藉此獲得非正式的資訊。

　　為大使提供殷勤款待與舒適性，可能會讓大使的主人後悔。更重要的是，如果真的讓大使在國外感到賓至如歸，常駐大使可能面臨乾脆歸化入籍當地的誘惑。圭恰迪尼發現自己被懷疑有這種可能，因此被排除在教宗與其外國東道主間的許多真正談判之外。這位外交官坦言，「大使常站在其派駐宮廷的王侯那邊，因此被懷疑他們可能有腐敗的嫌疑，或想尋求報酬，或者至少被他們受到的善意款待所迷惑。」[40] 到了十六世紀中葉，常駐大使已經依附於外地與外國政權多年，有些甚至長達幾十年，居住地的誘惑風險因此變得更多。一五三〇年代，大使被居住國同化的風險，促成了一種祕密管道制度的發展。外國宮廷開始把大使的祕書視為可以繞過大使的代理人。祕書負責加密及解密資訊，因此是通訊的關鍵。他們可以選擇或刪除大使從其下的公使所獲得的資訊。沃頓爵士曾對外交官做出一個出名的定義，他說外交官是為了國家利益而被派往國外撒謊的老實人。但是當祕書開始對常駐大使撒謊時，這句名言就被顛覆了。

　　如何運用禮儀來避免這些危險的陷阱呢？圭恰迪尼給外交官的最重要建議是：當你的談判任務達成時，避免露出洋洋得意的樣子，因為今天的輸家可能是明天的盟友。在外交實務中，自我克制確實非常重要，但事實證明，相較於常讓外交官感到綁手綁腳的儀式，非正式的人際社交更有助於了解當地的情況。沙普伊斯指出，整天都在開會的大使是不智的。Sprezzatura 為非正式、公開的談話交流提供了潤滑劑──不過，專業外交官也必須仔細拿捏每個用字遣詞，他的 sprezzatura 必須避免真正的隨性自發行為。

　　拉丁語是用於正式場合，法語則是用於比較非正式的場合。

外交官通常是使用本書開篇探討過的假設語氣模式。這種語氣表達出「我本來以為……」而不是「我認為」的心理狀態，這種迂迴的方式創造了語言空間，邀請他人回應。當別人以這種語氣說話時，外交官很早就已經是認真傾聽的高手。無論是在外國的宮廷，還是在自家的餐桌，專業的傾聽者都會注意細微的暗示、線索和建議。由於外交官是專業人士，他們知道各自在玩什麼遊戲。

在外交接觸中，大使保持沉默的技巧，成為運用假設語氣的基本要素。當然，他必須知道他不能對別人說什麼，但他也必須懂得如何運用沉默來表達。到了十七世紀中葉，交談中不時出現的沉默，已經有了自己的儀式感。如果你想知道你可以引導對方認同你到什麼程度，你只要把他引向那個方向，直到他陷入沉默，那就是了。如果你想幫他在團隊中走出困境，可以說些話來掩飾他的沉默。我們每個人可能都會使用這些「外交」手腕，但我們很少像基層外交官那樣，在大使館的幕後接受沉默訓練。

在最早一篇有關如何當大使的論文中，十六世紀的外交官奧塔維亞諾·馬吉（Ottaviano Maggi）建議，即使外交官得知令人震驚的事情，「他永遠不該露出驚訝或震懾的表情」[41]。大使必須在各種場合中，都表現出鎮定自若的樣子，戴上自制與能幹的面具——總之，他必須是一個好演員。這條忠告可以追溯到馬基維利對於君王該如何行事的觀點。在《君王論》中，馬基維利對暴君切薩雷·波吉亞（Cesare Borgia）讚譽有加，說他「非常懂得如何掩飾自己的想法」，演技精湛，很懂得如何在臣民心中激發出「愛與恐懼」[42]。不過，馬基維利筆下的君主是一個行事隱祕的演員，把底牌藏在心裡。道格拉斯·布羅（Douglas Blow）

指出，《君主論》「揭露了一位堅決反官僚的作家」[43]。君主那些
突如其來、令人驚訝的個人行為，讓他的臣民始終戰戰兢兢的，
保持警惕。大使也許是很好的演員，但隨著十六世紀的發展，專
業外交官在自己的大使館牆內，日益陷入官僚與社交儀式的束縛
中。

　　宗教改革引發的劇變，使外交禮儀面臨巨大的考驗。維多利
亞時代的外交官薩道義（Ernest Satow）指出，「十六世紀與十七
世紀的宗教戰爭，使天主教與新教國家之間的關係惡化⋯⋯那個
年代的大使都表示，他們無法獲得任何資訊，因為沒有人想與他
們交談。[44]」不過，大使館依然開放。霍爾拜因那幅圖中的年輕
外交官，是住在一位法國大使的家中。那位大使在宗教動盪中倖
存了下來，並堅守外交崗位二十年。他與屬下日復一日地前往當
時相當於英國外交部的地方，即使沒什麼可談的，依然天天前
往。宗教相互爭鬥時，外交人員會想辦法見面。

　　以上職業禮儀帶給我們的影響看似有限，充其量可能只有現
今想知道職業禮儀最初由來的外交官會覺得這些內容很有趣。但
誠如卡斯蒂廖內本人所預見的，這是一個影響更廣的故事。在
《廷臣論》的末尾，他問道，禮儀的真正目的是什麼。他自己回
答，禮儀是為了防止衝突升溫成暴力[45]。現代早期，巧妙地運用
禮儀避免了騎士的易怒反應、sprezzatura減輕了衝突的攻擊性。
對愛里亞斯來說，減少對他人的敵意也是禮儀的關鍵。但卡斯蒂
廖內就像那些在其書中看到自己身影的職業外交官一樣，強調禮
儀的社交技巧，而不是因羞恥感而產生的個人克制。這些社交技

巧是建立在儀式上，也就是大使的餐桌儀式，或以看似隨意的談話把大家聚在一起。這些都是巧妙的儀式，與中世紀早期的聖餐儀式不同。技巧嫻熟的大使變成在競爭與合作之間拿捏平衡的專家。這是一種模式，至今仍像四個世紀前那樣令人難忘，但如何將其應用在大使館的大廳之外呢？

　　探討這種可能性的一種方法，是更仔細地研究禮儀的心理學。愛里亞斯對這種禮儀的心理學做了詳盡的描述，雖然他的描述近似新教。為此，我們可以探索外交禮儀最早是如何傳播到民間社會的：進入私人住宅中興起的沙龍。

禮儀與自我

　　凱薩琳・德朗布耶（Catherine de Rambouillet）原本在宮廷內負責主理皇后的服飾。一六一八年，她厭倦了宮廷生活，回到了位於巴黎羅浮聖托馬斯街（rue Saint-Thomas-du-Louvre）的私宅46。她在宮廷裡學會了禮儀，但她打算拋開宮廷那些繁文縟節，在私宅中營造一個私密友好的空間，避開權貴的窺探。她希望，內在的禮儀可以昇華變成spirituel ⑥。在當時的法語用法中，spirituel是一種個人特質，而不是宗教特質。spirituel的自我是謙沖自牧的，不時開開諷刺與矛盾的玩笑，但這樣做並沒有任何實際的目的，只是因為這些特質可促進彼此的愉悅。

　　她在自己的藍廳（Blue Room）裡，讓朋友的禮儀變得鮮活起來。歷史學家認為藍廳是後來沙龍做為一種社交場所的典範。德朗布耶夫人知道，她需要一種新的房屋建築來創造出友誼的空

---

⑥ 這個法文字有多種意思：1.精神的、心靈的。2.才華洋溢的、風趣的、詼諧的。

間。她打造了一幢帶有側梯的住宅，盡可能為挑高、通風、採光良好的房間騰出空間，讓光線從兩端照進屋內，她不想住在宮廷般的洞穴裡。房子裡最重要的房間，應該是最親密的藍廳。裡面擺了一張沙發床，她躺在那張沙發床上接待客人。客人也可以在沙發床上停歇，或站在沙發床與牆之間的狹窄地帶（所謂的ruelle，那是一種室內小走道，擠滿了訪客）。房間的牆、床罩、窗簾都是藍色的，這種藍色有別於宮廷室內的暗褐色與紅色，沐浴在從窗外灑入屋內的充足陽光下。

　　室內有張沙發床，但沒有性愛。客人坐在沙發床上，就在德朗布耶夫人的腳邊，他們可以聊愛情上的失望（只要不涉及實體的細節就好）、可以聊孩子多令人失望，或八卦一些閒言閒語（只要精采就行，這是指有趣，而不是冒犯別人）。藍廳中那些有關愛情的討論，帶有一種淡淡的遺憾語氣。德朗布耶夫人最喜歡的作家樊尚・瓦蒂爾（Vincent Voiture）完美地掌握了這種語氣，「漫長的遺憾，孤獨的朋友，甜蜜的希望與奇怪的想法，短暫的煩惱與輕柔的歎息……[47]」如果你覺得這一切過於矯情，我們應該要記得，這種語言的目的是為了擺脫充滿繁文縟節的宮廷，也是為了從當時開始震撼法國的宗教戰爭中（天主教 vs. 新教）解脫出來。

　　隨著時間的推移，沙龍這個受到保護的空間持續演變，裡面的談話變得更加複雜，不再只是閒聊八卦。為談話而設計的儀式，使大家可以用間接影射及諷刺的方式來發表社會評論。這些變化始於德朗布耶夫人的晚年，是從她的社交繼承人馬德琳・沙布蕾（Madeleine de Sablé）的沙龍開始的。一六五九年，作家弗朗索瓦・德・拉羅什福柯（Franqois de La Rochefoucauld）開始

利用這個沙龍，做為發表「格言」或「錦句」的舞台。後來，他把這些格言錦句集結成《人性箴言》（*Maxims*），流傳至今。這些箴言是以精鍊的矛盾形式出現，例如，「簡樸是這些女人為自己的美貌增添的一種裝飾品」或「理智總是被感情所欺騙」[48]。每句箴言看似自成一體，但在沙龍中發表時，會產生一種社交效應：一個能夠以言語自我嘲諷的人，就能獲得信任。拉羅什福柯在《人性箴言》中附上一份自述，就是為了喚起這種信任效果。該自述無疑是有史以來最精采的自傳之一，但也是最簡短的[49]。他的外表、他在社會上的行為、他的惡行與美德都是以矛盾的方式表述：身材勻稱，但長相平庸；在社會上很快樂，但缺乏好奇心；憂鬱，但也很容易被笑話逗樂：他嘲諷自己，但不貶低自己。他藉由拿捏這種平衡，來與讀者建立一種社交聯繫。在沙龍裡，他讓別人保有自己的空間，最重要的是，他不會利用自己的機智來羞辱他們。他的友善無疑是深沉又複雜的，但也很實在：我在自己身上感受到的差異、困難、矛盾（正如我在你身上也感受到這些一樣），使我們能夠在一起。我們彼此不同，就像我們內在都有分歧一樣：讓我們談談吧。

　　沙龍是一個受保護的貴族空間，就像愛里亞斯為了尋找現代文明起源的線索而研究的宮廷一樣。愛里亞斯認為，宮廷禮儀帶給現代的巨大影響，是某種自我意識，包括對自我控制的追求及對尷尬的恐懼。另一種禮儀的目的是帶給人愉悅，那是沙布蕾夫人的沙龍及拉羅什福柯在沙龍中與朋友交談的方式所留下的影響，或許德語單字Bildung（教養）最能體現這種禮儀。Bildung比正規教育更重要，它可以定義為學習一個人在這個世上的定位及與他人的關係。歷史學家傑若德·席格爾（Jerrold Seigel）認

為，現代社會的複雜性催生了「多面向自我」（multi-dimensional self）的概念，一個充滿矛盾、悖論、諷刺的自我，這些矛盾、悖論、諷刺即使能夠化解，也不容易做到[50]。這也是拉羅什福柯的信念。「多面向自我」這個詞聽起來既宏大又抽象。席格爾認為，這涉及「閱讀圈」的日常生活，這種閱讀圈在十八世紀德國資產階級的家庭中非常普遍，是現代讀書會的前身。人們聚在起居室裡，討論最新的文學作品；這些認真的每月聚會，致力探討生活的複雜性。它們是禮儀的親民版；咖啡館則是更大的公共版，融合不同的社會階層，包括陌生人。這些公共、城市的組織，在語氣上比閱讀圈更隨性，但在社交上更「多面向」。

總之，霍爾拜因那幅畫中的外交官、讚美詩、六分儀看似隨意混雜在一起，但那幅畫中其實可以找到更多的連貫性。廣義上理解的禮儀，為這些東西之間的關聯提供了線索。宗教改革之初在外交領域形成的職業禮儀，為日常的人際社交提供了種種可能。這種禮儀，與宗教儀式轉變為戲劇表演時所導致的相互關係消失，形成鮮明的對比；也與路德為其追隨者想像的痛苦掙扎（無論是共同的，還是單獨的）形成鮮明的對比。禮儀讓我們明白，為什麼在實驗性創新工作坊中的人，透過相互學習的效果最好。因為禮儀是公開討論問題、程序與結果，而不是業餘紳士的標誌。禮儀意謂著某種自我意識：假設語氣或間接的，諷刺的或表達克制的，但不會感到羞愧。禮儀是我們宗教改革的祖先為活躍交流設定的社交框架，這仍是一個很好的框架。

本書第一部分探討的合作經驗，呈現出多元的複雜形式，正

好呼應了這個研究主題的豐富性。前言一開始就警告：合作本質上不見得是良性的，它可以把一些人團結起來去傷害他人。在探討排練與對話交流時，我們尋求某個能使合作更加開放的原則。那個原則是對話式合作，這種合作是我們的目標、我們的聖杯。對話式合作需要一種特殊的開放性，這種開放性需要同理心，而不是同情心。誠如GoogleWave的實驗所示，對話式合作並不容易做到，開發那項技術的程式設計師並不了解那是什麼。

在第一部分中，我們探討了合作的三個方面：它與團結、競爭、儀式的關係。現代政治中，大家對團結一直很癡迷。在第一章中，我們深入探討一個世紀前左派與這個問題搏鬥的時刻。當時和現在一樣，團結分成兩派，一派想從上而下打造團結，另一派想從下而上打造團結。從上而下的政治，在落實合作方面面臨特殊的問題。那些問題顯現在聯盟的形成與維持上，那種聯盟往往證明是社交脆弱的。由下而上打造的團結，努力把不同的人凝聚在一起。這是對話式原則的另一面：人們如何開放地面對及接觸那些種族或族裔上不同的人？社群組織者，就像一個世紀前睦鄰之家的組織者一樣，必須處理這個問題。工作坊的組織者必須處理另一種差異：勞動分工的差異。他們面對的問題是，如何在從事不同任務的人之間激發凝聚力。從下而上建立的社交關係可能很強大，但它們的政治力量往往很薄弱、很零散。

第二章探討合作與競爭的關係。為了在兩者間取得平衡，我們需要人類生為社群動物的天性。偉大的一神論宗教認為，自然狀態下的人類是有缺陷的生物，摧毀了和平的伊甸園。對霍布斯這種講究現實的哲學家來說，伊甸園從未存在過，自然狀態下的人類寧可投入致命的競爭，也不想與他人合作。現代的動物行為

學抱持一種比較樂觀的觀點：社群動物在彼此相處的過程中，確實會在合作與競爭之間達到一種脆弱的平衡。這種平衡很脆弱，因為自然環境不斷地變化，但這種平衡還是可以透過交流達成。我們看到多種交流形式，從利他交流到贏家通吃的交流。在交流光譜的中央，合作與競爭之間的平衡最容易發生。儀式是人類這種社群動物進行平衡交流的一種特殊方式。儀式是我們自己設計的，而且當儀式變成熟練的表演時，儀式也充滿了熱情。第二章說明從自然過渡到文化的旅程。

在本章（第三章），我們探索了歐洲文化中一段更特殊的旅程：合作文化的變化。這是發生在現代早期，出現在宗教實務中、工作坊的勞力安排中，以及職業外交官與日常行為的禮儀中。

我們可能需要思考一下「宗教改革」這個標籤，這個標籤通常是指我們已經探索過的宗教轉變。不過，做為一種概念，它的影響範圍更廣。「宗教改革」包含了對改革的呼籲，實際上是對改革的要求。本書的下一部分將探討那種要求，並把它應用在我們這個時代。我們的社交合作需要改革。現代資本主義的競爭與合作並不平衡，以致合作不是那麼開放，比較少對話性。

第二部

合作變弱

第四章

不平等

童年期的強加與內化

　　本書的第二部分，評估現代社會的合作狀況。社會如何看待現代早期留下的影響呢？我們的制度在開發大家合作所需的自然天賦與日常能力方面，做得如何呢？一九○○年巴黎世博會的「社會問題」展廳裡的展覽，無疑是關於資本主義。那是一種信念，認為經濟體系貶低及打擊了勞工的鬥志。一八九○年代的中期，美國工人爆發連串的自殺事件時，激進的媒體中沒有人對此感到訝異。無論過去上流文化的承諾是什麼，無論在我們生理發展的初期合作的承諾是什麼，資本主義這頭野獸在成人的日常生活中已經粉碎了這些承諾。

　　今天的資本主義，在某些方面與一個世紀前不同，在某些方面與一個世紀前相同。不同，是因為相較於一個世紀前，服務業在經濟中的比重增加。工業生產曾是先進國家的核心，如今製造業已移往海外及出口，取而代之的是技術與人力服務。一個世紀

前，三個國家提供了全球大部分的投資資本：美國、英國、德
國。如今，全球資本來自世界各地。一個世紀前，大眾消費在廣
告的推動下，仍處於起步階段。消費者比較願意為他們可觸摸的
東西，或拿在手上權衡的東西付費。如今，在網路上，物品的圖
像主導著消費。

　　一些舊有的弊病變得比以前更糟。最值得注意的是，隨著富
人與中產階級之間的差距越來越大，不平等擴大了影響範圍。在
美國，以實質美元計算，中間五分之一人群所擁有的財富比例，
在過去五十年裡成長了18%；收入最高的5%人群所擁有的財富
比例成長了293%。如今，中產階級的學生，收入與其父母一樣
多的機率是2%至5%。最富有的5%人群，變得與父母一樣富有
的機率超過90%[1]。這些數字顯示，零和競爭正轉向贏家通吃的
極端發展；資本家正成為頂級掠奪者。

　　儘管經濟在上個世紀發生了很大的變化，但許多分析人士認
為，社會問題依然如故。在資本主義中，社會凝聚力本來就弱。
不平等的範圍擴大，似乎只證實了這種長期存在的問題非常嚴
重。即使你跟我一樣是堅定的左派，也應該擔心這種判斷。當你
太熟悉、太貼近這種舊有信念時，可能會有一種風險：以為擺脫
一種經濟弊病就能產生正面的社會效益

　　另一方面，在有關「社會資本」的討論中，我們可以看到一
些對凝聚力與合作的鼓勵。這種方法通常與普特南的研究有關。
他的研究主要不是一種經濟分析，他與其團隊是調查大家的態
度，例如，對領導人的信任或對外國人的恐懼。他們也記錄上教
會或加入工會等行為。在他看來，美國與歐洲社會的凝聚力，甚
至比三十年前還低；大家對制度的信任更少，對領導人的信任也

更少。誠如本書的前言所述，普特南提到，如今大家會盡量迴避異己，「避不見人」；他也提到另一個有名的概念：他說，現代人在社會中「獨自打保齡球」[2]。他說，「被動參與」如今是公民社會的特色，藉此把「獨自打保齡球」的概念與合作連在一起。現代人可能參與許多組織，但他們很少成為組織中的活躍分子。他在歐洲與美國的工會和慈善機構，以及歐洲的教會中，都觀察到這種被動性（亦即參與度下降），雖然他的研究中最大的例外是美國的教會活動。社會學家傑佛瑞‧戈德法布（Jeffrey Goldfarb）更進一步聲稱，我們正在目睹一個「憤世嫉俗的社會」的出現，其公民沒有合作意願[3]。

　　這種尖刻的評斷也受到批評。有些人說，參與度其實不像普特南說的那麼差，因為大家是以新的方式參與，例如上網[4]。有些批評者不喜歡「社會資本」這個詞，因為它暗示社會關係可以像銀行存款那樣計算，是一種能精確算出你擁有或失去多少的東西[5]。

　　有時，站在別人的角度來看自己，看與我們截然不同的文化是如何評估社會資本與合作的，有助於了解自己。現代的中國為我們提供了這樣做的一種方法。如今中國是一個激進的資本主義國家，卻有一套強大的社會凝聚力準則，中國人稱之為「關係」（guanxi，譯註：後文為了區別 guanxi 與一般的關係，guanxi 會加上括號）。系統分析家袁洛（Yuan Luo）把「關係」描述為「一種錯綜複雜、無處不在的關係網絡，中國人積極、巧妙地以富有想像力的方式來培養它」[6]。這種網絡意謂著，中國人移民到海外後，可以自由地造訪住在當地城市的遠親，向他借錢；在國內，商業交易中的信任，主要是建立在朋友之間的共同經歷與記憶上，而不

是建立在書面合約或法律上；在家庭中，「關係」的影響範圍更廣，促成了許多非西方社會的常見作法。例如，許多非西方社會的年輕人會把微薄的工資寄回家，而不是把掙來的錢都花在自己身上。「責任」比「社會資本」更適合用來形容這些社會關係。

那麼，道義（honour）是更貼切的說法嗎？「關係」把道義視為社會關係中的一個關鍵因素。研究中國「關係」的美國學生道格拉斯・格思里（Douglas Guthrie）解釋，中國的「關係」很像西方古老的商業準則「我言出必行[7]」。你可以依靠人脈中的其他人，尤其是遇到困難時。他們有義務挺你，而不是乘你之危。「關係」意謂著同情以外的東西。人脈中的人會相互批評、發牢騷，他們不見得友善，但他們覺得有義務提供幫助。

「關係」是社會關聯如何塑造經濟生活的一個例子。這種關聯本質上是非正式的，是在既定規則與法規的嚴格圈子之外，建立一個支援網絡。在當今中國瞬息萬變、往往混亂不堪的環境裡，這種關聯是必要的，因為中國的許多官方規定都失靈了，非正式的人脈可幫大家繞過這些規則，以求生存與繁榮。我們已經在對話式交流中看到了非正式凝聚力的價值，無論是在對話中，還是在阿林斯基的社區組織中。我們想確定這種交流在我們的社會中有多重要。它們對我們的實際意義，是否就像對中國人的實際意義那樣？我們應該像中國人那樣思考合作，原因有兩個。

第一，「關係」網絡即使是非正式的，卻是持久的。未來的某個時候，受助者會回報對方，只是目前任一方都無法預見將來是以什麼形式回報，只知道那一定會發生。「關係」是一種代代相傳的人際聯繫。按照西方合約的標準，這種定義不清的期望是不切實際的。但是，對中國學生、公務員或商人來說，期望本身

是扎實可靠的，因為人脈圈裡的人會懲罰或迴避那些毫無反應的人。對我們來說，這等於是要求一個人在未來為他現在的行為負責。

第二，「關係」網絡中的人並不以依賴為恥。你可以和需要你的人或你需要的人建立「關係」，不管對方的地位比你高、還是比你低。中國的家庭就像其他社會的傳統一樣，向來不覺得依靠別人有什麼好羞愧的。誠如第三章所述，在愛里亞斯的作品中，羞恥在西方文化中已經與自我控制緊密相連，言行舉止失控已經變成羞恥的來源。現代的家庭生活，尤其是現代的商業實務，已經擴展了自我約束的概念：大家在教養孩子或在職場上，覺得依賴他人是一種軟弱的象徵、一種性格的缺陷，我們的制度試圖促進自主與自給自足，自主的個體看起來是自由的。但是，從另一個不同文化的角度來看，一個以不求助為榮的人，似乎是嚴重受創的，他擔心社會鑲嵌性①（social embeddedness）支配自己的生活。

如果歐文知道「關係」的意思，我認為他會認同「關係」這種精神。我猜，一個世紀前睦鄰之家的工作人員與社區的活動人士應該也會認同「關係」。它們的共通點是強調社會關係的特質、強調責任與道義的力量。然而，中國是激進的資本主義者。在我們看來，這個事實似乎很難與文化實務兜在一起。一些中國人認為，隨著中國在親子教養、職場、消費方式上越來越西化，

---

① 社會鑲嵌性，是指個人與社會現象由其所處的社會結構、網絡、制度連在一起。它強調個人不是孤立的行為者，而是深深融入社會環境，並受到社會環境的塑造。

「關係」開始瓦解。果真如此的話，我們想知道為什麼西方文化有這種破壞效果。本書第二部分以三章來說明這個效果對我們的影響。

　　本章探討依賴與不平等的議題。我們把焦點放在兒童的生活上，探索他們如何變得更依賴他們消費的東西，而不是依賴彼此。第五章探討成人工作中的道義問題。普特南的研究有一個優點，他把大家對權威和信任的態度跟合作行為連結起來。我引用人種學的田野調查來說明，這些連結如何轉化為職場的道義體驗。第六章探討現代社會中出現的一種新的性格類型：不合作的自我。「關係」設下的正向標準，正好與這種性格類型形成對比，它反抗「對他人要有道義」的概念。

強加的不平等

　　前言介紹了一些研究結果，說明嬰幼兒為什麼有如此重要又豐富的合作經驗。孩子開始上學後，這些能力可能受創。發生這種情況的一大原因，與不平等有關：不平等對兒童的生活有深遠的影響，抑制他們相互連結及合作的能力。為了證實這個重大的主張，我將探索社會不平等的兩個面向：第一，強加在兒童身上的不平等，那不是他們自己造成或想要的；第二，他們吸收及內化的不平等，那似乎成了孩子自我的一部分。兒童內化不平等的一種方式，對他們的心理產生了非常特殊的影響：他們可能變得更加依賴自己消費的東西，而不是依賴他人。

❖　　❖　　❖

　　兒童時期的不平等，往往是因為兒童被分配到不同的班級、不同的教室或不同的學校所造成的。目前為止，關於能力分班對孩子究竟是好是壞，已累積了大量相互矛盾的證據。不過，長期來看，能力分班其實是一種較新的概念。十八世紀初以前，學校把天賦迥異的孩童都集中在一起上課。在法國與德國，這種混合授課方式一直持續到青春期；在英國與美國，十九世紀中期以前，許多學校也是採用混合授課的方式，直到青春期。在我們這個時代，能力分班的效果之所以證據相互矛盾，是因為許多因素都會影響分班的效果：家庭背景；社會渴望提早辨識孩童的能力；知識的專門化使一些青年注定接受職業培訓，而另一些青年則可獲得較廣泛的教育。能力分班的一些理由，導致孩子彼此疏遠；另一些理由似乎對他們的團結毫無影響，他們還是像孩子般玩在一起。

　　國際兒童機構「聯合國兒童基金會」（Unicef）發布了一份大型報告，著眼於更大範圍的不平等，以評估北美與歐洲二十一個國家的兒童與青少年的福祉[8]。這項研究使用數字、調查態度，並探究行為。例如，它記錄了單親兒童的百分比、活在貧困中的兒童人數、嬰兒健康的狀況。同樣的事實證據是來自問卷調查，例如，問卷詢問孩子平日是否與父母一起用餐，以及他們與其他孩子一起學習的頻率。質性問題則是詢問，孩子有多喜歡學校及遭到霸凌的經歷。

　　這項研究所涵蓋的國家，經濟都充滿競爭力，但社會截然不同。有些國家把兒童導入一個相互支持薄弱的環境；有些國家在教孩子如何競爭的同時，也設法促進合作。然而，聯合國兒童基金會的報告是從財富面開始看起。

　　該研究的作者警告，不要把一個社會的財富多寡視同兒童福祉，「兒童福祉的水準與人均GDP之間並沒有明顯的關係。[9]」例如，根據聯合國兒童基金會的衡量標準，捷克比更富裕的鄰國奧地利更適合兒童成長。這發現反映了一個大家熟悉的真理：財富並不代表幸福。但這個古老的真理很容易讓人產生不切實際的幻想，營養不良肯定不是幸福的祕訣。在巴黎世博會上，像布思這樣的參展者考察了社會中有許多兒童挨餓的地方。在英國、義大利南部及美國的大部分地區，兒童貧困問題依然嚴重。因此，上述的古老真理應該重新表述：當社會環境改善，不再有嚴重的貧困時，增加的財富並不會轉化為社會利益。在這種情況下，就會出現某種不平等。

　　這就是內部不平等，也就是一個社會中的貧富差距。吉尼係數是一種衡量財富不平等的全球標準化指標，它顯示了西歐與北美富國之間的巨大差異。一個世紀前，英國、北歐國家、義大利、美國的吉尼係數差不多。整體而言，聯合國兒童基金會現在是以歐洲北部邊緣的國家，做為優質童年的標準。這些國家的內部不平等程度較低。挪威的生活水準與美國相當，但貧富差距遠比美國小。

　　聯合國兒童基金會的報告，是以一種特殊的方式來探討學校教育。大家早就知道，吉尼係數高的社會，不利於廣大普羅學生的教育成果。例如，理查·威金森（Richard Wilkinson）與凱特·皮凱特（Kate Pickett）明確指出，幾乎沒有人相信青少年能夠出人頭地時，不平等會如何削弱青少年的動機[10]。這有部分是因為班級規模大小不一，或接觸電腦與書籍資源的機會不平等，但這也涉及社會因素。聯合國兒童基金會的報告是從課堂外的行

為面，來探討不平等的後果。這個行為面有兩極，一極是遭到其他孩子的霸凌，另一極是在校外與其他孩子一起學習。在那份報告取樣的國家中，資料顯示，內部不平等的社會出現較多兒童霸凌的行為；比較平等的社會裡，兒童更願意與他人一起學習。英國科學民主化研究所（DeMoS institute）的另一項研究，是把焦點放在身體霸凌與社會階層的關聯上：貧童遭到霸凌的機率是富童的兩倍[11]。

聯合國兒童基金會那份有關兒童生活品質的報告，令美國人與英國人感到不安。「在評估的六個面向中，英國與美國在其中五個面向的排名都是倒數三分之一。」研究結果涉及兒童健康（吃早餐或超重）之類的生理指標，以及醉酒與吸毒等風險指標。在社交方面，英國與美國的青少年常遭到霸凌，他們對同儕的支持缺乏信心。相較於他國的孩子，英美的孩子較不可能幫助彼此學習[12]。聯合國兒童基金會的研究顯示，在學校的合作關係薄弱，與較少在家跟父母及兄弟姊妹一起進餐、共度「優質時光」有關聯。

當然，世界各地的孩子都相處得不太融洽。即使他們在教室裡不敢造次，一到操場就完全變了樣。對於這種現象，只要社會有制衡的力量，就有可能把他們拉攏在一起。此外，聯合國兒童基金會的報告，並沒有把英美兩地的童年描寫成無法解脫的痛苦。就像其他地方的孩子一樣，英美的孩子對未來依然充滿希望。然而，在英美由於內部極其不平等，能與之抗衡的社會力量很薄弱。

這份報告毫不掩飾地以歐洲為中心，因此把它描繪的對比放在更廣泛的背景下解讀很重要。另一項類似但較小型的研究，是

衡量日本與中國城市中產階級的兒童生活品質，這些亞洲社會在平衡競爭與合作方面，達到了聯合國兒童基金會研究中的北歐水準：日本的母親在幫助孩子學習方面，投入的時間比英國的母親多出許多；中國的孩子花很多時間在小組學習上[13]。對中國人來說，在這些學習小組中，同儕間的「關係」強化了。

校園惡霸可能只是一些反社會的孩子，但社會學家保羅‧威利斯（Paul Willis）認為，他們知道自己以後的命運是怎樣。其研究顯示，英國工薪階層的孩子對成績優秀同儕的態度普遍是一樣的。威利斯認為，有暴力攻擊性的孩子已經意識到，他們未來的發展將不如人。對貧窮美國黑人青少年的霸凌行為研究，也顯示出類似的預測[14]。

我們在前言中提過，高普尼克研究的嬰兒似乎充滿了好奇心。套用沈恩與納思邦的關鍵字「能力」來說，嬰兒的能力是顯而易見的。當孩子成長到十歲時，這些能力會受損。貧富差距是關鍵要素，這與家庭模式及學校組織有關。在家庭凝聚力很強的資本主義社會中，在強調一起認真學習的學校裡，經濟不平等所造成的社會後果是可以抵銷的。聯合國兒童基金會的研究顯示，這種情況發生在比英美窮的國家，那些國家的兒童在社會上是處於貧困狀態。

十歲的孩子在吸收這些外部現實的過程中，會經歷一個分水嶺。短短幾年內，經濟事實與社會制度將塑造他們的自我意識。我只從一個面向來追蹤這種情況的發生：兒童身為消費者的行為。尤其，我想說明，兒童如何變得更依賴他們消費的物品，而不是依賴彼此。

內化的不平等

　　每個父母都知道，如今有一個巨大的市場是專門瞄準兒童消費者。這個市場販售酷炫玩具、流行服飾、必要的電子產品與遊戲。在美國，四至十二歲兒童的購買力，從一九八九年的六十億美元出頭，成長到一九九七年的兩百三十多億美元及二〇〇二年的三百多億美元。二〇〇二年，青少年的消費額是一千七百億美元[15]。像所有的消費一樣，這個巨大市場的目的，是說服青少年相信，他們需要自己沒有的東西，或者套用茱麗葉・修爾（Juliet Schor）的說法，行銷的目的，是灌輸孩子這樣的信念：只要他們擁有什麼，就能變成什麼[16]。

　　這裡所謂的消費，不單只是在商場購物而已。醫療消費也是許多兒童的生活寫照。現代社會深受憂鬱症的衝擊，有多達6%的美國兒童（也就是三百五十萬名）正在服用抗憂鬱藥物[17]。注意力不足及過動症（Attention deficit and hyperkinetic disorders，ADHD）是一種新命名的兒童疾病。這種注意力分散的行為，可用利他能（Ritalin）之類的藥物來治療。截至二〇〇〇年，服用這種藥物的美國兒童逾六百萬人[18]。藥廠非常積極地行銷治療兒童憂鬱症與ADHD的藥物，因為這些藥物在藥廠的資產負債表上是低投資、高收益的項目[19]。對孩子來說，這些藥物傳遞的訊息是：你真的有問題。這種訊息可能使孩子對藥物產生深深的依賴感。

　　童年的商業化，即使是以玩具泰迪熊的形式出現，也令成人擔憂，雖然這種擔憂早在十七世紀的荷蘭就已經出現了，當時的兒童第一次有機會獲得量產的玩具。這種擔憂是以一種特殊的

方式，與不平等有關：嫉妒性比較（invidious comparison）的現象。所謂「嫉妒性比較」，一般概念是指不平等的個人化。消費觸發了嫉妒性比較：穿酷鞋的孩子看不起沒有酷鞋的孩子。也就是說，你令人討厭，是因為你穿錯了衣服。廣告大師愛德華・伯內斯（Edward Bernays，佛洛德的外甥）最早指出，嫉妒性比較是利用自卑的情結。他以尖刻的話說，廣告商需要說服「無名小卒相信，他是特別的人」[20]。廣告專家大衛・奧格威（David Ogilvy）把這種廣告稱為「地位」廣告。廣告人所面臨的挑戰在於，讓消費者透過購買量產的商品，得到「肯定與價值感」。「我比你強」是一種明顯的「嫉妒性比較」。另一種比較微妙的「嫉妒性比較」，是相反的衡量標準，「你看不到我，你沒有把我放在眼裡，因為我不夠好。」這就是第一章討論的「無名怨憤」（ressentiment），一般人覺得他們得不到任何肯定，在受過更高的教育或更有錢的人眼中沒有地位。地位商品就是為了撫慰這種感覺。

　　研究童年商業化的人所擔心的是，孩子無法察覺地位行銷中發生的事情，他們可能把含蓄、心照不宣、嫉妒性比較視為事實。在學術心理學中，這種擔憂是建立在兒童發展觀點的基礎上，這觀點可追溯到尚・皮亞傑（Jean Piaget）。在皮亞傑的理論中，六至八歲的兒童是特別容易受到影響的消費者，因為除了怎麼玩遊戲或玩具外，他們無法定義事物的價值。與高普尼克或艾瑞克森不同，皮亞傑認為，這個階段的兒童只會從功能面粗略地比較自己與他人，例如「馬修跑得比喬伊快」[21]。皮亞傑對此階段孩童的評論，在經濟上是令人信服的：他證明了孩童有多麼容易受到暗示。這種易受影響的特質，實際上轉化為對銷售難以

抗拒。

　　我們想要更深入研究這種行為，因為地位自卑感可能削弱一個人的合作能力。當然，容易受到推銷辭令的影響，不見得會導致孩童與其他孩子做「嫉妒性比較」。在修爾對波士頓兒童所做的調查與人種學研究中，她發現兒童是很容易被情欲支配的消費者，但他們很少因為那種情欲而做「嫉妒性比較」。兒童被問到「我覺得其他孩子擁有的東西比我多」這樣的問題時，三分之二的孩子並不認同這種說法。更明顯的是，當她的研究問到「我決定和誰做朋友時，並不在乎這個人有什麼玩具或東西」，90%的兒童認同這種說法[22]。這些年幼的美國消費者，都剛進入皮亞傑所說的「容易受到影響」的階段，但他們似乎不會做出「嫉妒性比較」。不過，修爾警告，情況其實不是那麼樂觀。

　　這種危險會隨著年齡增長，而進一步顯現在十一歲至十四歲的青少年中，尤其是那些相較於同儕已經變成物欲極高的人。比起那些不太注重物質的青少年，他們「更容易出現人格問題，例如自戀、分離焦慮症、偏執、注意力缺陷障礙」[23]。在其他關於兒童的研究中，這種關聯被定義為自尊問題。在英國，安妮絲·奈恩（Agnes Nairn）與同仁已證明，缺乏自尊的兒童，常試圖透過累積玩具與衣服來彌補[24]。在提姆·凱瑟（Tim Kasser）與理查·萊恩（Richard Ryan）對年紀較大的青少年與年輕人所做的研究中，高漲的物欲與個人脆弱感有關。

　　如果你讀過史考特·費茲傑羅（F. Scott Fitzgerald）的《大亨小傳》，對這一切應該都不會感到訝異。物質商品可以補償自卑感。伯內斯與奧格威都知道，他們可以在商業上利用這種感覺。雖然只有少數兒童可能變得像蓋茲比（《大亨小傳》中的主

角）那樣，但是當兒童對物質消費的依賴更勝於對他人的依賴
時，兒童的社交生活就會出現更常見的消費威脅。發生那種情況
時，他們可能會失去合作的能力。社群網站就是說明這種情況如
何發生的實例。

「加朋友」

隨著臉書（Facebook）取代面對面的交流，友誼已經以一種
特殊的形式商業化了[26]。全球有五億以上的人口使用臉書，臉書
看似大家再熟悉不過的平台。然而，它對經濟的影響卻不是那麼
透明。一項研究報告指出，「雖然只有28%的人相信（平面）廣
告的說法，但有68%的人相信（線上）朋友」，社群網站上的廣
告因那種關聯而受益[27]。此外，由於把廣告嵌入螢幕圖像如此容
易，社群網站也可以成為獲利豐厚的企業。如今側欄廣告很容易
建立，這項技術未來的一個可能發展是，在朋友之間的傳訊中，
嵌入連向產品的超文字連結。這種插播廣告是不請自來的，但一
些廣告人希望未來大家把這種插播視為理所當然，就像電影中的
置入性行銷一樣。

某種程度上，「社群網站」這個詞有很大的誤導性。就像孩
子不相信他們看到的平面廣告一樣，最近一些研究顯示，他們對
現實生活的同儕信任度，低於螢幕上看到的同儕。[28]。至於為什
麼會這樣，原因還不是很清楚。有一種說法與技術本身有關。我
們拍攝的個人照片與周遭圖像，尤其是手機螢幕上的圖像，可能
類似老派的隱藏攝影機。這種圖像很即時，看似沒有矯揉造作，
比較容易讓人產生信任感。另一種說法是歸因於人際社交：在社

群網站上，社交比面對面的交流輕鬆，比較表面或膚淺。你知道朋友在哪裡，他們在做什麼，你可能會留言說點什麼，但不需要深入了解正在發生的事情——這就好像發一則簡訊，而不是像青少年以前那樣，在電話上講好幾個小時，沒完沒了[29]。

就像在GoogleWave裡一樣，問題在於程式設計與使用，而不是硬體。在不同的心態下，你每次看到螢幕上出現刺激的東西時，會直接打電話聯繫。此外，表面或膚淺的人際社交，並不是社群網站的必然結果。在中國，新技術加深了「關係」。這些人際關係的特色是網絡分布廣泛，年輕人遠離家鄉，往往也遠離了同鄉的同儕。手機的出現，強化了「關係」中特有的嘮叨、建議、實際支持。

我們自己的文化歷史，有助於解釋為什麼表面或膚淺的社交關係可能在網上形成。誠如第三章所述，在宗教改革之初，對共同儀式的要求及對宗教表演的要求之間，存在著強烈的緊繃關係。前者讓大家參與共同的儀式，後者是把他們分為被動的旁觀者與主動的表演者。特納認為，從結構上來看，這種儀式與表演觀之間的緊繃關係，在所有文化中都可以看到。他的說法也許過於通泛，但如今用來解釋電話與簡訊間的差異，或解釋與人討論事情和向人發送手機圖像間的差異時，確實有一定的道理。我想更深入解讀這點，也許比審慎解讀再深入一些。現代的社群網站就像部落格一樣，有種類似古代天主教戲劇表演的風氣，主導了一切：大家上社群網站或部落格，對著大量的觀眾表演。

少女菲利帕（Phillipa）接受在地報紙訪問時表示，她在臉書上有六百三十九個朋友，她覺得「我們在社交方面並不反常」。我相信，菲利帕認識其中的「絕大多數」，但親眼見過的

很少，對他們的了解除了螢幕上的內容外，幾乎沒有[30]。假設，這六百三十九人都發一則簡訊及一張圖給彼此，每天就有八十一萬六千六百四十二條訊息，根本多到難以消化。隨著網上的朋友數量增加，漸漸地，只有少數幾位朋友會脫穎而出，其他的則成為被動的旁觀者。同樣的數字與邏輯也適用於部落格：一個有兩千名會員的部落格網站，如果每個人每週只發一次文，就會產生四十萬則訊息。其中百分之一被閱讀的機率是多少？菲利帕可謂是友誼的消費者，但更確切地說，她已經變成熱門的表演者，她生產圖像與文字，讓六百三十九人消費。

　　不平等的能見度，也支配著菲利帕在網上建立的朋友圈。在社交階層方面，傳統觀點是以「數位鴻溝」來描述線上的不平等，以及線上工具（電腦、手機、iPod、iPad）的擁有權不平等。社會學家保羅・狄馬喬（Paul DiMaggio）與其同仁指出，一般來說，線上的不平等是出現在硬體的取得及硬體操作的熟練度上[31]。這種稀缺性符合了聖經中的說法，「凡是有的，還要賜給他。[32]」然而，在英國等富國中，數位鴻溝在使用方面是顛倒過來的。研究者艾德・梅奧（Ed Mayo）與安妮絲・奈恩（Agnes Nairn）發現，「英國最貧困家庭的孩子，比富家子弟花更多時間看電視及上網。」[33]他們的資料很驚人：家有電腦的貧童在電腦前吃飯的可能性，是富童的九倍；睡前使用電腦的可能性，是富童的五倍[34]。這發現呼應了其他有關電視使用的研究結果：貧童在用餐、睡前、上學前，獨自看電視的時間較多。這一切都顯示，貧童觀看螢幕的時間比富童多。

　　這裡凸顯出一個有關社群網站的基本事實，但它經常遭到忽視：面對面的聯繫、人際關係、實體存在，可能是一種特權的形

式。任何透過電郵向不認識的未來雇主發送履歷的求職者，都很清楚這個基本事實，因為對方瀏覽其履歷的機率微乎其微。特權與親近性、存在與接觸是相輔相成的——這就是「套交情、攀關係」的原則。在多數的貧困社群中，面對面的人脈關係並不能為孩子提供資源，他們的交友圈無法幫其敞開機會的大門。

臉書的起源，某種程度上揭露了它在網路上建立的友誼不平等。臉書與更早的Friendster原是用於交友的社群網站。在哈佛大學，也就是臉書誕生的地方，臉書強調有吸引力的自我展示。隨著它從交友擴展至其他的社交關係，競爭性的展示變得更強。套用為臉書撰寫編年史的作家大衛・柯克派崔克（David Kirkpatrick）的說法，「『加朋友』這個功能，從一開始就有競爭的成分在內……如果你的室友有三百個朋友，而你只有一百個，你會想要超越他。[35]」該網站最初是以一種菁英小圈圈的方式蓬勃發展。隨著它的發展，仍保有那種優勢，也就是說，根據一個人的朋友數來定義他有多少吸引力。

在菲利帕的六百三十九個臉友中，可能有一些家境貧困的人被吸引到她的圈子裡（我從她的措辭中推斷出她的家境不錯），但社會學的研究結果否定了這點。例如，沙穆斯・可汗（Shamus Khan）研究了美國的菁英中學，他在研究中強調，一起住在宿舍裡，對於培養美國菁英日後人生所依賴的友誼很重要。在哈佛，重要的關係是在課外活動，以及像Porcellian或Signet之類的社團中培養出來的。臉書在那種受到保護的舒適環境中誕生，最初是一種聯繫工具，而非聯繫本身[36]。

我們常把「包容」這個詞與合作連在一起。社群網站挑戰了那種簡單的假設，它們可以排擠、而不是納入他人，其中一種作

法是透過擁有數百個「朋友」的演算法。這種演算法有利於展示，尤其是競爭性的展示。於是，「消費」變成觀看他人生活的代名詞。運作上，階級不平等塑造了那種觀看情境。社群網站背後的設計，並沒有考慮到階級差異。但相較於GoogleWave，「加朋友」這個功能使用起來並沒有比較中立。

　　總之，我試圖說明，在孩子的生活中，不平等是如何與人際社交連在一起，尤其是如何與合作連在一起。歐洲社會比英美社會平等，英美兒童被迫承受的不平等，使他們比歐洲的兒童更不善於社交。孩子做「嫉妒性比較」時，不平等會滲透到他們的生活中。對現今的孩子來說，社交關係逐步轉往網上發展，而且日益戲劇性。目前為止，線上的人際社交似乎正在減少不同階層的青少年之間的持久社交互動，這幾乎不是任何孩子的錯。

　　納思邦在哥倫比亞大學的一次演講中，從更廣泛的角度來闡述不平等的問題。她指出，能力不僅為「人類能做什麼」設定了標準，也為「社會未能培養他們的程度」設定了標準。不平等限制了兒童的能力。他們先天有能力比制度所允許的，建立更深的人際關係，投入更深的合作，但實際發展不見得到處皆如此，這不能歸咎於不受約束的資本主義，至少不能像一個世紀前巴黎世博會的人所想的那樣。社會內部的相對不平等是導致這種失敗的一個原因，社會規範是另一個原因。例如，孩子在網路上無法建立中國人所說的那種「關係」（那是一種有義務合作的深厚連結）。

第五章

社交三角
社交關係如何在職場上變質

　　一九七〇年代，身為年輕的社會學家，我為了做田野調查，
訪問了波士頓的美國白人工人階級家庭[1]。這些工人在經濟大蕭
條時期成長；二戰後的繁榮，為他們提供了遠比大蕭條時期更好
的生活。他們現在有房有車，也有能力消費。四十年前，我與喬
納森・科布（Jonathan Cobb）所組的研究小組，訪問了波士頓約
一百個家庭。波士頓的工廠與工作坊的組織方式，讓每個人都有
固定的利基（niche，亦即適當的位置），而且他們都打算固守著
那個小崗位。這種正式結構有很深遠的根源，可溯及十九世紀的
工業組織。社會對這個制度的批評也是根深柢固，當巴黎的改革
者談到「沒有靈魂」的生產制度時，他們指的就是這種利基式勞
動（niche-work），亦即死板的勞力分工。
　　然而，我們的研究團隊在波士頓發現，體力勞動者在工作中
培養了深厚的非正式關係，這讓他們可以從利基工作中解放出

來。這些非正式關係是由三個要素所組成，構成一種社交三角。在這個三角形的其中一邊上，勞工勉強地尊重正派的老闆，老闆也一樣勉強地尊重可靠的勞工。在另一邊上，勞工自由地談論重大的共同問題，也在工作坊中掩護陷入困境的同事（無論是宿醉或離婚）。在第三邊上，當工作坊暫時出現嚴重的問題時，大家紛紛出力幫忙（加班或幫別人做工作）。社交三角的三邊分別是掙得的權威、相互尊重、危機中的合作。在工廠或辦公室裡，這樣的社交三角不會把職場變成伊甸園，但它確實使工作不再是一種「沒有靈魂」的體驗。它抵銷了利基式工作、抵銷了正式的孤立。更廣泛地說，這種社交三角在職場上創造了禮儀——這種工人與老闆之間的禮儀，似乎與外交大使館內的禮儀截然不同，但兩者仍有些相同的結構特徵。

四十年過去了，現在我採訪一群截然不同的員工：華爾街後台的白領工作者，他們在二〇〇八年金融危機中失業了。許多受訪者並非受害者，他們有技術性的技能，那些技能已經幫他們找到新的工作，或很快就會幫他們重返職場。儘管如此，迫使他們暫時失業的突然衝擊，使這些官僚、技術人員與低階管理者，對崩盤前的工作生活品質提出更多的批評。

金融業是壓力很大的行業，需要長時間工作，必須犧牲陪伴子女與配偶的時間，以及社交娛樂的時間。許多受訪者經歷了二〇〇八年的衝擊後，不願再做那些個人犧牲。回顧過往，他們對於被迫按照金融業的方式行事，感到非常痛苦。他們意識到，自己對那些頤指氣使的高管缺乏尊重，自己對同事的信任有多麼淺薄，最重要的是，在金融危機後，企業內部的合作有多麼薄弱。受訪者現在覺得，他們對以前效勞的人物與崗位，都沒有太多的

依戀。在訪問華爾街的後台員工時，我對每個人提出了一個問題，「你想回原來的工作崗位嗎？」他們的答案通常是「我想去別的地方做同樣的工作」。事實證明，社交三角關係的內在非常脆弱。

目前為止，雇主還不必太擔心政治後果，金融業的後台並未走上街頭抗議。即便如此，社交三角的脆弱也令人不安。官僚制度中，重要的溝通是透過非正式的管道進行。當非正式的溝通管道萎縮時，大家對於組織的實際運作情況開始保持沉默，或開始捍衛自己的地盤。此外，薄弱的非正式社交關係，削弱了大家對企業的忠誠度。但企業無論在順境或逆境中，都很需要企業忠誠度。我的受訪者在企業階級中的層級太低，所以獎金或高薪對他們的行為沒有什麼影響。換句話說，職場上的社交關係對他們來說更有價值。很多人對於自己把清醒的大部分時間都花在這種地方，建立這種單薄又膚淺的關係而感到痛苦。雖然他們不會這樣說，但他們因為缺乏一種與之抗衡的禮儀文化而深受其害。那種禮儀文化將使他們在職場上的社交關係更有意義。

本章探討過去與現在這兩個工作領域之間的影響。

舊經濟的社交三角

如果你以為工人階級的凝聚力有利於塑造快樂的公民，那你就錯了。波士頓那些受訪的工人覺得，在職場外，他們感覺到那些為波士頓市制定政策的菁英自由派對他們的輕視。他們就像面對一面扭曲的鏡子般，把那些輕視轉向地位更低的貧窮黑人，並以負面態度對待那些黑人。波士頓的工人都很強烈地表達這種

「無名怨憤」，職場上的社交關係比較狹隘。

掙得的權威

　　一九七〇年代，工廠裡許多年長的美國工人都曾打過二戰、許多年輕人剛打完越戰回國。軍旅生涯灌輸他們一種雙重的權威標準。他們願意接受軍官提出的戰略，事實上，他們希望軍官制定戰略，負責領導並指揮。既然他是上司，他就應該知道該做什麼。然而，同樣的，他也應該在發號施令後，給予軍隊戰鬥的自由。事實上，他必須這樣做。如果他事必躬親，連每個士兵扣扳機的動作都要管的話，那會導致戰場上的混亂。

　　軍官與士兵的這種軍旅經歷，也適用於國內的勞資關係。在波士頓的工廠裡，當老闆的言行舉止像小暴君時，那些服過兵役的工人往往會站出來反抗老闆。但溫和有禮的工頭對工人來說是更大的刺激，和氣待人的工頭似乎讓工人更加反感。工人覺得工頭大吼大叫、破口大罵之後，就讓大家繼續工作，反而是比較好的領導者。儘管工作坊裡的爭執引發了很多火氣，但工人覺得，那種苦幹實幹的工頭正因為熱情投入，所以有資格獲得指揮權；而且工頭發飆完後，就不再追究了，放手讓工人去做。那展現了一定程度的尊重，相信工人有足夠的能力繼續工作。這種職場上的發飆，變成每月一次、偶爾每週一次的慣例，最後的結果對雙方都好。把這種粗暴慣例視為一種禮儀的表達可能很奇怪，但這是一種相互的肯定。一名技工如此評論他的工頭，「是啊，他會發飆，但他不是壞人。」

　　大家往往把權威視同為原始的權力，這是一種社會學的錯誤，權威其實是有正當性的權力。自馬克斯・韋伯（Max Weber）

時代以來，社會學家就以「自願服從」來定義正當性。一個極端的例子是，士兵明知自己會死，仍願意服從「進攻！」的命令。在公民社會中，正當權力是以人們遵守的法律來界定，大家之所以願意遵守法律，是因為他們認為那些法律是正確的。韋伯測試正當性的方法是：即使不遵守也不會受罰，你仍願意遵守嗎？儘管韋伯那種測試很合理，但這種社會學的思維方式還是太狹隘了。它把焦點放在勞工上，而不是老闆上。老闆還是需要費點心思才能掙得正當性——這通常是透過一些很小的行為與交流來做到這點。那些行為與交流，往往與正式宣布的權利或管理權沒什麼關係。

　　我離開波士頓很久以後，看到一位建築師說的話。他的話似乎一語道盡了努力掙得個人權威的方法。瑞士的建築師彼得‧祖姆托（Peter Zumthor）談到其工作室時說：「一開始我帶一張草圖來，然後我們開始討論。我們討論那個概念、討論如何開始。」接著，有一段時間，他放手讓繪圖員自己做，「有人從模型開始做起。」後來，祖姆托再參與進來。「我穿過辦公室時，看到所有的作品……我擅長為我們的討論賦予架構……當眾說紛紜、意見分歧時，我會刪除所有學術性、理論性的論點。」他不會把自己孤立起來工作，「我會把其他人一起拉進來，連祕書也是，然後問：『你希望飯店房間裡的床像這樣、還是那樣？』」當他選定設計時，那就是最終定案[2]。

　　這種描述不是只稱讚自己，而是提出一個重要的觀點。如果只是單純行使權力，建築師永遠不會詢問祕書的意見，他可能已經知道該把床擺在哪裡，或者他認為自己知道祕書真正想要什麼。祖姆托在工作室裡顯然不是好好先生、不是只做協調，他是

負責人，但他認真讓其他人參與進來，而且據說員工因此對他非常忠誠。

　　掙得的權威是以一種特殊的方式，管理日常的不平等體驗。它緩和了命令與服從關係中的羞辱。在韋伯的思維方式中，羞辱發生在勞工別無選擇的時候。從更廣泛的角度來看，當老闆沒有肯定勞工時，就會出現羞辱。不羞辱人的老闆，可以像波士頓工廠裡的工頭那樣，大吼大叫、咒罵後，就放手讓工作坊裡的人繼續工作；或是像祖姆托那樣，靜靜地穿梭在辦公桌之間。無論是採用什麼方式，他都沒有把自己封閉起來。我們可能像愛里亞斯那樣，以為羞辱免不了會令人感到羞恥。誠如第三章所示，愛里亞斯以個人經驗來描述這個過程，放屁的人羞辱了自己，但更重要的是，他想像羞恥會產生持久的影響。在掙得權威的儀式中，發飆的時刻會過去；儘管那些發飆時刻可能暫時造成羞辱，但羞恥感也會過去。抑制情緒是儀式的教化力量之一。

　　即使老闆與員工之間的關係不會引發那種情緒發飆，非正式的討論也可以變成一種有凝聚力的儀式或慣例，只不過這種討論需要定期進行。這種討論可能看似瑣碎（如何時給機器上油或把床擺在哪裡）。但是，如果職場上把這種交流變成定期的常態，參與其中的人會知道自己受到認真看待。至少我造訪波士頓的一家鞋廠是如此，在工頭沒有發飆的那幾天或幾週，工頭與技師會利用休息時間，討論哪種品牌的工業潤滑油、墊圈、塗層最適合機器。在這種情況下，傾聽及記下重點的工頭也是在努力爭取權威。

放膽豁出去的信任

　　社交三角的第二邊與信任有關。齊美爾曾說，互信需要一種放膽豁出去的信任，這種信任「既比知識少，也比知識多」[3]。如果我們確切知道與他人互動會發生什麼，就不會有信任問題了。與齊美爾同時代的實用主義哲學家威廉‧詹姆斯（William James），並不認為信任是完全盲目的。在他的文章〈相信的意念〉（The Will to Believe）中，他把信任比喻成一種假說，「該假說對被建議的人來說，是一種真實的可能性。隨後，信任會受到檢測，可能證明是錯的。」[4]然而，就像齊美爾一樣，詹姆斯認為信任需要放膽豁出去相信。誠如他在另一篇文章中所說的，當我們信任時，我們已經準備好「為一個事先無法保證成功的理念而行動」[5]。

　　信任就像霍爾拜因那幅畫中的桌上工具：你願意使用那些工具，即使你不太知道它們的用途。銀行從業人員交易自己不太了解的衍生性商品時，需要放膽豁出去的信念。他相信這些金融工具的意念，比他所知道的危險更強烈。在建築師的工作室裡，大家相信那些尚未完成的專案。在他們腦海中的角落，他們知道那些專案永遠得不到資助。但齊美爾說的那種放膽豁出去的信任，使他們繼續埋頭工作。對別人的信任也是如此：這是你對他人的信念，儘管你不知道這種信念是否合理。

　　在波士頓的工廠生活中，當工人幫陷入困境的同事「掩護」時，信任呈現出這種複雜的色彩。例如，酗酒的工人懂得巧妙地隱藏喝酒的跡象，甚至手法相當熟練，但還不夠聰明。裝配線上的動作遲緩，往往害他們洩了底。當另一位工人發現酗酒者喝酒

時，他會盡量放慢工作速度，或乾脆幫酗酒者完成手上的工作。我以前參與改革時，是自命不凡的年輕哈佛講師，認為大家不該那樣做，應該讓酗酒者去面對喝酒的後果。但裝配線的人並非一本正經的改革者，當他們掩護同事時，只是在幫助跟自己一樣的同事。看到別人幫忙掩護時，酗酒者一開始感到困惑，甚至懷疑。他不太相信別人竟然會為他這樣做，覺得那背後肯定隱藏了什麼目的。為了接受掩護，他自己也要放膽豁出去相信對方：相信對方是真心想要幫他。只不過，這種信任關係會使酗酒者繼續喝酒下去。

裝配線上的信任關係，看起來與抽象的信任略有不同。它更像是一種雙向交易：人會接受幫助，進而信任他人嗎？信任也可以建立在脆弱與自我傷害等潛在危險上。儘管掩護同事看似不尋常，但值得注意的是，這些生產線的工人都是天主教徒，即使他們不熟悉神學，也是虔誠的教徒。年復一年，代復一代，他們聽到基督信仰的勸誡，不要離棄脆弱的人，他們本身也有脆弱的時候。相互信任可以建立在那種信念上，而且我認為，那種相互信任比低風險的信任更牢固。

合作與破壞常規

裝配線出問題時，合作受到最嚴峻的考驗。例如，我在一家大型麵包廠花了很多時間觀察（及吃東西），遇到烤箱過熱、很可能起火燃燒的狀況。那種時刻，工頭突然聽從暫時掌權的司爐工所發出的指令；情緒不穩的人被趕出了工作坊；平時在外面做包裝工作的女性員工提著水桶進來。隨著指揮鏈的暫停，大家紛紛離開了自己的崗位。

像這樣的危機時刻，暴露出正式組織的脆弱性及非正式合作的力量。那正是約瑟夫・海勒（Joseph Heller）的《第二十二條軍規》（*Catch-22*）之類的小說所探討的主題。在《第二十二條軍規》中，士兵之所以能夠生存下來，是因為他們無視命令，一起想辦法因應狀況。社會學家湯姆・儒拉維奇（Tom Juravich）已經證明，現實世界往往和工作坊內進退維谷的局面很像[6]。在工業時代之初，亞當・斯密在《國富論》中，把工廠內的日常勞動描寫成無止境的麻木工作。久而久之，大家普遍對工廠都抱持這種觀點[7]。工業化的工作場所確實會產生這種影響，但這不是無可避免的。任何打破常規的行為都可以喚醒大家，一旦被喚醒，他們就會改採非正式的互動。看似微不足道的事情也有可能喚醒及改變他們，不必等到發生重大危機。我做研究時，認識了一家工廠的多位清潔工。他們會談論他們在垃圾桶內發現的不尋常廢料、殘羹剩飯，甚至是衣服。在郵局的分揀室裡，工作確實是很枯燥乏味的例行公事，所以員工一邊用手分揀輸送帶上源源不絕傳來的信件、一邊熱絡地聊著八卦。這些小事反映出一種自然的衝動：大家想要刺激。進退維谷的危機是從外部提供刺激，但人們也可以自己創造刺激。

八卦往往是藉由誇大瑣碎的資訊或事件來刺激大家，當八卦變成驚悚的迷你劇場時，最吸引人。例如說：「你不會相信的！」此外，八卦之人認為別人應該一聽就懂，如果別人聽不懂，他就一直解釋到別人聽懂為止，他並不想要被動的聽眾。多數八卦往往是惡意的，離譜的行徑通常比慷慨的行為更容易引人關注。不過，我在波士頓的工廠觀察時，逐漸意識到一點：大家實際工作時，參與八卦也可以刺激他們。就像閒聊可以消除工作

中的無聊一樣，解決問題也可以，這涉及另一種打破常規。

例如，鞋廠曾經從阿根廷運來有污漬的皮革。一位皮革工人立刻知道該怎麼做，但他先向其他人解釋造成污漬的原因及清除污漬所需的化學品後，才開始動手。他先確保其他同事也理解了。雖然這既不是危機，也不是八卦，但解決問題仍需要提醒別人注意一下不尋常的事情，並有效地分享知識：這是一種非常規、合作性的交流。就像良好的對話一樣，處理棘手問題時，大家不能只依靠自己認為理所當然的程序。從社交的角度來看（這也許有悖直覺），工作中的中斷事件往往是凝聚大家的活動。

爆怒的老闆、撒謊以掩護酗酒的同事、八卦，當然不是我們心中所想的優質工作的特徵。但他們在社交行為中的象徵意義可能是正面的：從憤怒轉化為尊重的儀式，願意冒險挺別人，以及渴望掙脫常規的束縛。同樣的，如果我們退到這些行為的背後觀察，會發現它們所蘊含的社交關係：儀式是掙得的權威結構的一部分；掩護同事的行為是基於豁出去的信任；撇開八卦不談，危機管理與問題解決把合作與破壞常規連結了起來。這些關係無論是負面、還是正面的，有時都涉及非常微妙的交流。此外，社交三角的三個邊都透過互動交流而強化了。當破壞常規的事件獲得處理時，信任變強了，權威亦是如此。總之，這是一種既微妙又連貫的社交結構。

波士頓勞工局（Boston Labor Bureau）把我研究地點的多數工作，歸類為非技術或半技術勞工，這樣做並不正確。要落實這種非正式的社交關係，大家需要對彼此有透徹的了解。例如，他們必須知道，在緊急情況下，應該向誰求助、不該依靠誰或值得為誰撒謊。他們對所屬的體制，也有同樣程度的深入了解。例

如，麵包師知道，萬一麵包廠發生火災，工具付之一炬，波士頓的哪裡可以找到他們需要的用品；清潔工安排清潔活動時，不是根據工會的規則手冊，而是跟著不同部門不斷變化的需求做調整。非正式的社交關係需要背景脈絡知識，那個背景脈絡需要一起查詢及詮釋。

　　非正式的社交三角可能出現在各種組織、醫院、學校、教會與社區團體、軍隊、辦公室及工廠。事實上，似乎任何組織都可以鼓勵這種內部、非正式的關聯，以便社交上的凝聚。不過，社交三角有一個很大的條件，可能是組織無法達到的：它需要時間上比較穩定且歷史悠久的體制。唯有符合這個條件，大家才能深入了解組織是如何運作的。然而，在上一世代，資本主義已經遠離時間穩定的體制（這種時間穩定的體制，讓波士頓等地的工人一直固守在崗位上）。部分原因在於，美國與多數的歐洲國家已經完全削減工廠勞力，這些先進國家現在轉往服務業發展。另一部分的原因是，在多數的現代組織中，無論是私營部門、還是公共部門，時間本身變得更短期。人們對彼此的了解及對體制的了解都縮短了。金融服務業是這種變化的先鋒，它對體制時間的塑造，與大家以前在裝配線上的經歷最不相似。因此，在金融服務領域，社交三角關係已崩解（而且是戲劇性地分崩離析）並不足為奇。

時間的削弱效果

　　二戰後美國經濟開始蓬勃發展時，華爾街確實與其他產業很像，這或許有些奇怪。不過，大家把華爾街稱為金融「產

業」（industry）其實很恰當。畢竟，大部分的金融公司即使沒有
上百年的歷史，也已立業幾十年了。例如，雷曼兄弟（Lehman
Brothers）、摩根大通（JP Morgan）等公司，都以身為歷史悠久
的合夥企業而自豪。在銀行與投資公司中，多數員工進入一家公
司後，一做就是幾十年。這種長久的氛圍及長期雇用的作法，並
不是紐約獨有的。歷史學家大衛・基納斯頓（David Kynaston）
追溯了倫敦金融城的霸菱（Barings）與顧資（Coutts）等公司，
藉由強調其歷史悠久來招攬業務的作法。倫敦金融城的公司所
引以為傲的是，多數員工是終身雇員[8]。在我採訪的波士頓工人
中，長期就業也是一種常態，他們一輩子可能只在兩、三家工廠
工作，那些工廠都在當地永久設廠。

　　銀行從業人員與工廠工人之間的差異，除了貧富對比外，他
們的時間感也有很大的不同：二戰後，工業無產階級一再遭逢創
傷性失業，但商業景氣導致的金融業裁員較少。儘管如此，當工
業工人重返職場時，他們是回到舊工廠。二戰後的三十年間，這
是一個令人震驚的事實，英美兩國的工業工人通常留在原地，而
不是搬到其他地方尋找更好的工作[9]。然而，在整個十九世紀，
直到經濟大蕭條以前，英美並非如此，工業社區是不斷變化的。

　　我們不該對戰後的穩定抱持懷舊的心態。在工業與金融領
域，歷史悠久的公司往往陷入僵化、遲緩、自滿。此外，工業官
僚制度使工廠裡的時間體驗變得僵化又專制。一九五〇年代，
社會學家丹尼爾・貝爾（Daniel Bell）研究通用汽車（General
Motors）設在密西根州的威洛倫廠（Willow Run factory），他看
到這家工廠「把一個小時分成十個六分鐘的時段……工人的工資
是按他一小時做幾個時段來計算」，這讓他非常震驚[10]。銀行也

對基層的白領員工採用類似的精確計算。對工人來說，這種精確計算方式並非完全不合理。打卡制度至少讓這兩種勞工（藍領與白領）都能清楚看到自己的勞動付出：在這種微觀的時間裡，他們可以算出自己從那些六分鐘的時段，累積了多少工資與福利；在宏觀的時間裡，歲月的流逝與資歷的累積確立了他們在工廠或辦公室裡的地位[11]。

一九五〇年代，許多研究開始記錄白領階級的產業化對個人與社會的影響，其中最著名的包括威廉・懷特（William Whyte）的《組織人》（*The Organization Man*）、萊特・米爾斯（C. Wright Mills）的《白領》（*White Collar*）、米歇爾・克羅澤（Michel Crozier）的《科層現象》（*The Bureaucratic Phenomenon*）[12]。懷特認為，長期就業（或終身雇用）抑制了抱負與創新的突然爆發；米爾斯認為，穩定導致順從增加；克羅澤的研究是鎖定法國，在法國，政府對商業的影響較大，所以他比較強調白領勞工逐步順從的政治後果。這些研究都沒有提到勞工之間或勞資之間的非正式關係；正規化的時間似乎有自成一體的壓倒性力量。

這種力量在一九七〇年代中期開始鬆動，華爾街的金融業感受到最強烈的影響。若要說哪個事件引發這種變化，應該是一九七三年石油危機期間布列敦森林協議（Bretton Woods monetary agreements）的崩解。那崩解把大量的全球資金——最初主要是來自中東與日本——釋放到之前流動性較低的國家市場中。十三年後，倫敦金融服務業出現大爆炸式的管制鬆綁，讓更多的投資者進入全球市場，包括來自南美、離岸中國的資金外逃。一九九〇年代，市場吸引俄羅斯人把非法所得偷偷匯出祖國。二十一世紀初，中國成為歐洲產業及美國公債的重要投資者。

突然間，每個人都在相互競爭。在之前那長達幾十年的穩定期間，紳士協定劃分了華爾街與倫敦金融城的公司所控制的股票與債券市場。此外，那個年代，大家也對敵意收購深惡痛絕，例如，一九五七年西格蒙德・華寶（Siegmund Warburg）對英國某大鋁業公司所策劃的敵意收購。當然，共謀從未消失。說白了，大宗商品市場與 IPO（新公司的首次公開募股）常遭到操縱。要是曼德維爾這時還活著，他可能會完全根據華爾街寫一部新的《蜜蜂的寓言》。但這時共謀的人也試圖顛覆彼此，瓦解競爭對手的公司，尤其是消滅小公司。紳士協定是尋求產業的穩定；相反的，新制度比較短視，是追求一時的優勢。

套用經濟學家班尼特・哈里森（Bennett Harrison）的說法，這些新資金大多是「沒耐性的資本」，尋求股價與金融工具的短期報酬，而不是投資公司的長期股權[13]。股東報酬關注的是股價，而不是公司的穩健狀況。如果你認為公司股價會下跌，即便該公司持續有獲利，你還是可以靠做空股票來賺錢。這給公司帶來了壓力，逼它們每季或每月都要達到業績目標，而不是放眼長期。即使是最該著眼於長期的退休基金，從上一代起，也開始採用不同的時間規則：一九六五年，退休基金持有一檔股票的平均時間是四十六個月；二〇〇〇年變成八・七個月；二〇〇八年更縮短為四・九個月。

華爾街在這種轉變中所扮演的特殊角色，是為沒耐性的投資提供金融工具。倫敦金融城的角色，則是依靠昔日的帝國關係，偏重全球執行與協調[14]。華爾街就像倫敦金融城一樣，現在也成了金融中心的代稱。在紐約，曼哈頓中城對金融業的重要性，已不亞於市中心的雷克托廣場（Rector Place），這就好像倫敦梅費

爾（Mayfair）的金融活動跟沼澤門（Moorgate）一樣多那樣。

在紐約與倫敦這兩個城市中，新時間尺度的出現，改變了公司的結構及內部員工的工作方式。就像現今的其他企業一樣，「投資組合」的概念取代了固定的「核心事業」模式，也就是說，同一家公司旗下有許多不同且往往無關的活動。「投資組合」模式據稱是為了因應瞬息萬變的全球市場，即使無法在某個領域達到業績目標，也能在另一個領域達標。投資組合的概念，與連貫的企業形象或身分背道而馳。公司是由一群事業所組成，這些事業可以隨意出售、添加或重新配置。

金融家兼哲學家喬治・索羅斯（George Soros）以短暫的「交易」與持久的「關係」之間的對比，來闡述短期的時間觀對組織的影響[15]。索羅斯與早期的社會學家不同，他認為組織關係既是正式的、也是非正式的。非正式的信任對維持關係很重要，尤其是金融企業家或其客戶面臨壓力時，他們需要合作夥伴在支付帳款或提供信貸方面放寬一些。對方願意這樣做，通常需要長期的個人交情。

更抽象地說，社會學家曼威・柯司特（Manuel Castells）把現今的政治經濟描述為「流空間」（space of flows）[16]。他認為，拜新技術所賜，全球經濟得以同步即時地運作。倫敦或紐約股市的變化，立即反映在新加坡或約翰尼斯堡。在印度孟買編寫的電腦程式碼，可以立即讓IBM使用，就像在IBM總部編寫的程式碼一樣。柯司特稱這種情況為「無時間性的時間」（timeless time）。電腦螢幕可說是我們這個時代的典型象徵，它體現了「無時間性的時間」，視窗堆疊在其他的視窗上，彼此沒有時間關係，時間彷彿暫停了。如此衍生的社會結果，正如索羅斯所說

的：一時的交易，而不是持久的關係。

　　短期的時間觀，改變了工作的性質。如今勞力市場的特色是短期就業，而不是長期職涯。例如，ATT的一位高管充分說明了「沒有長期」的意思，他在幾年前宣稱，「在ATT，我們必須推廣一個概念：勞力是依情況而定（contingent）……專案正在取代工作。[17]」臨時工（通常是兼職勞力）就是反映這種精神。如今，臨時工是服務經濟中成長最快的領域。即使是全職的工作，年輕的普通大學畢業生在一輩子的職涯中，可能至少換十二次雇主，「技能基礎」也會至少更換三次。他四十歲時必須利用的技能，不是以前在學校學到的技能[18]。

　　這些時間變化對大家的背景知識產生了極大的影響。一位稽核人員對我說：「我剛到華爾街工作時，大家是在一家公司做到退休，他們不得不深入了解這個事業，尤其是遇到麻煩時。現在你不會這樣做了。*」或許現在的新背景是：沒有人是不可替代的。至少，奇異（General Electric）的前執行長傑克・威爾許（Jack Welch）的一段出名表演試圖闡明這點。他刻意在一間高管辦公室中，維持空蕩蕩的狀況。他指著那間辦公室，向任何潛在的新成員強調，沒有人在奇異公司擁有永久的位置。我問那位稽查人員，他對此有什麼看法。他說：「當然，沒有人是不可替代的，但重點是，辦公室是空的。」裡面沒有一個人是你可以逐漸了解、信任或學習合作的。

　　在二〇〇八年經濟崩盤前的長久繁榮時期，短期的時間觀導

---

*註：請讀者諒解，我這裡先引用有關現代華爾街的研究，等本章稍後再說明我是如何收集這些資料的。

致雇主以顧問的模式來定義理想的員工。這種員工的技能是可轉移的，他們對任何地點的依附都是暫時的。在管理上，這種顧問模式抽離了勞動內容。例如，最近有一個徵才廣告，職位是頗具技術性的工作：英國民航局的定價監管負責人。那則徵才廣告寫道，「你將是全方位的管理者……運用能力把模稜兩可的問題轉化為清楚的解決方案……有靈活積極的態度及清晰的書寫與表達能力……你將因為成為高素質團隊的一分子，而獲得智識的挑戰與刺激。[19]」這些屬性與航空業幾乎沒什麼特別的關係。

　　否認背景與背景知識的重要（如聚焦於短期或臨時的工作），會使體力勞動者的不安全感變得更嚴重。他們對職場及職場人物的了解，在就業市場上幾乎沒有價值。套用普特南的說法，他們的「社會資本」幾乎沒有經濟影響力。這種不安全感是一個比較確切的事實，因為製造業的工作已經消失，或工人從一份臨時工轉換為另一份臨時工。在金融業，不安全感是以不同的形式顯現。對華爾街的稽核人員、會計師、IT團隊、人資人員來說，不安全感是一種日常經驗，混亂與危機是生活中的正常元素，本來就經常發生。但長期背景知識的重要性並沒有因此消失。

　　例如，獎勵優異表現或勤奮工作的方式很重要。別人評判你時，他們對你了解多少？這個問題的答案涉及一個特殊性。金融菁英的短期時間，過得比華爾街的後台人員還快。也就是說，高階管理者從上一代開始就進入旋轉門，每幾年或幾個月就跳槽到另一家公司，或跳到同公司的不同部門，但中階人員的跳槽頻率較低。這種速度上的差異意謂著，在公司內部，要評鑑一位中階員工的績效時，見證他努力工作的管理者與評鑑者往往已經

離職。一位人資管理者告訴我，「我的工作變得更難了。」因為
發放年終獎金給基層員工時，「我幾乎沒什麼個人資訊可做為依
據。」短暫的管理時間使他無法獲得那些資訊。

　　人資部門有時是根據高層變動的速度來評判後台員工。另
一位高科技公司的人資管理者指出，「在這一行，一切都不斷變
化。所以，我看到一個人的履歷在同一家公司待五、六年時，我
會開始懷疑。」也就是說，在金融業的長久繁榮期，穩定反而是
一種恥辱。

　　面對面的判斷已經被標準化的打勾式評估表所取代，這些評
估表不會衡量加班意願、彌補同事技能不足等無形因素，也不會
更深入地衡量員工對公司的信心。我訪問過一位很特別的會計人
員，他靠著在夜校進修及延遲成家，從工廠工人晉升到一家（現
已倒閉）投資銀行的後台。他比較公司監管藍領勞工與白領勞工
的方式如下，「評估表在玻璃廠很常見，我以為銀行會採取不同
的作法，評估的方式會更加個人化，結果卻發現兩邊的作法差不
多。」

　　近年來，刺激金融資本主義的併購浪潮，強化了評判的非
個人性（impersonality）。公司來了一組新的管理高層，他們對
已經在那裡工作的人並不熟悉，往往對事業本身也不熟悉。這些
新的管理者除了靠數字來評判他們收購的員工外，幾乎沒什麼依
據，他們無法從經驗中知道誰做得好。一家投資銀行的後台員工
說：「很奇怪，這種情況竟然會發生在我身上。」二〇〇八年他
的公司破產時，運氣還不錯，被一家投資銀行收購，但是「對他
們來說，我們就像一張白紙」。

　　這些短期時間觀的所有面向，都彙集在金融公司員工之間的

非正式社交關係中。在這種變色龍般的多變組織裡，專案勞工就像一種酸性溶劑，侵蝕著權威、信任與合作。

三角崩解

　　一九九〇年代中期，金融業後台人員的生活，開始引起我的興趣。當時我正在研究另一種技術勞動：紐約與矽谷程式設計師的工作。那個時期，電腦程式設計發展迅速，而且難以預測。相較於霍爾拜因桌上導航設備的使用，電腦程式的運用可能性並沒有比較清楚。我開始意識到在這種創意爆發的背後，還有另一種浪潮：程式設計師窩在到處堆著披薩、通風不良的小辦公室裡工作。西裝革履的創投業者去那些小辦公室拜訪他們，希望在那臭氣熏天的混亂中發現下一個大創新。而那些訪客又與華爾街的投資銀行連在一起：當那些被稱為「創投禿鷹」的人把小型新創企業轉變為公司、向感染現代版鬱金香狂熱（亦即「網路泡沫」）的投資人出售股票時，華爾街的投資銀行會提供更多的資金。

　　一九九七年，我從矽谷回到紐約時，試圖了解食物鏈的這一端發生了什麼。我只是一個教授，又沒有電腦程式可以販售，那些頂尖的投資銀行家幾乎沒有時間耗在我身上，但他們很有禮貌——我在哈佛教過其中兩位聯絡人「早期社會思想史」，他們把我介紹給投資銀行後台的人。那一年，螢幕明顯取代了股票報價機與傳真報價，成為金融通訊工具。後台人員一邊緊盯著三、四個電腦螢幕（螢幕上不停地顯示一行又一行的數字），一邊分心跟我說話。儘管數字在他們的眼前舞動，但已經收集到夠多的資訊讓我明白，這些處理單據、清算交易、準備稽查文件、處理

買賣的人，都算是某種匠人。他們的技術嫻熟，為自己的工作感到自豪。如果布克・華盛頓在一九九七年成立漢普頓學院，他可能會訓練學員這些技術工藝，而不是製作乳酪。

　　當時我的主要研究興趣，是資本主義中一種新文化的出現。以那個研究興趣來說，後台人員似乎無關緊要[20]。但十多年後的二〇〇八年九月，金融服務業崩盤時，我意識到當時我應該多關注後台。於是，我開始訪問華爾街上受到影響的人，尤其是那些失去工作或離職的人（當時金融風暴尚未結束）[21]。受創最大的是後台人員，在雷曼兄弟等公司倒閉時，他們是第一批失業者。這次崩盤導致許多後台人員重新思考自己的生活，有些人乾脆離開了華爾街。

　　二〇〇九年的冬天，在華爾街附近的一個就業中心，可以看到那些曾在後台工作的男男女女。他們衣著光鮮，填寫著表格，偶爾茫然地四處張望。雖然他們不是資本主義的巨獸，但這些技能熟練的白領勞工中，很少有人見過就業中心的內部。現在他們坐在塑膠椅上，埋首填寫著日光燈照亮的寫字板，周圍是同樣在找工作的拉美裔青少年、魁梧的建築工人、年老的工友。

　　以就業中心來說，這家位於曼哈頓下城的就業中心相當不錯[22]。入口大廳乾淨又安靜，多數電腦都有連線上網，工作人員大多彬彬有禮、經驗豐富。一般常見的求職者會被帶到隔間或休息室，在那裡，工作人員為英語欠佳的移民填寫文件，或努力讓那些被這種官方環境嚇到畏縮的體力勞動者開口。如今這裡多了從倒閉銀行或券商失業的白領勞工，就業輔導師因此面臨著不同的挑戰。這些求職者需要考慮個人的長短期策略。

　　短期內，他們不得不做任何工作，才有錢支付帳單。有些人

是去商店當店員，另一些人在金融界的邊緣做臨時工以維持生計。長期來看，金融危機過後，紐約金融業的就業率預計將從9%降至7%，倫敦金融城預計也會出現類似的萎縮。在前面三次經濟衰退中，一個人一旦失業，他恢復中產階級地位的可能性不會超過60%。社會學家凱薩琳・紐曼（Katherine Newman）寫道，基於這個原因，中產階級勞工老是擔心自己的社會地位向下沉淪 23。不過，在我於華爾街的就業中心及市中心另一個更大的就業中心所訪問的人身上，這種恐懼並不是那麼明顯。他們有專業的技能，許多事業都需要這種人力。雖然少數人遇到長期的問題，但目前為止，多數受訪者正重振旗鼓。

這並不表示失業不是一種創傷。失業者就像就業者一樣，也有一種階級結構，那種結構會影響失業者的失業感受。高階管理者有解雇協議為他們提供大筆的資遣補償金，失業的菁英也可以使用公司付費的專業高階人才媒合公司。最重要的是，他們有廣泛的人脈、有願意一起吃個飯或接他電話的同業。相較之下，地位較低的員工面臨的大問題是，他們的人脈薄弱很多。在職場上，這些後台技術人員所認識的人，大多跟自己一樣。在金融危機後，許多人都在搶同樣的工作。直接寄履歷表給不認識的雇主，基本上毫無用處，因為雇主既沒時間、也無意願去瀏覽大量的求職信。

這種創傷，即使是暫時的，也可能讓人警醒，尤其當他們自問「我真正想做什麼？」或「我想怎麼生活？」時。一位資深的歸檔員告訴我，「突然間，中國人以更便宜的工資搶了我的工作，公司就解雇我了。當下腦中浮現的第一個想法是，以前我為了完成工作而加班，實在很傻。」如今回顧那段研究經驗，我認

識的許多人，無論是失業者，還是他們仍倖存在工作崗位上的同事，都在反思他們犧牲的家庭生活或職務的狹隘。

這些經歷過二〇〇八年創傷的人所提供的資訊有多可靠？焦慮與沮喪可能會導致偏見，尤其失業者的焦慮與沮喪更有可能導致偏見。在訪談研究中，一個人對偏見的判斷，取決於資訊提供者所提供的情報有多全面：他能看到其他人的觀點嗎？他是否以對話的方式，而不是以憤慨的方式談論經歷？他是否好奇？目前為止，除了少數例外，我遇到的受訪者在評估自己最近的遭遇時，大多是平衡的。但他們也以一種特殊的方式聚焦：這些經濟匠人不是只想著經濟，而是把危機視為一種人生的必經之路，促使他們認真思考生活品質的問題。

其中三個問題顯示，在他們的職場上，非正式社交三角的弱點。他們回顧過往時，覺得之間的合作很表面、很膚淺；後台是比較孤立的工作環境。他們的觀點是全面的，覺得精糕的合作及孤立的環境有部分要歸咎於自己。他們對辦公室的信任微乎其微，這似乎解釋了為什麼他們會做出某種嫉妒性比較。他們認為，上司在處理危機時，並未掙得權威。事實上，許多金融公司的高管推卸他們身為權威人物的角色，只會緊抓著權力與福利。這些觀點加在一起，導致他們對職場感到憤恨不平。後台員工希望藉由找到更好的公司或完全離開金融業，來擺脫這種痛苦。

薄弱的合作

孤立顯然是合作的敵人，分析現代職場的人都對這個敵人瞭若指掌。在管理術語中，這稱為「穀倉效應」（silo effect），這個形象是援引自存放糧食的巨大穀倉。穀倉裡的工人彼此溝通

不良。例如，二〇〇二年美國管理協會（American Management Association，AMA）對高管所做的研究顯示，83%的高管認為他們的公司裡有穀倉效應，97%的高管認為孤立的影響是負面的[24]。一個組織的結構可能會造成穀倉效應。在後來的一項研究中，AMA的研究人員發現，不到一半的組織從員工那裡收集有條理的意見回饋，溝通主要是由上而下。其他的研究報告也同樣指出，管理部門並沒有認真看待來自下層的意見[25]。穀倉效應可說是一個世紀前社群組織者試圖對抗的問題──政治左派由上而下組織的內建結構性效應──的現代管理版本。

　　然而，訪談中發現，孤立更像是自己造成的。一位IT員工表示，「我只是壓力太大，無法參與別人的問題。」壓力只是一種託詞，一位稽查人員告訴我，「我以前不希望別人來干擾我，因為我有太多事情要做了。」她的措辭是使用過去式，這點很重要。她說，她想重新開始，正要離開華爾街，到一所大學去找「更溫暖的工作環境」（我不忍心對這種期望發表意見）。除了壓力的孤立效應外，華爾街的許多資深工作者也把問題歸咎於電腦化工作的出現：大家緊盯著螢幕，而不是彼此交談。資深工作者也認為，電子郵件削弱了合作。一位負責對帳的年長女士說：「我會發電郵給跟我相隔三張工作桌的女孩，而不是走過去找她。」另外，還有獎金的問題。

　　獎金是傳說中出現在華爾街金字塔頂端的年終禮物。然而，從金字塔頂端往下走，在後台辦公室的內部，獎金少很多，但依然可觀。我的研究團隊訪問了六名雷曼兄弟的基層會計人員，在雷曼兄弟倒閉的前五年間，他們平均每年獲得四萬五千美元的獎金──這或許是他們即使失業，還可以請我和我的學生吃昂貴午

餐的原因。不過，發放獎金並非雙贏局面，不是一群工人集體獲得獎勵，而是一種零和遊戲，讓個別員工相互競爭。一位會計人員對我提到他日益繁忙的工作節奏，「這是我的友好月曆。三月非常友好，七月有點忙，九月火藥味濃厚，十二月是人不為己、天誅地滅。」我無法判斷在漫長的繁榮時期，這對他們造成多大的困擾。但這位會計人員如今回想起來，認為這對溝通或員工士氣都沒有好處。

如今，多數管理者認為，穀倉效應似乎是導致生產力低下的原因。員工容易祕藏他們認為對自己有利的重要資訊，分屬不同單位的人都不想給其他單位任何意見回饋。一種補救方法是鼓勵團隊合作，實際上是強制大家團隊合作，但這種強制性的合作很容易被短期的時間觀削弱效果。

關於如何組織團隊，一般的管理智慧強調，團隊最好維持小規模，面對面開會不要超過十五或二十人。當團隊專注於明確定義的緊迫問題或專案時，一般認為這種合作最有效。團隊通常在一起六個月到一年的時間，這反映了企業的現實，因為這些企業的商業計畫與身分在全球經濟中不斷改變。因此，團隊在一起的時間要夠長，才能完成任務，但又不能太長，以免團隊成員過於依賴彼此[26]。

所以，團隊合作需要一種可轉移（portable）的社交行為，團隊成員要能夠隨時隨地運用這種行為。例如，一些商學院與公司現在提供培訓，教人如何展現團隊合作的精神。新進員工可以學到如何握手、眼神交流，以及在討論中提出簡單扼要的意見：無論你在哪裡遇到誰，你都能表現出團隊精神。

勞工分析家吉德恩・昆達（Gideon Kunda）把這種合作行為

稱為「深層演出」（deep acting）[27]。他的意思是，在合作的表面下，團隊成員其實是在向評判團隊表現的經理或上司展現自己。他說，團隊合作是「假裝的團結」。短期的時間觀，對這種職場表演有很大的影響。由於大家並沒有真正地相互投入，他們的關係最多只維持幾個月。事情出錯時，團隊精神便突然崩解。於是，大家開始把責任推卸給其他的團隊成員，以尋求掩護及否認。這個缺點與麵包廠烤箱故障的狀況，形成了鮮明的對比。麵包廠裡的合作並未崩解，因為大家很了解彼此，而且培養了長期非正式的關係。因此，他們號召彼此來幫忙，而且更確切知道他們可以或不能依靠誰。

在這方面，華爾街後台的情況是矛盾的。前面提過，華爾街的後台員工往往比高管在公司任職更久。然而，隨著金融業在長久繁榮期間持續擴張，這些公司的內部狀態也不斷地變動，部門經常重組，人員重新配置。對我們的研究對象來說，團隊合作對這種頻繁的結構變化並沒有強大的社交矯正效果。一名電腦工程師簡潔地表示，「我們當然是團隊合作，但事情層出不窮，我們一直分心，無法聚焦。」看起來這問題是出在手頭上的任務，而不是參與者。但在長久的繁榮期間，華爾街的公司不斷地合併或收購規模較小的公司，它們希望藉此節省勞力成本，也就是藉此獲得所謂的「綜效」（synergy）：一個規模更小的整合團隊，為一個不斷擴大的組織提供支援。當團隊成員被迫像高管希望的那樣「以更少的資源，完成更多的事情」時，團隊精神就受創了。

短期的團隊合作，因為有「假裝的團結」、對他人的了解很膚淺，而且又被迫以更少的資源完成更多的事情，所以和中國人所謂的「關係」（第四章開頭討論的持久社交關係的標竿）形成

鮮明的對比。「關係」充滿了批評和尖銳的建議，而不是刻意的握手。人們接受尖銳的建議，是因為他們知道對方是有意幫他，而不是把自己當成榜樣。最重要的是，「關係」是持久的，那種關係的目的是為了超越特定的事件。隨著時間的發展，人脈會涵蓋更多的夥伴，每個夥伴都以特定的方式依賴其他夥伴。這種團隊與運動團隊的差異在於，這種團隊成員是同時參加許多活動。「關係」不會節省效率。相反的，人脈變得越來越廣泛多元時，它的力量也變得更強大。

嫉妒性比較對信任的侵蝕

誠如上一章所述，嫉妒性比較——對不平等的個人化體驗——可能侵蝕社交關係。消費品可以為嫉妒性比較提供參考依據。廣告常說服青少年在不自覺中，把「酷炫的東西」當成個人比較的基礎。在成人的職場世界裡，嫉妒性比較是以比較有自覺的方式出現，能力變成了參考依據。以能力為依據的嫉妒性比較，對信任的侵蝕效果特別大，你很難信任你覺得不稱職的人。

華爾街的後台人員把其勞務視為一門技藝，這是很正確的看法。在銀行與投資公司裡，會計與稽查人員不止是死板地記錄交易結果而已，整理數字讓組織使用是一項複雜的技能。匠人的精神是既想做好工作、也把工作做好。社會學家馬修·吉爾（Matthew Gill）在英國的會計人員中，發現一種以匠人精神為基礎的階級制度。最受敬重的會計人員，是那些關心數字可靠性的人 [28]。把這種工作做好，是看背景而定。一位華爾街會計師告訴我，「你需要了解你的組織，你發現一個數字看起來很奇怪的時候，需要找出你該去找誰問清楚。商學院不會教你這個。」曾在

已倒閉的雷曼兄弟任職的IT經理表示，「任何人都可以買現成的套裝軟體，至於要買哪種軟體，你需要了解你的用戶……這需要時間。」

在需要技藝的勞動中，你對他人的信任是建立在兩種基礎上：你對其能力的尊重；你對他有信心，因為他似乎知道自己在說什麼。然而，華爾街的後台部門其實不太尊重前台部門高管的技術能力。在市場崩盤後，痛苦的大眾才發現，金融業的許多參與者對自己的所作所為知之甚少。華爾街的後台部門，即使在崩盤之前的繁榮時期，也覺得許多上司很無能。例如，許多後台人員覺得高管在投資方面很無能，因此採取行動，避免投入上司做的那些高風險賭注，把資金存放在安全的地方，並盡可能削減債務，為景氣低迷做好準備。這些謹慎的受訪者用來描述那些金融產品的詞彙，應該會讓任何馬克思主義者感到窩心：「假黃金」、「狗屁憑證」、「垃圾債券，而且我強調的是『垃圾』」──這些詞彙都是用來描述前台高管所銷售的金融商品。這是金融匠人的粗俗詞彙，他們是如此對比自己的工作與上司的活動。

高管當然都相信，表現卓越就能攀升到頂層。然而，英國特許管理公會（Chartered Management Institute）做的一項大型調查，卻顯現出相反的觀點：恰好有一半的受訪者認為，他們可以做得比頂頭上司更好。這數字不止反映員工的自尊而已，因為47%的受訪者表示，他們離職是因為管理不善；49%的受訪者表示，「為了與更好的老闆共事，他們願意接受減薪。」[29]

某種程度上，那種相反的關係是一種刻板印象的抱怨。晉升高層似乎是靠頭銜──一般認為哈佛MBA是可靠的通行證──或是因為他們擅長搞辦公室政治。但是，如果這種刻板印象有事

實根據，單純是因為高層不知道公司每天發生什麼事或缺乏實務知識，那麼下層對他們的信任就會消失。我的訪問對象在這方面有一個很小但很明顯的差異，那差異在英國特許管理公會的調查中並未出現。我的受訪者確實會提到，幾位看似能幹又謹慎的投資銀行與避險基金管理公司的個別領導人，而且受訪者提到那些領導人時，還會直呼其名。但他們提到不稱職的高管時，則是泛稱為「他」、「她」或「他們」。

在金融技藝中，上述的相反關係是有技術基礎的，例如了解用來創造信用違約交換（credit default swap，CDS）等金融工具的演算法。這些數學公式對管理高層及一般大眾來說，往往都一樣難以理解。管理高層與後台的匠人討論技術細節時，目光似乎變得呆滯。一位基層會計人員談到她那位從事衍生性商品交易、開保時捷的上司，「我請他概略講一下演算法，但他講不出來，他是無條件相信那東西。」交易的內容被忽略了。IT支援團隊的一名成員指出，「多數孩子本來就有電腦技能，但只到某個程度……當你試圖向他們展示如何生成螢幕上看到的數字時，他們就開始不耐煩了。他們只想要數字，並把數字背後的一切留給大型主機。」這位技術人員對尼克・李森（Nick Leeson）展現出某種程度的欽佩。李森年輕時，操縱霸菱銀行（Barings Bank）的財務數字，導致銀行倒閉。他對數字背後的結構很好奇，因此注意到詐欺的機會。

當然，你不可能什麼都懂，就算那東西讓你變得非常富有，你可能還是不懂。然而，高管試圖迴避這個問題時，並不是展現出謙虛的態度，而是以膚淺的閒聊帶過。例如，閒聊許多球賽，而不是去搞懂那些東西。一位投資銀行後台的演算法專家談到一

位高管，他說：「他人很好，是個好人，但他（銀行黃金交易部門的負責人）從來不問我對任何事情的看法，或許他怕難堪，或是怕我以自己的帳戶交易……」他們以漫不經心的方式掩飾自己的無能，但終究會露出馬腳。畢竟，發號施令的是高管。不管他人好不好，他都是那個告訴你要買什麼或賣什麼的人。久而久之，你開始不信任他，但仍然不得不服從他。

這裡應該說明的是，後台技術人員所強調的是，金融危機爆發以前，上司那種漫不經心的態度，而不是上司根本無法解讀試算表。這個問題與其說是能力問題，不如說是態度問題。他們責怪的不是直屬上司（其中許多人也失去了工作），而是組織的最高層──那些漫不經心的高管與董事會。無論這些因素是如何混在一起的，結果是能力與階級之間形成一種相反的關係。這種痛苦的相反關係，消除了他們對上層人士的信任。

這種嫉妒性比較強化了「穀倉效應」。如果對傾聽沒有真正的興趣，交流的欲望就會消失。長期體驗這種相反關係的後台員工，似乎會無情地評判他們的老闆，並在行為的每個細節上尋找確鑿的跡象，以證明高管不配擁有那些權力與福利。做嫉妒性比較，並不會讓他們自我感覺良好，因為他們困在那段關係中，無法掙脫。在職場上，這種情況下，嫉妒性比較更有可能造成痛苦，而不是暗自滿足。

當權者放棄權威

社交三角的第三要素是掙得的權威。掙得的權威很強大時，不僅攸關正式或技術能力，也涉及那個令人畏懼的詞「領導技能」，更確切地說，是與下屬公開對話，而不是只會發號施令。

此外，在倫理道德方面，掙得的權威是指願意為自己及團隊承擔責任。在「關係」（guanxi）的定義下，道義（honor）是掙得的權威的關鍵因素。

在我們的受訪者中，這種掙得的權威的道德面定義，轉化為一個實際的問題：二〇〇八年市場崩盤後，高管是否及如何捍衛自己的公司。在銀行業裡，他們明確區分出兩種高階管理者：一種像摩根大通（JP Morgan Chase）的總裁傑米‧戴蒙（Jamie Dimon）那樣，投入大量精力以維持公司的穩定；另一種高管則是出售實質資產、關閉部門或只顧自己的利益。我的受訪者對於領導力蕩然無存，並沒有感到很意外，因為在繁榮時期，企業忠誠度本來就很薄弱，高管到處跳槽。一些失業的後台員工甚至違背自身利益，默認了經濟學家路德維希‧馮‧米塞斯（Ludwig von Mises）的觀點：景氣低迷時，正好適合產業淘汰無法持久經營的事業[30]。儘管如此，他們還是認為，多數老闆沒有盡職發揮領導作用，而是拒絕承擔責任、放棄權威。

例如，當銀行人士辯稱，監管機構理當在約束銀行人士方面做得更好時，這種放棄權威的跡象就出現了。或者，從另一個角度來看，AIG保險公司的一名高管宣稱，我們都是深奧難解的信用違約交換、組合房貸等投資工具的受害者。把市場崩盤解釋為一種無法控制的外力，顯露出某種狡猾。當一切進展順利時，高層可以邀功；一旦出了狀況，就怪罪體制。

放棄領導權並不意謂著放棄權力或優勢。遺憾的是，這個道理在二〇〇八年金融危機爆發以來的那幾年得到了證實。高管在危機爆發後，迅速拿走福利與獎金，留下滿目瘡痍的社會。然而，放棄權威比單純拋下爛攤子離開複雜多了。雷曼兄弟破產後

不久，該公司的執行長理查・富爾德（Richard Fuld）表示，他對事態發展的結果感到難過。他的一名前員工對我說：「那是毫無代價的道歉。」富爾德是高傲好鬥的高管，他對前員工的這種反應感到驚訝，因為坦承懊悔對他來說已經付出很大的個人代價。但他的懊悔沒有提到他個人負責的具體行動。

　　無論是陷入長期失業，還是短期失業，受訪者對於他們失業時所得到的對待，抱著一致的看法。像雷曼兄弟這種大公司突然倒閉，意謂著後台人員是透過電子郵件得知自己失業，而且只有一天的時間可以清理辦公桌。一位會計人員告訴我，「我有一些關於股票選擇權的具體問題，但我只收到制式的電郵，沒人接聽電話。」另一位受訪者表示，「感覺像他們去度假似的。」一位在金融危機中失業的IT協調人員告訴我，「他們又何必寄出這種東西？」她拿出公司透過電子郵件，對敬業員工的服務表示感謝的聲明。在這種艱難時期，視覺隱喻反映了人們表達不滿的方式，「他不敢直視我的眼睛。」另一位稽核人員被要求在一天內清空辦公桌，他的說法更是明顯，「她（指他任職部門的人資主管）從來沒有真正看著我，那天唯一仔細看我的人是公司門口的警衛，他檢查了我的私人物品箱，以確保我沒有竊取公司的任何資料。」

　　失業時，受傷的感覺是無可避免的，而且裁員可能也沒有符合人道的方式。但我認為，受訪者之所以強調高層的漠不關心，還有一個更大的原因。那種強調反映了金融業在社會中所處的孤立地位，尤其是在紐約市。

　　紐約市的傳統菁英，是以德國人所說的 Bürgerlichgesellschaft 來運作。Bürgerlichgesellschaft（公民社會，或譯市民社會、民間

社會）是出現在托瑪斯・曼（Thomas Mann）的小說《布登勃洛克家族》（*Buddenbrooks*）中的那種公民社會，是由幾個長期在地方扎根的家族所領導的社會。在美國的城市裡，這種領導地位需要為城市的志願組織負責。菁英在醫院、慈善機構、學校、藝術組織的董事會或理事會中任職。二十世紀中葉，新聞工作者萬斯・帕卡德（Vance Packard）指出，一個人被升為副總裁時，大家預期他會加入董事會或理事會。隨著更全球化的企業出現，高管大多迴避這種職責。以一項衡量標準來看，目前紐約市僅不到3%的醫院董事是來自總部設在海外的公司[31]。這種脫離是結構性的，不是個人的。高管不斷地從一個城市搬到另一個城市、從一個國家搬到另一個國家，他們並非本地人。

　　這裡應該指出的是，在長期的繁榮中，這種脫離公民社會的情況有兩個例外：全球菁英中的猶太人，通常會維持公民（Bürger）模式，因為紐約的猶太生活文化與其他地方一樣，強調慈善及對社群的服務。另一個例外是博物館的理事會成員，因為這是藝術領域中威望很高的職位，而藝術領域本身已經全球化。大家常把高級金融（high finance）描述為「俱樂部化」（clubby，意指資格限制很嚴，排他性強），其實所有的菁英都是如此。但這種特別的俱樂部不一樣，例如，它的成員很少申請加入為紐約大人物設立的世紀協會（Century Association），世紀協會雖然是世界性的，但太在地化了。

　　這個新的菁英群組有多大呢？目前的最佳估計是它有國際規模。根據一種算法，二〇〇八年金融危機前，全球金融是由五家會計師事務所、二十六家律師事務所、十六家頂尖的投資銀行、六家央行、兩家信用評級公司所主導。二〇〇七年，這個群組中

的高管人數約為六千人[32]。除此之外，還必須加上這些高管的追隨者，亦即經常與這些高管面對面接觸的人。這些高管與追隨者的比例約是1：10，所以國際「前台」約有六萬人。籠統地假設紐約涵蓋了這群菁英的四分之一，那麼這座八百萬人口的城市裡，他們頂多約有一萬五千人。

　　可以肯定的是，很多高管是土生土長的紐約人，但他們不從事本地業務。誠如一位人資經理所言，這些事業有成、經常飛來飛去的高管，似乎「總是在別處」。在地面上，這些菁英於曼哈頓開闢了自己的人際社交小島，而不是公民協會。例如，這些社交小島出現在紐約市的深夜餐廳中。在長久的繁榮時期，深夜餐廳開始迎合在華爾街賺大錢的人。晚上十點後，對那些已經從早到晚相處一整天的人來說，這些地方變成刻意的消費場所。迎合這種客群的場所有一個明確的特色：名廚搭配時尚極簡風格的裝潢，菜單上都是國際知名佳餚，但刻意寫出供應食材的農場，以彰顯出「道地性」。餐廳裡的昂貴葡萄酒有各種大瓶裝的尺寸，備貨充足，可以點來慶祝交易成立。來自倫敦的律師或來自香港的投資者可以輕易認出這種場所，並感到賓至如歸——這正是關鍵所在。

　　這也難怪，新金融業的菁英身為曼哈頓這個實體島上的社交孤島，會轉向內在，自成一體。這種孤島心態影響了公司內部的行為，加強了他們與更深入扎根的下屬互動時的「穀倉效應」。在金融危機中失業的人，抱怨他們遭到高層的冷漠對待。我認為正是這種與世隔絕、孤島生活的感覺引起他們的抱怨。「總是在別處」或生活在孤立的全球化奢華圈中，使人更容易推卸責任——至少我訪問完一群失業的後台人員後，再與兩位哈佛大學

的前學生見面時，他們給我的感覺就是如此。

　　其中一位說：「你把這件事看得太重了，商場就是這樣，他們必須明白，凡事不可能總是稱心如意。」確實如此，但是，也許是因為我比這些年薪是我十倍的年輕人更心軟些吧。我問他們，其他高管是否也有同樣的感受，他們似乎很訝異我這樣問。「華爾街太亂了，沒有人能對你關懷備至。」不過，值得稱許的是，這兩位以前的學生正努力穩住他們任職的「精品式」投資銀行（"boutique" investment bank），而不是想辦法把它拆分及變現。儘管如此，他們說話的方式與我四十年前訪問的鞋廠老闆截然不同，他們不太在乎掙得的權威。

　　那麼，後台人員怎麼看待本章描述的變化呢？對他們來說，非正式的社交三角可能看起來像一個與他們格格不入的工作世界，無論在傳統銀行、還是在工廠中皆如此。他們當然知道短期的時間觀及這種時間觀對社交關係的削弱效果。對他們來說，穀倉效應及膚淺的團隊合作是日常生活中的事實，他們對薄弱的合作有親身體會。因此，他們也感到信任感減弱，對缺乏技術能力的上司失去信心。金融危機似乎是對權威的試金石，許多上司未能通過這次考驗。當領導者無法捍衛自己的公司、責怪其他領導人或「體制」以逃避個人責任、對剛失業的人員漠不關心時，就會出現這種情況。

　　儘管這些體驗對許多人來說很痛苦，但這些後台人員並未以受害者自居。為什麼他們不覺得自己是受害者呢？這有一種美式解釋。一九三〇年代經濟大蕭條期間，失業勞工為他們無法掌控

的事件承擔了個人責任。在一定程度上，他們不得不這麼做，因為當時美國為失業者提供的安全網還很薄弱。然而，即使後來國家提供了基本的社會保障，美國人仍持續強調個人責任。誠如一九七〇年代一名失業的體力勞動者對我說的，「歸根結柢，我必須對自己負責。」這是美國個人主義的一個版本，基於這個原因，許多受訪者是茶黨運動（Tea Party movement）的信徒，該運動主張減少政府控制，多「對自己負責」。

然而，大家提到自立自強的美德時，彷彿只會反覆喊口號，卻同時思考著其他的事情。經濟上來講，失業者很可能覺得自己是多餘的──明知沒有人會看自己的履歷表卻依然寄出的人，都有這種感覺。但即使是那些迅速從危機中重振旗鼓的人，他們也不太可能忘記這場危機。前台可能希望儘快回歸舊體制，一切照舊，一如既往。在這些組織的較低階層，大家傳達的各種觀點加在一起，形成一種判斷：在長久的繁榮期間，他們的生活中缺少了某種東西，某種在工作中創造聯繫與關聯的東西。套用中國的標準來說，就是缺少了「關係」。

社交三角的人種學顯示，這與早期禮儀歷史的關聯及差異。兩者之間的關聯是，無論是在當時、還是現在，禮貌都意謂著認真關注他人。差異之處在於，以前，禮貌是早期禮儀的核心；而今，光是禮貌並不能定義禮儀。現代的禮儀形式，不是在外交桌上有意的試探，或在沙龍中的巧妙諷刺，而是可以包含偶爾的怒氣爆發，也可以避開隨性的友好及團隊合作的膚淺禮貌。最重要的是，我們的祖先幾乎是在開始實踐禮貌時，就試圖把禮貌變成一種規範。相反的，在現代，禮儀本質上是比較非正式的，大家往往不會注意到它的規範。無論是正式、還是非正式的，儀式都

是促成禮儀的關鍵。向外看的行為一再重複，因此變成根深柢固的習慣。短期的時間觀削弱了禮儀。基於這個原因，金融資本主義變得無禮，其菁英因短期的時間觀而受益，但菁英下面的一般勞工並未受益。

第六章

不合作的自我

遠離的心理

　　目前為止，我們看了兩種削弱合作的力量：結構性的不平等，以及新的工作形式。這些社會力量會對心理產生影響。現代社會中，出現了一種獨特的性格類型：無法因應費神又複雜的社交活動而遠離的人，他失去了與他人合作的欲望，變成了「不合作的自我」。

　　不合作的自我是在心理與社會之間的中間地帶活動。若要闡明社交心理的中間地帶，一種方法是區別人格（personality）與性格（character）。比方說，你因父母專橫、早年在愛情中一再遭到拒絕等因素，而充滿焦慮與恐懼。你成年後不管做什麼、走到哪裡，內心都扛著這種包袱，那就是你的人格。但無論你有多麼焦慮與恐懼，在激烈的戰爭或政治示威中，你的勇敢行動還是令他人及自己感到訝異。你挺身而出，因應不是你造成、也不是你想要的局面。這時你展現了性格，你的心理在面對困境下，超

越了自己。「不合作的自我」是指你遠離這種挑戰的情況。

焦慮

　　二十世紀中葉最卓越的社會學家賴特・米爾斯（C. Wright
Mills，1916-62）是這樣看待性格的。他與漢斯・葛斯（Hans
Gerth）合著的《性格與社會結構》（*Character and Social
Structure*）主張，焦慮會塑造性格[1]。在他看來，社會行為者既
要努力適應社會分配給他們的角色、又要與社會分配的角色保持
距離。大家藉由面對不是自己造成的環境所引發的焦慮，來培養
內心的力量。

　　米爾斯的觀點是基於他那個時代的一大困境。他思考了納粹
時代一般德國人的行為，以及被史達林恐怖壓迫的一般俄羅斯人
的行為。極權國家的多數居民沒有抵抗，但也不是所有人都在情
感上屈服。有些人對強加在他們身上的行為感到矛盾。就像喬
治・歐威爾（George Orwell）的小說《一九八四》（*1984*）中的
溫斯頓・史密斯（Winston Smith）一樣。他們越來越失望，但與
史密斯不同的是，他們沒有採取進一步的措施，將自己暴露在危
險中。不是每個人都能成為英雄，但不安還是不該被忽視。對自
己行為的焦慮，至少讓人對改變的可能性依舊抱持信心。米爾斯
擴大這種情況，來定義社會學的術語「角色焦慮」（role anxiety）
──這是指一個人既扮演他被分配到的角色、又對該角色感到
懷疑的一種狀態。米爾斯對這種焦慮的看法，與索倫・齊克果
（Søren Kierkegaard）的看法形成鮮明對比。齊克果認為，焦慮是
源自「對自由的眩暈」（dizziness of freedom）[2]。米爾斯認為，

焦慮是一個人對於自己該扮演的角色產生警覺及表達判斷；焦慮是以這些方式來塑造性格。

　　奧登（W. H. Auden）稱二十世紀中葉是「焦慮時代」，有些人認為米爾斯是在頌揚「焦慮時代」。如今，米爾斯的觀點依然重要，它為性格減弱的程度提供了一種衡量標準。當扮演一個角色的焦慮消失時，就會出現這種情況，這就是不合作的自我。在這種弱化的情況下，人們對不合作的行為幾乎不感到矛盾，內心也幾乎毫無不安。

　　人們感到焦慮時，會發出什麼訊號呢？心悸、呼吸急促、噁心是身體的跡象。有人指出，PLXNA2基因可能是導致身體焦慮狀態的因素。認知失調是展現精神焦慮，當腦中不安地抱持著相互矛盾的觀點，或者就像心理學家利昂‧費斯汀格（Leon Festinger）研究的邪教那樣，當人們同時相信世界末日會在某天到來、但不知何故又不相信時，也會發生這種情況。他們明知自己的舊信念是錯的，卻仍焦慮地堅信不移[3]。鴿子與哺乳動物也可能出現認知失調，當人們以矛盾的方式訓練牠們獲取食物時，牠們會在籠子裡焦躁不安。

　　在社交生活中，一個人可以藉由戴上面具來控制焦慮，也就是說，不會顯露出感受。第一章提過一種方法，齊美爾描述人們在街頭生活活躍的城市中戴著社交面具。正在發生的事情及街上人物的豐富性，促使都市人在外面顯得冷漠，面無表情，但內心奔騰澎湃。這是一個非常重要的性格工具。

　　壓迫的政治也需要面具掩護。例如，一九四八年，正值史達林主義時代的鼎盛時期，《家庭與學校》（Sem'ya i Shkola）期刊宣稱，「社會主義政體消除了資本主義世界中人們承受的孤獨悲

劇。[4]」這裡的關鍵字是「消除」（liquidate，也有清算、消滅的
意思）。該政體清算了成千上萬名不符合集體計畫的人。如何避
免自己遭到清算呢？面具是一種工具。一位蘇聯流亡者曾描述他
在會議上的行為，「你可以用你的眼睛來表達一種全神貫注的注
意力，但你其實根本沒有那種感覺……控管嘴巴的表達就困難多
了……這是我開始抽大菸斗的原因……由於菸斗沉重，壓到嘴唇
變形，無法自發地反應。[5]」這句話正好表達了米爾斯所說的雙
重性。

　　不是只有極權社會需要防護性的面具。半個世紀前，萊因哈
特・本迪克斯（Reinhard Bendix）研究工廠生活時，深入探討了
一個老舊的概念：裝配線幾乎沒有刺激效果。他研究的西岸工業
組織，與波士頓的工廠及工作坊不同。那些工業組織規模龐大，
工頭是從遠離裝配線的小隔間管理工廠；白領員工離工廠更遠，
是在不同的建築中；營運是嚴格按照弗雷德里克・泰勒（Frederick
Taylor）最初為福特汽車公司（Ford Motor Company）制定的時
間管理原則進行。在這些情況下，很難形成非正式的社交三角。
本迪克斯發現，在這種惡劣環境中工作的員工，是藉由想像更刺
激的工作應該是什麼樣子來安慰自己，但他們因為害怕被貼上
「麻煩製造者」的標籤或遭到懲罰，只把這些想法藏在心裡。下
班後，他們確實會一邊喝啤酒、一邊交流想法，但工作時，他們
戴著面具。他們生活在雙重狀態中[6]。

　　米爾斯對學術性的心理學沒什麼耐心。他那個年代，佛洛伊
德心理學在美國逐漸變成一種正統學說。他把這些防護性的面具
歸因於城市、州或產業的社會狀況；另一種社交面具也是如此。
我認為，米爾斯可以透過現代辦公室的短期時間觀，來充分了解

昆達所說的團隊合作中的「深層演出」概念。但我們現在想為這種社會學的描述,增添更多的情感深度。關於因應社交焦慮的方式,如果你不想去感覺它及掩蓋它,心理學可以教我們一種不同的方式。心理學讓我們看到想要遠離、想要孤立自己的欲望,從而減少了我們對自己在世界上的地位所產生的焦慮。

遠離

「遠離」(withdrawal)這個詞意謂著一個人做出的決定,就像普特南描繪的那樣,人們會跟種族、族裔或性取向不同的人避不見面。我們需要釐清「生活在遠離狀態下」的多種詞彙:孤獨(solitude)、孤立(isolation)、孤寂(loneliness)。社會學家艾瑞克・克林南柏格(Eric Klinenberg)試圖賦予孤獨一種獨特的意義[7]。他發現,在巴黎、倫敦、紐約等人口密集的大城市中,約三分之一的成人是獨居。有時這種孤獨是自己選擇的,有時不是。他認為,我們很難描述人們對孤獨的感受。有時他們因獨居而感到痛苦,有時又欣然接受獨居狀態。離婚是一個很好的例子:選擇拋棄伴侶的人,可能在獨居後發現自己犯下大錯;被拋棄的伴侶可能驚訝地發現,肩頭卸下了難以忍受的親密負擔。

孤立與孤獨有關,但孤立不見得是一種創傷。雖然許多遭到單獨監禁的囚犯認為那比肉體酷刑更可怕,但加多森會① (Carthusians)的修道士刻意把這種痛苦強加在自己身上,他們為了拓寬精神視野,把自己關在寂靜的小室內,與世隔絕。在世

---

① 一個封閉的天主教教會。

俗生活中，尚一雅克・盧梭（Jean-Jacques Rousseau）在《一個孤獨漫步者的遐想》（*Reveries of a Solitary Walker*，1778）中所描述的散步，提供了同樣的啟發。盧梭比較喜歡獨自漫步，盡量避免與可能遇到的朋友交談。他說，獨處讓他變得完整。孤寂本身是痛苦的，但尚一保羅・沙特（Jean-Paul Sartre）認為所有的人都需要體驗孤寂的痛苦。沙特在《存在與虛無》（*Being and Nothingness*）中把那種孤寂稱為「認知性孤寂」（epistemic loneliness），那種孤寂讓我們意識到自己在世界上的有限地位[8]。這種存在的必要性，就是山繆・貝克特（Samuel Beckett）在《等待果陀》（*Waiting for Godot*）等戲劇中所傳達的：缺席是人類狀況的一個基本要素。

我們這裡探討的遠離，是為了減少焦慮的自願遠離，那種遠離並沒有存在性或精神上的影響，不會引發孤寂感或缺乏感。當遠離的目的只是為了減輕與他人互動時的焦慮時，這種遠離不會帶來啟發，而是會造成盲目性。這種盲目性有兩個心理因素：自戀與自滿。

自戀

自戀看似只是自我中心的同義詞，但很久以前，精神分析就已經把它變成一個更加複雜的問題了。一九一四年，當佛洛伊德發表關於自戀的開創性論文時，他把它想像成一種不受約束的性欲，尋求無限制的性滿足。後來，他重新闡述了自戀的概念，認為自戀是一種「鏡像狀態」。在這種狀態下，一個人與他人互動時，只看到自己，就像照鏡子一樣[9]。這位精神分析學家對「認同」——本書開頭討論的同情心的關鍵成分——做了負面的詮

釋。這種詮釋取決於，我們是認同他人的特殊處境與痛苦，還是把每個人都當成自己。前者是一扇窗，後者是一面鏡子。有些患者把成年後的新事件與熟悉的童年創傷立即聯想在一起，佛洛伊德從這種患者的身上，察覺內在的「鏡像狀態」。對這些患者來說，他們的生活中似乎沒有真正新的事情發生，現在總是反映著過去。

　　二戰後，佛洛伊德的自戀研究獲得進一步的精進。對於鏡像狀態，海因茨・科胡特（Heinz Kohut）在精神分析中導入了「誇大的自我」（grandiose self）概念。「我」填滿了現實的所有空間。這種誇大的一種表現方法，是需要不斷地感覺一切都在自己的掌控中。套用科胡特的說法，強調的是「一個成年人對自己身體與感覺的控制，而不是他對他人的體驗⋯⋯」。受這種誇大影響的人，確實感覺到自己被別人的需求所「壓迫及奴役」[10]。科胡特那個時代的另一位精神分析學家奧托・康伯格（Otto Kernberg）認為，結果就是行動本身貶值了，「我感覺到了什麼？」取代了「我在做什麼？」[11]。

　　現實侵入時，活在這種自我陶醉狀態的人會感到焦慮，感受到失去自我的威脅，而不是充實自我。恢復控制感後，焦慮就會減少。當這種內在的心理活動發生時，社交後果隨之而來，最明顯的後果是社交合作減少。

　　軍隊生活是一個典型的例子。社會學家莫里斯・簡諾維茲（Morris Janowitz）把那些在戰場上為了獲得自己眼中的榮耀、甚至不願幫助其他士兵、以蠻勇行徑把他人置於險境的士兵，描述為「牛仔戰士」（cowboy warriors）[12]。簡諾維茲說，牛仔戰士是為自己表演。精神分析學家會說，他把戰鬥變成一種鏡像狀

態。自戀者在戰場上是危險人物，因為在戰場上，士兵為了生存，需要互助。十九世紀，德國軍事戰略家卡爾・馮・克勞塞維茨（Karl von Clausewitz）非常了解自私自利的蠻勇行徑，他建議指揮官像懲罰逃兵那樣，嚴懲這種「冒險者」。在史丹利・庫柏力克（Stanley Kubrick）的電影《奇愛博士》（Dr Strangelove, 1964）中，傑克・里巴將軍（Jack D. Ripper）就是這種牛仔戰士。這個角色在現實世界中對應的是越戰的威廉・魏摩蘭將軍（William Westmoreland）。海勒的《第二十二條軍規》中加入了一個轉折：二戰中的牛仔戰士炫耀時，會注意到其他士兵，他們想讓那些比較謹慎的士兵感到自己的渺小——這是一種嫉妒性比較。藝術與現實的差別在於，《奇愛博士》與《第二十二條軍規》裡的牛仔戰士很好笑；但在真正的戰場上，他們很可怕。

英勇事蹟是所有文化的普遍特徵，那通常有道德上的示範意義：這就是勇氣的樣子。英雄主義中幾乎都有原始的競爭元素。就像荷馬史詩中描述的那樣，在戰場中，同一陣營的戰士競相展示自己的勇氣。不過，帶有道德示範性的英雄主義，有一種不自覺的特徵。當戰士在戰鬥中只注意到自己的勇敢時，自戀就出現了。

不過，可以肯定的是，戰爭是所有經歷中最令人焦慮的，也許有人會反對這種說法。精神病學家羅伯特・利夫頓（Robert J. Lifton）研究了越戰以來的士兵，他在那些研究中思考了這個議題[13]。他認為「麻木」讓這些士兵能夠因應壓力。士兵在戰鬥中變得麻木，壓抑任何讓他分散戰鬥注意力的東西，掩蓋他內心的感受。士兵返鄉後，壓抑解除了，恐懼或悔恨油然而生，隨後就會出現創傷後壓力（post-traumatic stress）。在利夫頓的研究中，

有一個群體似乎比較不會受到這種回顧性檢討的影響：牛仔戰士。他說，自戀就像一個保護性的盾牌，所以牛仔戰士回首往事時，覺得沒有什麼可後悔的。這種解釋可能看似片面，但在戰爭罪的審判中，這種現象獲得了證實，有一種士兵無法了解為什麼他會站在被告席上。他在情感上不認同援引「我只是服從命令」這種抗辯。利夫頓說，這種士兵對戰爭的記憶是戰爭的刺激。

社會主義的媚俗作品常從戰場上取材，例如，把尤金‧德拉克羅瓦（Eugene Delacroix）在一八三○年革命期間所創作的名畫《自由領導人民》（Liberty Leading the People）變成海報加以量產。不過，這種媚俗不屬於自戀情緒的範疇。股市的牛仔戰士可能與自戀的關聯比較近，他們對個人冒險行為所造成的更大後果無動於衷，這在二○○八年的經濟危機中變得很明顯。

第二章主要是討論如何在合作與競爭之間取得平衡的問題。在戰爭中，這種平衡取決於一個中隊或一個排內部的密切合作。同樣的，對軍事生活的研究一致顯示，部隊更願意為了親密戰友、而不是為了意識形態，犧牲自己的生命[14]。這種親密的合作關係是戰士的道義準則。在華爾街，市場崩盤時，這種自我犧牲的精神顯然蕩然無存。更誇張的是，我們看到，高管放棄職責，聲稱「我們都是受害者」，毫無悔意。軍官那種道義準則，在華爾街上毫無作用。利夫頓把自戀描述為一種保護性的盾牌，使行為者變得麻木。這種解釋可為了解他們的行為，提供必要的心理學見解。

戰爭也揭示了自戀的另一個面向。在大動盪之初，現代早期的社交準則開始轉變，強調禮儀素養而不是騎士精神，尤其是強調用更和平的社交關係來取代騎士精神的準則。為了落實這種轉

變，某種性格必須凸顯出來：自嘲與間接迂迴，而不是咄咄逼人；偏重主觀性；以自我克制為核心的性格類型。這種禮儀可以抑制自戀。但軍中的道義本身，內嵌著志同道合的價值觀；事實上，團隊的生存有賴於約束誇大的自我。

因此，自戀是使人遠離他人的一個因素，但它通常與另一個因素混在一起：對自己在世界上的地位感到自滿。

自滿

自滿似乎是一件單純的事，覺得一切現狀似乎都很好。在伏爾泰的著作《憨第德》（*Candide*）中，自滿促使潘格羅斯博士（Dr Pangloss）相信，「萬物都是為了達到最好的結果而存在。」然而，安全感與自滿之間有一個重要的區別。我們內在感到安全時，就會願意嘗試，發揮好奇心。這種內在的安全感是謝平所描述的現代早期「紳士—業餘者」的特徵。社會學家安東尼·紀登斯（Anthony Giddens）把「本體安全感」（ontological security）描寫成一個人不管其人生浮沉，都預期人生會持續下去，各種經驗都會串連起來[15]。自滿不是向外看的，也不是紀登斯所指的本體論。反之，它與自戀有關，預期經驗會符合自己已熟悉的模式；經驗似乎會例常地一再重複，而不是演變。馬丁·海德格（Martin Heidegger）從哲學上闡述安全感與自滿之間的差異。他對比了「投入世界，參與其變化與動盪」和「時間凍結下的抽離狀態」[16]。

在大動盪的世界觀中，自滿（安於現狀）沒有立足之地。路德那種宗教、六分儀製造者的那種技術、沙普伊斯那種外交手腕，都是為了讓人對自己及周圍環境不那麼自滿。然而，如今，

新的力量正在把自滿心態植入日常生活中，那些力量是我們的祖先無法預見的。這種新形的自滿引發了個人主義。當自滿與個人主義結合在一起時，合作就會消減。

帶我們了解這一切的嚮導，想必是亞歷西斯・德・托克維爾（Alexis de Tocqueville，1805-1959），他率先自創了現代意義的「個人主義」（individualism）一詞。身為保守的鄉紳貴族之子，托克維爾在一八三〇年面臨了一場危機，當時統治法國的反動政權被革命者推翻了幾個月，此後，一位政治上較溫和、更注重經濟的國王即位。托克維爾那個階級的人大多退隱至他們的莊園，或退出公共生活，做了「內在移民」（émigration intérieure）。年少的托克維爾則是選擇與朋友古斯塔夫・德・博蒙（Gustave de Beaumont）於一八三一年走訪美國。他們表面上是去研究監獄制度，實際上則是去美國為歐洲文化未來的可能樣貌尋找線索。

結果是，一八三五年，他出版了《民主在美國》（*Democracy in America*）第一卷。這本書看似與個人主義無關，而是關於「條件平等」。托克維爾想藉此追溯「所有男女生來平等」這個主張對美國的影響，主要是看這主張對政治的影響，但也看它對人們生活方式的影響。托克維爾認為新主張是公正的，因為它給所有人自由，但他擔心多數人的專橫、擔心大眾積極壓迫少數人，要求從眾。托克維爾把從眾要求歸因於社會，而不是政治。雷蒙・阿隆（Raymond Aron）是詮釋托克維爾的卓越現代專家，他認為托克維爾是大眾文化的先知[17]。在托克維爾看來，社會習俗似乎因為同質性而變得平等，即使物質不平等可能依然存在或加劇了。套用今天的說法，工友與企業高管在消費欲望、家庭或社區生活方面，有共同的文化。托克維爾認為，美國似乎

是一個由從眾主導的社會；他在寫給朋友約翰‧斯圖亞特‧彌爾
（John Stuart Mill）的信中提到，美國社會激起那些不適應社會者
的深深憤怒。

　　一八四〇年，托克維爾出版《民主在美國》第二卷時，改變
了視角。現在，他更關心的是退出公民參與，而不是對不從眾者
施壓，或在政治上壓抑少數人的意見。托克維爾自創了「個人主
義」這個詞來形容孤僻者。他以動人的散文說明個人主義是什麼
感覺：

　　　每個人都退縮回自己的世界，表現得好像他對其他人的命運
都一無所知。對他來說，他的子女與好友構成了整個人類物種。
至於與同胞的往來互動，他可能混入他們之中，但看不見他們；
他接觸他們，但感覺不到他們；他只存在自己的世界裡，只為他
自己。在這些情境下，他的腦中只有家庭意識，不再有社會意
識。

　　這種個人化的抽離，似乎一定會讓人陷入自滿：你覺得別人
跟你很像是理所當然的，根本不在乎跟你不同的人。而且，無論
別人的問題是什麼，那都是他們自己的問題。個人主義與冷漠就
像孿生兄弟一樣。

　　在寫第二卷時，托克維爾並沒有忘記第一卷。他必須把個人
主義與平等連在一起。為此，他提出了現代社會學所謂的「地位
焦慮」概念。托克維爾筆下的個人，看到別人身為消費者在家庭
生活或公共行為方面與自己的品味不同，因此感到不安，而產生
地位焦慮。別人的不同，似乎是在裝腔作勢、擺架子，或是以某

種方式（你無法解釋的方式）貶低你。你感覺那是一種侮辱：「不同」被解釋成更好或更差、更優或更劣，那是一種嫉妒性比較。對托克維爾來說，頌揚平等其實是對不平等的焦慮。現在就像當時一樣，「無名怨憤」表達了差異轉化為不平等的過程。雖然無名怨憤不分國界，但現在美國人的生活中確實有很多無名怨憤，就像那些自稱是普通、敬畏上帝的美國人，指責那些敢於抱持不同意見的人是菁英分子一樣。

然而，個人主義並沒有努力消除或壓制別人（專制的多數派才會有那種衝動），而是驅使那個感覺被冒犯的人進一步退回自己的世界，尋求一個安適區。他試圖「避不見人」。為什麼要退縮而不是壓制呢？托克維爾為什麼要寫第二卷？

答案與當時的法國、而非美國有很大的關係。路易—菲利普（Louis-Philippe）的新政權不像舊政權那樣專制。只要一個人不在政治上搗亂，私生活做任何事情都是被允許的。法國人（我們盎格魯撒克遜人往往認為他們很愛爭論）因此轉向內在，沉浸在私人事務中，遠離公共生活，而不是為了討厭的公共生活吵吵嚷嚷。托克維爾認為這是歐洲個人主義的第一個跡象，個人「只活在自己的世界裡，只為自己而活」。

現在我們可以給出另一種答案，這個答案是把焦點放在遠離的衝動上。有很長一段時間，現代心理學把抽離（disengagement）與解離（dissociation）連結在一起。像科胡特那樣的精神分析學家代表一種研究路線，像利夫頓那樣的社會精神病學家代表另一種研究路線。行為心理學家試圖把麻木的概念從利夫頓的諮詢室中拉出來，拿到實驗室做研究。例如，他們探索所謂的「契克森米哈伊圖」（Csikszentmihalyi diagram），那是一個圓餅圖，展示

了焦慮、擔憂、冷漠、無聊、放鬆、控制、心流、激發之間的連結[18]。焦慮的減少是藉由抑制刺激，例如冷漠、無聊、放鬆都可以抑制激發。

　　尤其，無聊在緩解焦慮方面有很強的效果。動物與人類都會努力尋求這種感覺。研究人員設計了一個「無聊傾向量表」，來表示人類和其他動物被無聊吸引的程度[19]。這背後的想法看似有悖直覺，但其實不然。一個人吃第一千個量產漢堡時，可能不會因為它的味道而感到興奮，但由於那味道很熟悉，所以吃來舒心。對沉迷於電視的沙發族來說也是如此，即使電視上的節目不是真的很吸引他，他心不在焉地看那種節目還是覺得很舒服。這兩者在「無聊傾向量表」上的得分都很高，他們想要的是沒有意外的熟悉感。無聊與冷漠的不同之處在於，無聊是比較嚴格挑選的。臨床憂鬱症患者的冷漠是一種全面、徹底的抽離，而無聊則是依戀特定的活動。米哈里・契克森米哈伊（Mihaly Csikszentmihalyi）認為，無聊需要一定程度的技能（這想法也許奇怪），也就是說，你必須擅長過濾掉干擾。因此，這種自願的無聊，不是像裝配線那種非自願的無聊那麼令人沮喪，它給人低刺激的安慰。因此，這種心理邏輯呼應托克維爾筆下的個人概念，「他可能混入他們之中，但看不見他們；他接觸他們，但感覺不到他們。」

　　當然，托克維爾是在一個比實驗室心理學家更宏大的歷史與社會規模上書寫。他向讀者提出的大論點是，隨著舊有的傳統關係與社會階級制度的衰落，個人主義將在現代社會中發揚光大。他不是唯一提出這種論點的人，他的父母輩及他那一代的許多保守派人士，都對過去關係的崩解感到遺憾。但那趟美國行治癒了

托克維爾的懷舊情節。他開始相信，順從已經永遠消失了，如工人對他父母那種莊園主人的順從。更重要的是，他在美國看到了與個人主義抗衡的力量。那是志願的結社形式，如教會團體、慈善團體、在地的運動俱樂部。他希望，既然任何人都可以加入，不同類型的人將納入那些團體，差異就不再讓人感到焦慮了。這種自願團體中的合作可以對抗個人主義。托克維爾是十九世紀率先欣賞「合作主義」（associationism）的貴族之一，這條路線最終促成了睦鄰之家、合作銀行、在地的信用合作社。托克維爾認為，美國人是優秀的地方組織者，歐洲人可以從美國人那裡學到一些組織技巧。儘管如此，他的唯意志論（voluntarism）觀點很有限。與後來的連結主義者不同，他沒有想到要對抗經濟困境或壓迫。

因此，自願遠離之所以有心理效果，是因為想要減少焦慮的渴望，尤其是處理非自身需求所產生的焦慮。自戀是減少這種焦慮的一種方式，自滿是另一種方式。在日常用語中，前者是指虛榮心，後者是指冷漠。這兩種心理力量都會扭曲性格，亦即一個人對他人負責的行為或遵守嚴格的道義準則。合作可能變得更重要嗎？這是現今擺在我們面前的問題，就像近兩百年前托克維爾面臨的問題一樣。

輕量的弱合作

本書第二部分收集的證據顯示，合作目前還不足以抗衡個人

主義，體制的力量是決定性的因素。孩子一旦入學，不平等就會
影響他們的生活。正如聯合國兒童基金會的報告所述，社會內部
的財富分配，在不同的社會階層中，創造了不同類型的「成人—
兒童關係」。因此，兒童之間的行為對比開始出現。在比較平等
的社會中，兒童比較可能相互信任及合作。在落差很大的社會
中，兒童比較可能把他人視為對手。

　　我們想知道，孩子如何吸收這些強加在他們身上的不平等。
誠如修爾的提醒，證據很複雜。孩子可能是物質主義者，但他們
不見得根據自己擁有什麼，而與他人做嫉妒性比較。儘管如此，
不平等還是影響了孩童與青少年在社交網路上購買及使用技術的
方式。到了八、九歲時，孩子知道他們的社會地位不見得一樣，
這種意識影響了他們的合作體驗。兒童社交生活的研究，指出了
托克維爾的錯誤之處。托克維爾認為現代社會正趨向社會與文
化同質化，他把這個觀點定義為美國的「條件平等」（equality of
condition），並將蔓延到歐洲。美國青少年在成長初期就知道，
共同的價值觀會因孩子的環境不同，而產生不同的結果。

　　我們研究職場上的成人時，是採取另一種方法。現在，我們
想了解合作如何與信任及權威的經歷連結在一起。這些連結可以
非正式地建立，並在某種程度上克服職場上人與人之間的正式不
平等與孤立。二戰後，美國工人正好很適合創造這種非正式的社
交三角。戰爭把大家凝聚在一起的經驗，以及工廠生活的穩定，
使大家有可能在工作場所出現問題時，在掙得的權威、放膽豁出
去的信任、合作之間建立連結。

　　由於全球投資與股東價值出現新型態，短期的時間觀轉變了
職場上的這些體驗。二十世紀中葉的華爾街，與工廠有一些相同

的社會特徵，但後來變成短期時間觀的典型縮影。它產生了一種
輕量的合作形式，體現在團隊合作中。隨著華爾街的後台員工在
技術上變得比前台高管更有能力，放膽豁出去的信任減少了。華
爾街爆發金融危機期間，這些高管逃避權威，而不是努力獲得權
威。由於托克維爾大致上忽略了職場這個主題，而且確實很少關
注經濟，所以他不可能預言這些變化。不過，他的著作確實提到
了一個結果。面對脆弱又不可靠的社會秩序，人們退縮到自我世
界中。

　　這些力量決定了現代社會的天平動向，因此在現代的人們體
驗中，遠離比合作還多。哲學家沈恩與納思邦認為，社會應該擴
大及豐富大家的能力，最重要的是他們的合作能力，偏偏現代社
會反而削弱了這種能力。或者，套用中國人的說法：美國與英國
缺乏「關係」。除了牛仔戰士是例外以外，大家的遠離行為中，
模糊了欲望與恐懼之間的界線，以及意志與順從之間的界線。那
種模糊也是性格弱化的一部分。

　　關於遠離的社會心理學，我想在結束這項討論之前，簡要地
思考一個反例：一種不是為了減少焦慮、而是為了擁抱焦慮的遠
離。這就是癡迷。

癡迷

　　社會學家韋伯（1864-1920）在探索新教改革對職場與經濟
生活的影響時，無意中成為一位分析「癡迷」的卓越專家。韋

伯所描述的「工作倫理」（work ethic），是指一種想要透過工作來「證明自己」的癡迷。在日常語言中，「工作倫理」一般只意謂著對成功的渴望。韋伯賦予它不同的意義，那與他一九〇四年在美國的旅行有關，那年他出版了《新教倫理與資本主義精神》（*The Protestant Ethic and the Spirit of Capitalism*）一書。他訪美時，正值鍍金時代的鼎盛時期，當時範德比爾特家族（Vanderbilt）為七十人舉辦晚宴，由七十名塗脂抹粉的男僕服務。在韋伯看來，範德比爾特家族那種炫耀性消費，似乎無法解釋是什麼因素驅使一個人為了工作而犧牲家庭生活、嗜好、與朋友一起放鬆或公民生活。對奢華生活的熱愛，無法解釋為什麼每天感覺都像個人考驗。其實一個世紀後的今天，韋伯也可以對華爾街的許多高管提出同樣的問題。

　　為了解釋這種犧牲自我的工作癡迷，韋伯追溯到宗教改革的根源，尤其是嚴格的喀爾文主義的清教道德觀。約翰‧喀爾文（John Calvin）對於誰是天選之人、誰在死後獲得救贖，而不是被判入地獄等神學問題非常癡迷。韋伯主張，這個問題隨著時間的推移，從神學轉移到了世俗勞動：工作狂也在努力證明自己的價值。但還有一個因素是必要的：苦行僧般的孤獨。他在一個著名的段落中寫道「基督教的苦行主義」：

　　最初從塵世遁入孤寂，後來透過修道院與教會來管控它原本放棄的世界。但整體而言，它並沒有影響世上日常生活的自然自發性。如今它大步邁入生活的市場，砰一聲關上身後的修道院大門，開始以有條不紊的方式融入日常生活，把它塑造為世上的一種生活，但不屬於這個世界，也不是為了這個世界[20]。

因此，遠離社會享樂的主題出現了，這個主題不再是為了逃避世俗的罪惡，而是加劇了對自我價值的焦慮。個人之所以自我鞭策，是因為他們是在跟自己競爭。就像你一樣，你覺得自己還不夠好，你不斷努力以成功來證明自己，但任何成就都感覺不像是你已經夠好的鐵證。嫉妒性比較變成是針對自我。但是，你無法做理智的事情，放鬆自己，而是永不滿足，希望有一天，以某種方式得到滿足，但這永遠不會發生。韋伯認為這種癡迷的特質可追溯到宗教改革這個源頭，亦即一個無法回答的問題：我會得到救贖嗎？

一百年來的研究顯示，韋伯提出的許多史實相當混亂。例如，西蒙‧沙瑪（Simon Schama）研究了十六世紀與十七世紀的荷蘭社會，並在著作《富人的窘境》（*The Embarrassment of Riches*）中指出，那些辛勤工作的市民，行為舉止比較像感覺主義者，而非苦行僧，他們喜愛自己能買到的日常用品。阿爾伯特‧赫緒曼（Albert Hirschman）發現，早期的資本主義者認為工作並不是一種內心的掙扎，而是一種令人沉穩下來又和平的活動。歷史學家理察‧陶尼（R.H. Tawney）質疑宗教與資本主義間的連結[21]。韋伯的錯誤在於，把現在的「自我鞭策者」投射到過去。

利用韋伯的世俗苦行概念去研究消費行為的學者，拯救了韋伯，但我也覺得他們的研究淡化了韋伯的主張。他們的研究指出了一個毋庸置疑的事實：年輕消費者被灌輸的思想是，多思考自己缺乏什麼，而不是享受自己擁有什麼。同樣的，成人的消費熱情是把焦點放在期待上，關注商品的承諾。至於貨品的交付及隨後的使用，那只是短暫的快樂。成人厭倦了物品後，又開始追求

尚未擁有、保證真的可以讓人滿足的新東西。這種研究沒有探索的是，基於自我競爭而實行苦行主義的背後動機。

　　如今我們所知道的癡迷，做為一種情緒，它包含三個要素。第一是重複的強迫，亦即一次又一次地做某件事的衝動，即使做那件事情根本毫無結果。重複的強迫不像排練音樂，排練音樂時，手的動作會隨著重複而改變，重複的強迫則是不變的。韋伯筆下的「自我鞭策者」會積極地交易，累積現金，一次又一次，但不覺得自己真的有所成就。這種感覺只有在以下情況中，才有意義：這個人是受到現今心理學所謂的完美主義（第二要素）所驅動。根據這種想法，理想狀態才是唯一的現實，半途而廢或部分成功永遠感覺不夠好。精神分析學家羅伊・謝弗（Roy Schaeffer）所說的「一個人該有的清晰形象」持續挑逗著那種人，那是現實體驗的混亂永遠無法達到的一種理想狀態。第三要素，「自我鞭策者」有本體不安（或譯存在性不安，ontological insecurity）。本體不安是指無法信任日常經驗，一般生活就像走過地雷區一樣。遇到陌生人時，有本體不安感的人可能只想著對方構成的威脅、對方可能造成的傷害，因此一心只想著對方傷害的力量。

　　韋伯說自我鞭策者「在世界上感到不自在」，日常生活中似乎毫無快樂、充滿威脅。我認為韋伯這個說法有部分就是第三要素。堅持不懈的努力工作，似乎可用來抵禦他人構成的危險；你縮回自己的世界中。工作倫理降低了你與他人合作的欲望，尤其是與不認識的人合作，他們看起來像是有意傷害你的敵意分子。

　　我承認，這種對癡迷的心理學解釋，可能也淡化了與自己的巨大鬥爭──亦即讓韋伯的論文持續發揮影響力的「形而上的焦

慮」。也許美國作家萊昂內爾・特里林（Lionel Trilling）的最後一本著作《真誠與真實》（*Sincerity and Authenticity*）最接近韋伯的觀點[22]。特里林認為，真誠是對他人的自我呈現，那呈現要做到好，就必須精確又清晰。真實並不是讓自己變得精確又清晰，那是一種內在探索，找出一個人「真正」的感受，並帶有強烈的自戀成分。但這種探索是難以捉摸的，一個人永遠無法真正知道自己的真實感受。特里林所指的那種真實，在社會科學中最好的代表也許是「馬斯洛模型」（Maslow paradigm），那是以社會心理學家亞伯拉罕・馬斯洛（Abraham Maslow）的名字命名，他畢生致力發展「自我實現」的概念。特里林認為，遠離其他人、其他人的聲音，尋求真實性，注定是徒勞的。這正是韋伯對新教倫理的看法：他認為新教倫理使人轉向內在，做不可能的追求。當我們癡迷於證明自己而奮鬥不懈時，別人根本一點都不重要，他們頂多只是我們可以利用的工具罷了。與他人合作肯定不會緩解內在疑慮，那本身是沒有價值的。

　　第二部分探討了合作在三個領域的削弱：兒童的不平等、成人的工作、自我的文化形成。不過，這種減損並不致命，是可以修復的。在本書的下一部分，我們將探討如何強化技能性的複雜合作。

第三部

強化合作

第七章

工作坊

製造與修復

漢普頓學院與塔斯基吉學院所體現的希望是，一起發揮技術性的技能，可以強化這些前奴隸的社交關係。本章就是探討這個希望。我想說明體力勞動如何促進對話式的社交行為。

技術性的技能有兩種基本的形式：製造與修復東西。製造看似比較有創造性的活動，修復則看起來像次要、事後的工作，其實兩者的差異沒那麼大。創作型的作家通常必須編輯、修改以前的草稿；電工修理故障機器時，有時會發現機器該是什麼樣子的新想法。

擅長製造東西的匠人，可能培養出適用於社交生活的身體技能。這個過程是發生在匠人的身體上。社會學以一個討厭的術語「體現」（embodiment），把身體與社交連在一起。本章中，我們會看到三個體現的例子：勞動的節奏如何在儀式中體現；肢體動作如何讓非正式的社交關係生動起來；匠人如何因應阻力，並藉

此說明匠人因應社會阻力與差異的挑戰。以「體現」這個術語來表述，這些連結想必看起來很抽象，我會努力把它們具體化。

　　修復這個主題在工作坊之外也有意涵，因為現代社會如今也迫切需要修復。但修復是很複雜的事情，修復故障的東西有相互矛盾的方法，這些策略往往導致相互矛盾的社交方向。如果要把工作坊裡的修復當成任何改變的指南，我們需要再次深入研究修復者所做的具體工作。

　　我們想了解體力勞動對加強社交關係可能有什麼影響，但大家不要誤以為擅長這類工作的人必然擅長社交生活。製造與修復等身體技能，只能讓我們洞悉社交關係。我們可以說，一個世紀以前聚在巴黎參加世界博覽會的改革者，都想改善一般工人的生活，但他們不太了解工作的實際運作方式。他們只是想把正義、公平等重要的社會價值觀帶入職場。其實改革的過程也可以反過來，把工作坊的經驗應用到社會上。

節奏與儀式

　　讓我們想像一下，在霍爾拜因那幅畫中，手術刀也是放在桌上的物件。十六世紀早期，外科醫生剛開始使用手術刀，它的金屬成分是確定的，但形式多元，大家還不太了解其用途。一位身兼外科醫生的理髮師會如何精進其手藝呢？

　　人類技能的發展是有節奏的。第一階段是習慣的養成。這位身兼外科醫生與理髮師的人，一開始先學習不假思索地拿起手術刀，而不是每次都要想「握住刀柄，但不要握得太緊」。他想要熟練自如地使用工具，做到手到擒來。他一再重複抓握的動作，

直到感覺自己可以毫無顫抖地牢牢握住刀子，但不緊繃為止。

　　第二個階段，是透過質疑既有的習慣來拓展技能。以手部技能來說，本能上最舒適的握法是閉合式握法，亦即手指盡可能地包覆著球體或杆子，把物體牢牢地握在掌中。但是人類的手部結構先天就可以做多種其他的握法，例如，用指尖掐住一個物體，拇指頂在物體下面，或者只用四根手指把物體扣在手掌上，沒用到大拇指。那位身兼外科醫生與理髮師的人要動刀切開病人時會發現，我們本能的閉合式握法太不靈敏了，無法俐落地切開皮膚。這種握法會像拿劍劈砍一樣。他不得不思考更靈敏的握法，嘗試指尖抓握法及手腕角度。為了精進技巧，他會認真端詳自己的手。

　　一旦他這樣做，就進入了第三階段。切割皮膚的新握法必須重新養成手部習慣，才能再次熟練自如地使用工具。於是，一種節奏出現了：養成習慣，質疑習慣，重新養成更好的習慣。關於這位外科醫生兼理髮師的新手部技巧，有一個很重要的面向：它是增添握法，而不是消除以前的握法。對於一些軀體深部的手術，握緊手術刀的方式還是必要的。在許多身體技能的發展中，我們確實會因為有些動作的效果太差或過於緊繃的動作而加以更正，但技能發展不是只做對一個手勢而已，我們需要一整套（quiverful，直譯是「滿箭筒的箭」）技能，每一種技能都特別適合用來執行特定的任務。

　　箭筒（quiver）是技能發展中的一個重要形象。有時，大家認為，熟練意謂著找到一種正確的方式來執行一項任務，亦即手段與目的間有一對一的配對。然而，更全面的發展模式，是學習以不同的方式去解決相同的問題。具備一整套的技能，才能解決

複雜的問題。很少人只憑一招半式就達到所有的目的[1]。

　　精進技能的節奏，可能需要很長時間的累積才能產生效果。根據一項標準，熟練一項運動、樂器演奏或製作櫥櫃，需要約一萬個小時。這相當於每天練習約四個小時，而且持續約五、六年的時間。這是中世紀行會的學徒學習一門技藝所需的時間（一萬個小時是個太精確的數字，但大致上是準確的）。光是投入時間，並不能確保你成為合格的足球員或音樂家，但如果你確實一開始就有天賦，長期下工夫就能做好。有時你第一次做一件事就成功，但下次不見得那麼幸運。此外，你可能一開始就具備一整套的技能，但那些技能的發展也需要時間。

　　箭筒有時可能太滿，提供太多的可能性、太多的複雜性。一九二〇年代，作曲家伊果・史特拉汶斯基（Igor Stravinsky）主張「簡化、消除、闡明」的原則。半個世紀後，阿沃・帕特（Arvo Part）把這個原則重新表述成「透過簡化來變新」。愛因斯坦針對這項主張回應，「一切應該變得越簡單越好，而不單只是簡化。[2]」在藝術中，要做到簡單是很複雜的事情。例如，史特拉汶斯基的《普欽奈拉》（Pulcinella）一點都不單純，它使用的簡單古典主題充滿了評論與諷刺[3]。聽眾所感知的簡單性可能是藝術的最大幻覺。

　　在更平凡的技藝中，「型格」（type-forms）[2]處理了這個問題。匠人是從模型（亦即型格）開始著手，以模型來說明切除腫

---

① 這句話的意思是，我們應該努力以最簡單的方式解釋事情，但不能犧牲準確性或完整性。換句話說，我們不該把事情過於簡化而造成扭曲或誤導。

②「型格」（Type-form）的概念是來自哈維・莫洛奇（Harvey Molotch）的《東西的誕生：談日常小物的社會設計》。

瘤或製作櫥櫃應該是什麼樣子或看起來是怎樣。型格提供了一個簡單的參考點。然後，理髮師兼外科醫生或木匠運用一整套的技能，在更小的細節上，賦予手術或櫥櫃一個獨特的特徵。例如，外科醫生縫合的方式或木匠使用的亮光漆，在手術或物品上烙下他個人的印記。以這種方式處理複雜性時，匠人的技術熟練度也產生了個性。

透過一次又一次的實作，技能發展的節奏變成一種儀式。面對新的問題或挑戰時，技術人員是先習慣一種回應方式，接著思考那回應，然後根據那個思考的結果，再去習慣另一種回應方式。不同的回應都依循同樣的模式，充實了技術人員的技能庫（箭筒）。久而久之，技術人員將學會如何在指引的型格內，烙印他個人的印記。許多匠人隨性地談到「工作坊的儀式」，我覺得那種隨性說法的背後蘊藏著這些節奏。

工作坊或實驗室裡的這些儀式，可和外面的儀式相比嗎？例如，他們與宗教儀式有任何共通點嗎？宗教儀式無疑是需要學習的，從事宗教儀式的人必須熟練自如地使用其語言與手勢。然而，宗教儀式中似乎沒有技藝技能的自我意識階段，因為那種自我意識有礙信仰。宗教改革期間，大家開始反思既有的儀式，關注這些儀式的執行是否有必要。反思的結果確實可能會減少正式的儀式，就像貴格會教徒那樣，但不見得一定如此。例如，新教的其他教派修改了洗禮的形式，而不是廢除洗禮。

十六世紀的大動盪期間，執行儀式的技巧開始出現爭議。中世紀盛期，宗教儀式進一步精進，因此只有最熟練的專業人士懂得怎麼做，就像聖餐儀式的演變一樣。路德反對需要特殊技能的儀式，所以他把聖經翻譯成教區居民所說的語言，也簡化了讚美

詩，任何人都可以吟唱。對這位偉大的改革者來說，信仰不是技藝。

把工作坊的儀式與世俗的社交作法連在一起可能很簡單，十六世紀的外交作法就很適合這種連結。隨著外交職業的發展，年輕的外交官在常駐大使館中接受培訓，以便在公共場合上熟練自如地表達，並同時以正式的言語及非正式的閒聊跟外國人打交道。這兩種用語都有儀式的特徵，一般認為，那是一種既定且相當專業的行為形式。常駐大使指導年輕後輩如何做好這些儀式，這些外交官私下都受到嚴格的審查。霍爾拜因那幅畫中的兩位年輕使節，被派去處理亨利八世的離婚危機，但他們的外交技巧並不是特別熟練。常駐大使的長期隨從比較熟練，但即使是這些專業人士，也無法對亨利的狂妄性欲有所作為。

這些外交官雖是專業人士，但他們仍屬菁英。大使館雖是一種社交工作坊，但做為一種組織，似乎與街頭相去甚遠，所以我們想更廣泛地定義有技巧的世俗社交儀式。

一種作法是定義社會「角色」的概念。社會學家厄文・高夫曼（Erving Goffman）探索了人們通常是如何在家裡與職場上，以及在精神病院或監獄等特殊環境中學習角色的[4]。誠如高夫曼所言，「日常生活中的自我呈現」其實是一種持續的過程。當人們對彼此的適應變成習慣時，這個過程就開始了。一旦環境發生變化，但舊的角色變得不合適時，社會行為者就可能出現「角色失調」。例如，離婚後，父母與孩子之間出現角色失調，單親家長現在不得不設法想出簡單的新方式，陪伴和教育孩子，以及與孩子交談。為了適應，他們必須明確地反思自己的行為。不過，這樣做的目的是為了改變或擴大角色，以便他們能夠再次熟練自

在、自然而然地執行。高夫曼說，當他們做到這點時，在日常生活中會變得更「專業」。更重要的是，他們已經把一些行為整理成一種儀式化的形式。

米歇爾・德賽杜（Michel de Certeau）與同事在里昂，尤其是紅十字山（Croix-Rousse）附近，做了精采的研究。在他們的研究中，可以看到這種儀式的細膩探究。由於那個社區非常貧窮，資源供應斷斷續續。住房與學校有時有修復、有時任其惡化。居民只能到處打零工，湊合生計，生活始終不安定。他們的目標是透過看似很小的儀式來建立秩序，讓大家盡可能和諧地相處。為此，他們必須熟練地執行各種儀式，從如何在街上與陌生人眼神交流，到如何與移民得體地約會等等，各種大小行為無所不包。德賽杜發現，正因為社區如此不穩定，人們不得不持續重塑他們共同的行為。就像離婚一樣，在這些考驗的時刻，紅十字山區的居民仔細審視他們共同的習慣並一起討論，這樣一來，「就有可能認真看待不自覺思維的邏輯」[5]。由於秩序對他們很重要，共同的儀式凝聚了這個非常貧窮的社區。必要性促使他們變成街頭的「專家」。

人們改變儀式並不足為奇。如第三章所述，聖餐之類的儀式演進了數百年。但由於這些儀式似乎是來自神聖的源頭，大家不會把自己當成創造者或改造者。在世俗儀式中，人們會有意識地停下來反思。這些短暫的質疑並不會破壞體驗。只要大家覺得他們正在適應、擴展、改善自己的行為，他們就會接納改變。就像在工作坊裡一樣，在家裡或街上，技能發展的節奏使這也可能發生。

非正式的肢體動作

為了說明非正式性在肢體動作中的體現，我先寫一段複雜的文字：

社交三角就像儀式一樣，是人們建立的一種社交關係。在匠人的工作坊中，這種三角關係往往是身體上、而非言語上的體驗。在建立權威、信任、合作方面，肢體動作取代了語言。以肢體動作交流時，必須具備掌控肌肉之類的技能。不過，肢體動作在社交中很重要，還有另一個原因：肢體動作讓人感覺社交關係沒那麼正式。當我們以非正式的動作搭配言語表達時，也會喚起發自內心的感覺。

讓我們來解讀底下這段話：

我有一把喜怒無常的大提琴，我習慣把它送到倫敦一家弦樂器工作室修理。最近這家工作室搬遷了，年輕的建築師精心設計了那個新工作室。她決定了工作室裡的每項活動該在哪裡進行、每件工具該擺在哪裡，大至切割機與大鉗子，小至每項工作所需的小盒子與支架，都有固定的擺放點。她也用一套精巧的吊扇，來排除膠水與亮光漆的氣味（該工作室是使用臭氣沖天的老式塗料）。開幕當天，一切看來乾淨俐落。我看到三名男性與兩名女性琴師像士兵一樣，列隊站在工作台邊。

八個月後，一切看起來都不同了。現在很少工具仍擺在指定的箱子裡，切割機已經硬拖到不同的位置，吊扇關掉了（顯然吊扇轉動會發出降B調的聲音，這對專業上習慣A大調的人來說是刺耳的聲音）。這間工作室依然很乾淨，但不再井井有條。不過，五名琴師仍在雜亂的空間裡敏捷地移動，時而穿梭、時而避

開障礙物。有時他們像舞者般，繞著現今被推到工作室中央的磨
鋸。隨著人們在工作中調整明確的建築設計，以適應更複雜的肢
體動作，這些變化是日復一日、一點一滴發生的。

　　許多工作空間都會發生這種調適過程，如果實體環境很有彈
性，那就很容易做到。即使在嚴格界定的工作空間裡，人們也會
利用一些小動作來促進調適過程。例如，以皺眉示意「這是我的
空間」，或以微笑邀請對方「進來」。肢體動作不僅來自臉部表
情，也來自聲音。例如，在這個工作坊裡，一個使用切割台的琴
師透過旁邊的沙沙聲及眼角餘光，察覺有人在她的旁邊或後面。
於是，她一邊切割東西、一邊縮起下半身。

　　動作、表情、聲音的示意，使社交三角充滿了感知的活力。
在弦樂器工作室裡，掙得的權威、放膽豁出去的信任、被迫的合
作，都轉化為身體的體驗。五位琴師為自己在最苛刻的工作中所
展現的能力感到自豪，他們切割及塑造構成弦樂器正面與背面的
板材。他們都掙得了使用切割機的權威。他們使用切割機時，就
好像掌控了整個工作室，不用轉身就可以直接丟棄木材，因為他
知道他不需要多講什麼，旁邊自然有人會處理那些廢材。在這個
工作室裡，大家不太需要發飆，因為其他人都有類似的技藝。放
膽豁出去的信任是出現在以下情境：當一個人端出一盆很燙、可
能會燙傷人的膠水時，他認為其他人不必他多說，也會讓開。他
拱著背，雙手端著膠鍋，做出他相信工作夥伴都會理解的姿勢。
至於被迫合作的例子，某人在木塊上發現之前沒察覺到的木節。
我注意到，一位琴師敲擊工作台的邊緣以測試其牢固性時，那敲
擊聲就像是一種呼喚，讓其他人離開自己的工作台，來提供建議
或表達同情。

　　儘管這個社交三角的實體縮影版看似微不足道，但它包含了一些重要的特徵。首先是肢體動作，雖然在新的空間裡，琴師是根據他們以前做過的事情來運作，但那些動作是從老舊擁擠的工作室演化而來，並出現全新的動作。例如，以前切割操作與上膠及上漆是在同一張工作台上進行，其他琴師可以立即看到切割者在做什麼，沒必要在他背後做其他的事情。我向幫我修理大提琴的琴師請教這樣的變化是怎麼回事，他環顧了一下凌亂的工作室，看到大家各自忙碌著，有點驚訝地說：「我想，這一切很自然就發生了。」他一輩子都在製作大提琴，但他似乎覺得，把這些肢體動作當成創造工作空間的工具很奇怪。

　　肢體動作可能看起來只是一種內在、不自覺的反射。在查理斯・達爾文（Charles Darwin）看來，情況無疑是如此。達爾文在晚期著作《人及動物之表情》（*The Expression of the Emotions in Man and Animals*，1872）中主張，人類的肢體動作是基於非自覺的反射，就像所有生物一樣；沒有哪個生物個體或動物群體，可以僅憑意志行為就徹底改變肢體動作[6]。達爾文的論點有部分是對畫家夏爾・勒布倫（Charles le Brun）的回應。勒布倫在《熱情表達討論》（*Conference sur l'expression des passions*，1698）中主張，肢體動作是創造出來的，而不是發現的[7]。我們可以說，對達爾文而言，琴師搬到新工作室時，舊的反射動作會跟著他們；對勒布倫而言，在你身後傳遞切好的木頭，是與新環境相連的一種創造。進一步闡述勒布倫的觀點，他可能會主張，這種新動作豐富了工作室的生活。

　　現代人類學是站在勒布倫這邊，主張文化在塑造肢體動作方面，發揮了很大的作用。安達曼島人（Andaman Islanders）嚴格

規定何時開始或停止哭泣；韓國的職業哭喪人在代表家人哭泣時，頭上會戴著一種特殊的野草，並在特殊的小桌上擺放合適的食物[8]。同樣的，文化也影響了微笑。研究微笑的歷史人類學家尚一雅克・庫爾第納（Jean-Jacques Courtine）與克勞蒂・阿羅什（Claudine Haroche）指出，十八世紀的毛利人聽到死亡消息時，會露出微笑；而我們西方人，即使得知遠房的賽西兒阿姨過世後，留下大筆遺產給我們，也知道要哀矜勿喜。事實上，庫爾第納與阿羅什認為，嘴唇是文化上最靈活的人體特徵[9]。

　　如果肢體動作在我們的掌控之下，我們該如何巧妙地發展肢體動作呢？在技藝類工作中，視覺展示往往比口頭指導更重要。雖然視覺思維往往無法以言語表達，但那確實是一種思維──就像我們在腦中旋轉物體、判斷遠近物體的重要性，或評估體積一樣。這種腦中視覺運作，讓我們能夠從別人示範的肢體動作中學習。在木工坊中，正確的握鋸方法，是從新手的手中取走木頭，示範鋸子該如何放在手與手臂上，便於以鋸子本身的重量來切割木材。DIY 指令說明無法顯示每一步所需的動作時，必然會令人抓狂。我們需要看到肢體動作才能理解行為。在學習中，「示範而不講述」很少是完全無聲的，因為觀看示範的人可能會提問，但示範是發生在說明之前。

　　此外，肢體動作可以改變習慣的養成、暫停、重塑的節奏。以聳肩為例，心理學家尤爾根・史崔克（Jurgen Streeck）認為，「聳肩是一種複合行為」，它暫停了「對事物的積極參與」[10]。短暫的聳肩可做為一種無聲的暗示，暗示對方暫停、懷疑或至少反思自己正在做什麼。無論是在一個動作變成習慣之前，還是在一個動作變成習慣之後（動作進一步擴大或增加的時候），節奏都

是透過肢體動作來確定。這些動作幫我們發出訊號，讓對方知道我們對自己正在做的事情有信心。

最後，肢體動作是我們體驗非正式感的方法。某種程度上，示範與講述之間的差距，可能讓一個肢體動作看起來沒那麼正式：我們看到的身體行為，無法以言語簡潔扼要地包裝，它不是那麼明確。非正式性有一種發自內心的輕鬆本質，不像焦慮那樣會引起胃部肌肉緊縮或呼吸急促。甚至連言語也可以注入那種發自內心的感覺，例如，公開對話比競爭性的辯論更輕鬆、愉悅、有感。然而，如果我們以為「非正式」就是「無定形」（shapeless），那種非正式感也容易產生誤導。當睦鄰之家的工作人員賦予非正式的語言課程及戲劇表演一種形式時，他們知道這不是真的。我們也知道，當我們根據環境做出適當的肢體動作時，非正式性就被賦予了形式。

這就是我對第一段複雜文字的解讀。非正式的社交三角是我們建立的一種社交關係，肢體動作是建立這種關係的一種方式。建立連結的肢體動作是後天習得的行為，而非不自覺的反射。我們越擅長做肢體動作，非正式性越是發自內心，而且表現力越強。

因應阻力

第三種體現是把匠人遇到實體阻力與困難的社會遭遇連在一起。關於因應阻力，匠人知道一個重點：不要像對付木頭上的木節或沉重的石頭那般對抗它，比較有效的方法是使用最小的力量。

我們回到前面那個理髮師兼外科醫生的例子，來了解這種因應阻力的方式。在外科醫生處理病人的身體方面，中世紀的外科手術就像戰場一樣。這位理髮師兼外科醫生使用鈍刀及幾乎沒有鋸齒的骨鋸來切開身體，費力地切開肌肉與骨頭。後來，更好的工具出現了，他可以省點力氣。如果外科醫生培養出更多元、細膩的技能，開刀可以更輕鬆。其中一個結果是，他現在可以研究多種深層器官，因為這些器官在刀下依舊完好無損。我們可以在十六世紀維薩留斯（Vesalius）的卓越解剖學論述中看到這個結果。拜這些更精細、更精確的工具所賜，外科醫生得以評估手術刀在包覆器官的薄膜與器官本身之間所遇到的微小阻力差異[11]。

霍爾拜因那幅畫中的光學儀器，與理髮師兼外科醫生所使用的新手術刀，既有相似之處，也有相異之處。與手術刀相同的是，那些都是精密儀器，可讓人看得比肉眼更清楚、更遠。但與手術刀不同的是，人們看得越清楚，對看到的東西越感到困惑——例如，太陽系中有以前未知的衛星，更遠的地方似乎還有恆星與星系的跡象——這一切都令人費解。一六〇四年，一顆超新星（一團巨大的氣體）突然顯現在空中時，約翰尼斯・克卜勒（Johannes Kepler，1571-1630）遇到了這個問題。占星學家用神奇的公式來解釋它為什麼會存在，但沒有解釋它令人費解的動線，克卜勒透過望遠鏡看到它的移動。

因此，阻力會出現在實體物質上，也會出現在我們理解物質的過程中，而後者往往是由更好的工具造成的。對抗阻力時，我們會更專注於擺脫問題，而不是了解問題是什麼。相反的，因應阻力時，我們希望暫停被阻撓的挫折感，去處理問題本身。在倫敦的琴師工作室裡，也可以看到這條通則。當一位琴師懷疑一塊

木頭裡有木節，並拿起那塊木頭敲打工作台時，這條通則就出現了。琴師會以不同的方式握住那塊木頭，試圖透過不同的敲擊聲來判斷木節的位置。一旦開始切割木頭，她就不會想要挖出木節了，而是沿著木節的輪廓切割，以切出樂器的形狀，並在推動木頭時，感覺到木節邊緣對她的手產生輕微阻力。那是一種微妙的切割，在那種切割中，還沒見到的木節引導著她，所以她是以因應阻力的方式運作。

因應阻力的最有效方法，是盡量減少施力。就像處理木節一樣，外科手術也是如此：費力越小，刀法越巧。維薩留斯建議外科醫生，當他感覺到肝臟對手術刀產生的阻力比周圍組織更強時，應該「住手」，並在進一步切割前，先試探性及仔細地探查。練習音樂時，遇到走音或手指移動出錯，表演者若硬是繼續演奏，是不會有什麼進展。你必須把這個錯誤當成有趣的事實看待，問題終究會解決的。這條通則不僅適用於態度，也適用於時間。持續數小時的練習，會使年輕的音樂家筋疲力竭，演奏得越來越激動，注意力越來越不集中。誠如禪宗的戒律所言，熟練的射手不該再糾結於射中目標，而是應該研究目標本身，精準射擊自然水到渠成。

盡量減少施力也與熟悉工具有關。拿槌頭搥打時，新手的第一反應是全力投入。木匠大師則是讓錘子的重量來完成任務，而不是從肩膀以下使用自己的力量。大師對工具已有透徹的了解，所以他知道如何用最少的力量來握住工具：他輕輕握住槌頭握柄的末端，拇指沿著握柄頂端伸展，槌頭就為他效勞了。

某種程度上，最小施力的應用是依循工程的基本原則。機器是藉由使用最少的運作零件及最少的動作來節省能量。外科醫

生、音樂家或運動員的耐力，也有賴肢體動作的節約使用。這種工程原理的目的，是為了消除摩擦、減少阻力。然而，對匠人來說，一味地依循工程原則，會產生適得其反的效果。一六〇四年超新星令人費解的移動，促使克卜勒開始思考視差線（parallax lines）的意義，而占星家則是奇妙地完全忽視了這種心理阻力。在琴師工作室中，一位特別優秀的切割者對我說：「探索木節總是可以讓你了解較軟的木材。」

　　這種因應阻力的方法很重要，尤其是在對話式的社會行為中。唯有以最小的自信行事，我們才能向他人敞開心扉──這既是一種政治概念，也是一種個人概念。極權主義運動不是因應阻力。這個原則也適用於戰爭。拿破崙的精確戰術強調，對戰場上的局部地區集中火力；而納粹在東部戰線的閃電戰之所以失敗，是因為他們沒有集中武力，不分青紅皂白地大規模動武。

　　零和遊戲沒那麼極端，它要求競爭對手細膩地思考阻力。競爭本質上就會滋生阻力，因為輸家並不想輸。競爭必須顧及輸家在互動中的利益。誠如亞當・斯密的主張，贏者通吃的市場（相當於經濟上的頂級掠食者與其他生物的關係）可能完全摧毀競爭的動機。在零和遊戲中，贏家必須留意一件事：確保輸家也留下一些東西，這樣他才能再度參與競爭、維持互動。在經濟競爭中，這種留意就是因應阻力的一種形式。

　　在差異化交流中，最小施力是出現在對話中。在對話式交談中顯然是如此，一個人為了接受對方的觀點而避免堅持或爭論。無論是在日常對話、還是在外交交流中，使用假設語氣也可以盡量減少攻擊性的言語力量。拉羅什福柯那種自我嘲諷是在心理上「住手」。這種方式在減少傲慢自大的同時，也邀請其他人參

與。卡斯蒂廖內在《廷臣論》中對 sprezzatura（亦即肢體動作及語言的輕巧）的重視，也是一種最小施力的社交表達。最後，社區組織者使用的間接程序，也屬於最小施力的範疇。他們使用的程序很輕巧，偏向助推（nudge），而不是命令。在芝加哥鄰西城的社區組織中，這種輕巧的手法與其目標（讓居民適應社區的複雜性）是不可分割的。

這些對話式的社交經驗，是體現社會知識的所有形式。「體現」在這裡不單只是一個比喻：最小施力的行事方式就像做出肢體動作一樣，是種感官知覺上的體驗。在這種體驗中，身心上都很容易與他人相處，因為我們沒有強迫對方互動。這種感覺也許是卡斯蒂廖內為禮儀尋找一個用語時，聯想到 sprezzatura 這個古字的原因。這個古字在義大利語中，本來的意思是「輕快的」。在社交中，當我們放鬆時，就會感受到這種愉悅。

社交關係中的最小施力，以各種不同的名稱，與第六章探討的減少焦慮形成了對比。減少焦慮的目的是減少外部刺激，那是透過個人遠離來達成。相反的，在實體與社交上盡量減少施力時，我們會對環境變得更敏銳、更密切相連、更投入。那些抗拒我們意念的人事物，那些阻止我們立即了解的經歷，本身就會變得重要起來。

這裡有三種讓事情充滿社交意義的模式。培養一種身體技能的節奏可以體現儀式；人與人之間的肢體動作可以體現非正式的社交三角；最小施力可以體現對抵抗者或異己的反應。如何運用這三種模式來改善社交關係呢？這些體現技能如何增強合作呢？

　　這些都是有關社交修復的問題。我們將在本書的最後幾章，探索社交修復的議題。為此，我們需要先了解修復是什麼。

修復

　　修復的方法有三種：把受損的物體修得像新的一樣、改進其操作、完全改變它。用技術術語來說，這三種策略分別是復原（restoration）、補救（remediation）、改造（reconfiguration）。第一種是由物件的原始狀態主導；第二種是在保留原型下，替換更好的零件或材料；第三種是在修復過程中，重新想像物件的形式與用途。所有的修復策略都有賴一個初步判斷：損壞的東西確實可以修復。無法修復的東西，例如，破碎的酒杯，按理講是「封閉物件」（hermetic object），無法進一步修復了。合作不像封閉物件，不是受損就無法修復。前面提過，它的起源——無論是來自基因遺傳、還是人類早期發展——是持久的、可修復的。

　　我們從探索某座受損建築的修復工作，就可以清楚看出每一種修復策略的社會與政治含意。

　　瓷器的修復師是體現「像新的一樣」那種修復。他的挑戰在於使瓷器幾乎沒有留下匠人勞動的痕跡，讓人永遠不知道它曾經受損。這種修復是低調的工作，但並非不需要費神，他是在製造一種幻覺。那是一門要求極高的技藝，必須非常關注細節才行。熟練的瓷器修復師不僅會收集受損瓷器的可見碎片，也會收集擺放瓷器那張桌子上的灰塵。他會把那些隱藏在灰塵中的微細東西拿來重新合成材料。

　　低調的修復師在創造幻覺時，還需要做一項決定：他想重

現物件在哪個時刻的狀態？古物剛被製造出來的那一刻，是它的「真實」狀態嗎？在修復畫作方面，這是一個很大的問題。最近西斯汀小堂（Sistine Chapel）的修復工作，把壁畫恢復成最初繪製時的顏色，那對許多觀眾來說無疑是一場噩夢，不僅是因為最初的顏色看起來很俗豔，也因為，誠如恩斯特・宮布利希（Ernst Gombrich）談及這種修復時所說的，「觀眾的參與」已經從畫中消除了。幾個世紀以來，大家對西斯汀小堂的體驗，是由物品老化的方式塑造出來的[12]。因此，「原作」的錯覺是有爭議的。其他修復師可能把小堂修復到以前某一個時間點的狀態，卻讓觀眾覺得那修復更忠於原作。

　　儘管如此，修復任務需要匠人抱持一定程度的謙遜：不能在修復作品中顯露自己的存在。修復師把自己視為過去的工具。當然，「真實性」是一個討論的議題，但原則上，討論的焦點不是自己。

　　補救是一種修復技術，它比較強調修理師的存在。補救是保留既有的形式，同時以改良的新元件來取代舊元件。例如，現今的小提琴修復師用來製作弦軸與音柱的木頭，有時跟史特拉底瓦里（Stradivarius）時代所用的木材不同。許多情況下，那些替換是真正的改進。史特拉底瓦里是天才，但不是神聖不可更動的聖殿。然而，物件即使有可察覺的改變，依然有相同的用途，可用以前的方式使用。

　　補救需要盤點技能，這需要了解有什麼替代方案可用，也要有能力把這些可能的替代方案融入現有的物件中。這種修復工作還需要對物件本身隨時間變化的適應性，做仔細的判斷。屋頂上易燃的茅草需要更換時，修復者可能選擇防火的合成茅草。這種

新材質也可做為隔熱夾層的頂層，使屋頂更節能。在這裡，補救中的判斷把實質與功能連結起來。

也就是說，補救需要修復師思考達成相同目的的不同方法。相對的，原創設計或原始製造者只選擇一種方法。這個過程中，修復師在社會上對應的角色，不是一個有遠見的人，而是一個解決問題的人。技能清單對其職業非常重要，他很熟悉各種替代方案。

技術上來講，改造是最徹底的修復方式。受損物件提供一個機會，讓物件在功能與形式上都與以前不同。建築師基帕菲特（Chipperfield）的團隊所做的，就是這種修復工作。最近出現的一個工業例子，是現代麵包廠用來操縱烤箱內麵包的機械手臂。這種機械手臂本來只是一個鏟子狀的工具，把麵包推進烤箱。但機械手臂的設計簡略，所以有些麵包會燒焦、有些則半生不熟。一九八〇年代，機械手臂的技術大幅精進。麵包師傅現在可以在實際的烘焙過程中操縱麵糰——翻轉、拉伸、切割——這帶來了意想不到的結果，現在機器可以同時烘焙多種不同的麵包。

即興發揮是這種徹底修復的關鍵。它通常是由一些微小、意外的變化所組成，最後產生較深遠的影響。探索小修復與大結果之間的關聯時，就是即興發揮的時刻。在霍爾拜因那幅畫的桌上，導航儀器就是這樣的例子。金屬製造的微小變化，使測量儀器變得更精確，科學家隨後發現這些儀器可以發揮新的用途。不完整的規格使改造變得有可能。如果修復的每個細節沒有事先指定，就有更多的空間可以做徹底的實驗。

即興發揮與不完整的規格，把這種技術修復與更徹底的社交實驗連結起來。芝加哥的睦鄰之家及隨後的社群組織，都是刻意

不完全指明的。允許即興發揮是為了創造新的合作方式，同時保持人們既有的能力感與勝任感。小細節上的合作，啟動了這個蛻變的過程。社群應該做自己的修復工作，而不是依賴專業修復者。

　　反對這種修復／改造的人反駁說，這種破壞穩定的改變雖然感覺良好，但會產生不連貫的結果。說句公道話，在技術領域，這確實是一個真正的問題。在電腦文書處理程式方面，不連貫的改造很明顯。程式的改版逐漸偏離了文書目的，因為改版時增添了無數花哨的功能，導致程式運作起來越來越慢、缺乏效率。當匠人忘記了首先要解決的問題時，就會出現不連貫的改造。

　　這在所有的修復工作中大多是一項挑戰。修復者必須把損壞視為一種警訊，也是一種機會。一個物件受損時，我們首先需要思考它哪裡出問題、哪裡沒問題。歲月會損壞物件，人也會受到歲月的摧殘。人生過程讓人留下創傷，成為倖存者，但人生故事的開端不見得是錯的。不連貫的修復可以提供改變的感覺，但可能會犧牲最初創造行為的價值。

　　一九四三年，英國對柏林的轟炸，摧毀了該市考古博物館的屋頂與中央樓梯。十五個月後，第二次轟炸摧毀了該建築的西北部。雖然館藏都搬走了，但該建築四十年來一直處於廢墟狀態。一九八〇年，它的巨大柱子仍散落在院子裡，雨水從天花板的裂縫傾瀉而下，流進以木板隨便封住的窗戶。牆壁上坑坑疤疤，盡是機關槍掃射的彈孔。這些彈孔成了二戰尾聲俄國暴力攻占柏林期間的巷戰證據。

　　一九八〇年代中期，東德政府開始支撐地基及安裝應急屋頂，以保護這座建築。一九八九年東西德統一後，重建突然多了

更多的資金，但那筆錢引發了一個大問題：這個受損的標誌該如何修復？是恢復其往日榮光，修復成一八五九年剛啟用時的博物館嗎（那是一個龐大又複雜的建築迷宮）？還是把它夷為平地，建立一個真正的新博物館？或者，修復應該以某種方式記錄、保存、敘述這座建築所經歷的創傷？許多受損的紀念性建築都面臨這種問題，例如一九四〇年十一月十四日被德國戰機摧毀的英國考文垂座堂（Coventry Cathedral）。然而，由於德國先後飽受納粹主義及戰後共產主義暴政的蹂躪，這些問題令人深感不安。柏林人想記住多少往事，又想忘記多少往事呢？在爭論該記住多少往事時，這三種修復技術成了關鍵。

柏林當地的一個強大派系，希望博物館能完美地複製十九世紀啟用時的建築，「像新的一樣」。在新博物館（Neues Museum）附近，德國人為城市宮殿（Stadtschloss）的重建，規劃了一種不受時間影響的幻覺。那是一座巴洛克風格的建築，在二戰中受損，並於一九五〇年拆除。讓現代建築顯得老舊，不是德國獨有的特色。例如，在英國，王子信託（Prince's Trust）在過去二十年間，從頭開始興建一些「有歷史意義」的村莊；在美國，威廉斯堡民俗村（Colonial Williamsburg）這類地方的修復工作，就是試圖營造一種被時間遺忘的幻覺。然而，在柏林，刻意的失憶帶有強烈的政治目的，是為了抹去創傷。

健忘有很多種形式，它可以藉由完全拒絕修復來達成，徹底清理一塊土地以興建全新的建築或整個地區——就像中國人對上海、北京等城市與歷史所做的那樣。在那些地方，別具特色的古老四合院建築遭到摧毀，取而代之的是如今在世界各地都可以看到的一般高樓。北京的胡同擁擠、髒亂、不衛生，有充分的理由

遺忘這種城市規劃模式。在一九九〇年代的柏林，基於種種原因，抹除城市記憶的理由聽起來很有說服力。在更早的時期，西柏林已經興建了一些著名的建築，例如漢斯・夏隆（Hans Scharoun）的柏林愛樂廳（Philharmonie，建於一九五六年至一九六三年）。許多人認為，新博物館的興建是一次大好機會，可以建設一個像西柏林那些著名建築般創新的全新博物館。

　　但那不是普通的建築工地。一八五九年博物館啟用時，它代表德國把古老的世界文化帶入德國當代的雄心。那座建築無疑是文化帝國主義的紀念館。不過，館藏文物本身令人驚歎，而且獲得妥善的保存或修復。就像倫敦的大英博物館一樣，有關當局認為這些文物如今屬於世界文化。新的建築仍將維護文物的完整性，並可以宣告它們在政治上是中立的。

　　從修復的角度來看，新建築依然是一種補救、一種用來滿足舊意圖的新形式。這個方案將維持一八五九年的樣子：用來展示。一座改良的新中性建築，在用途上仍是一座寶庫。

　　因此，獲選來重建新博物館的建築師大衛・基帕菲特（David Chipperfield）承受著極大的大眾壓力：究竟要讓新建築和舊建築一樣，還是要採用全新的形式？在一個經歷過那麼多創傷的城市與國家裡，懷舊的政治意識很強烈。然而，我們也很難想像，這位創意十足的建築師打造出一座仿製品。他的創意應該會顛覆那種仿製策略，他可能因此放棄這個案子或失敗。專業的同行鼓勵基帕菲特用一些全新的東西盡情發揮，就像柏林的年輕人那樣，他們討厭這個博物館過去所代表的東西。

　　這些相互競爭的壓力，促使市議員與基帕菲特尋求某種中間立場。但他的團隊最終創作出來的作品，擺脫了妥協的限制，變

成全然不同的東西。在修復的過程中，他們重新想像博物館本身的概念，讓這座建築講述自己的故事，與館藏文物所陳述的故事分開。這個故事融入了德國的歷史災難。建築師不是只以展示櫃或一系列照片來呈現創痛，他讓前來博物館參觀的民眾以身體去感受那創痛。這是對博物館概念的徹底改造，其目的隨著其部件的修復而調整。

　　改造似乎需要做分析性、理論性的重新思考。一般來說，這當然是正確的。但在技藝作品中，這種蛻變通常是由非常細膩的議題所促發。基帕菲特從一九九八年起開始投入這項專案，在他投入專案的十年間，他致力研究如何在水磨石地板上混合新舊石塊，如何為牆壁塗上與舊油漆相同的基本顏色，但不同的色調。在一些房間裡，他確實復原了戰爭的破壞，這樣就有可能看出轟炸的效果。在另一些房間裡，他以一種博物館展覽中不常見的方式來展示物件，例如，在一個房間裡，雕像是放在玻璃牆的前面，這樣一來，參觀者就可以從房間外面，看到雕像的頭部與身體的背面。這是強調「圓雕形式③」（form in the round），這種形式反映了現代在了解古埃及方面的改變。如今我們不像十九世紀中期到二戰期間那樣，主要是從正面了解那些雕像。在另一些全新打造的房間裡，他為博物館最初的設計者從未想過會在博物館內發生的活動，開闢了空間。例如，編舞家莎夏‧瓦茲（Sasha Waltz）以這些房間做為現代舞的舞台。

　　這座建築展示了它本身的改造過程：添加了新元素，新活動

---

③ 圓雕是可以從各個角度觀賞的立體雕塑；相反的，只能從單面看的雕塑稱為浮雕（relief）。

變得有可能發生，但建築的動盪歷史依然顯而易見。你走在過往的印記上，也在牆上看到遺跡。你步履顛晃地穿過這座建築的許多空間，那又強化了一座建築不再是一個連貫整體的內在體驗。

基帕菲特在談及新博物館的書寫與訪談中，強調製造與修復之間的密切連結。在解決一些問題時（如樓層的修復），他看到一些處理牆壁的新方法，包括材質和塗料。這項專案需要他的團隊因應阻力，而不是對抗阻力。在建築的許多部分，這促成了一種極簡主義法，盡可能減少「建築風格」的自我戲劇化，即使是入口大廳亦是如此。在入口大廳，建築師翻新了一段有紀念意義的樓梯。樓梯本身是現代主義者基帕菲特的表現，但入口大廳的牆壁似乎完全沒有受到戲劇化表現的影響。

這是一種社會聲明嗎？我認為是，儘管基帕菲特身為建築師，比較想談論砂漿技術。這座博物館的重建體現了對話式的思維，其結果傳達了有關破壞與修復的道德資訊。參觀者漫步在博物館的陳列室裡，永遠不會忘記其痛苦的歷史，但這種記憶不是封閉、獨立的。空間敘事的進展，暗示著對各種可能性都抱著開放的心態，從像新的一樣到全新打造都有可能。它的政治是擁抱變革的，涵蓋歷史的斷裂，而不是只關注純粹的傷害。

這正是我們希望在修復合作中體驗到的。合作不像是「封閉物件」，不是一旦破壞就無法修復。誠如前述，它的起源──無論是來自基因遺傳、還是人類早期發展──是持久的、可修復的。這座建築的改造提供了一個比喻，引導我們思考如何修復合作。

我們已經從瓷器碎片、屋頂茅草、麵包廠的機械手臂，轉而談到了哲學（還是扯遠了？），但這是有道理的。

❖　　❖　　❖

　　總之，工作坊裡的製造與修復過程，與工作坊外的社交生活相連。「體現」這個意義深遠的詞，幫忙建立了那些連結。在社會學的術語中，「體現性社會知識」（embodied social knowledge）常被當成一種浮動的比喻。雖然比喻與類比有助於了解，但我覺得「體現」這個詞因為更直接、更具體，而更有力。我之所以堅持這點，可能是因為哲學上我懷疑身心的分離。同樣的，我也不相信社會體驗與身體感覺是不相連的。我一直想探索，如何在外部儀式的節奏中，感受到工作坊內實體技術的節奏。工作坊內非正式的肢體動作，從情感上把人與人連結起來。小動作的力量也可以在群體關係中感受到。工作坊內採行最小施力，這種作法合理地呼應了工作坊外的差異化言語交流。即使這些連結只是類比，我希望它們讓大家重新了解到，社交關係是內在體驗。

　　修復工作顯示連結身體與社會的其他方式。復原，無論是復原瓷器、還是復原儀式，都是一種恢復。在這種恢復中，真實性得以回歸，使用與歷史的損害得以消除，復原者成為過去的僕人。補救則是更偏重現在，也更有策略性。修復工作可用新的部件替換舊的部件來改善原物；同樣的，社會補救若採用新方案與新政策，也可以使舊目標變得更好。改造在觀念上更具實驗性、在程序上更具非正式性。以把玩的心態修理一台舊機器時，可能促成機器用途與功能的轉變；同樣的，修復破裂的社會關係可能出現開放性的結果，尤其是採用非正式方法的時候。這三種修復中，改造是最具社會參與性的。我們即將看到，改造是恢復合作最有效的方式。

第八章

日常交際
改革交流的實際運用

　　日常交際是我們因應不熟、不懂、有過節之人的一種方式。為了因應這些挑戰，社群、職場或街頭的人所採用的方法，類似工作坊內製造與修復東西的方式。他們會盡量減少施力；利用肢體動作來創造社交空間；運用複雜的修復來承認創傷。大家常說，間接是交際的本質。的確，這些作法都是依賴暗示，而不是命令。更確切地說，日常交際是落實對話式交流，熟練的衝突管理是一種結果。

　　我們有充分的理由想像，在所有的文化中，人們是以委婉或暗示的方式來學習與人相處，同時避免直言不諱。然而，前面提過，在歐洲，間接的文化準則在文藝復興晚期及宗教改革早期出現新的轉折。職業外交官與朝臣根據禮儀的新概念，制定新的行為儀式。

　　本章探討這對日常生活留下的影響。雖然現代的街頭禮儀看

起來不像古代大使館與沙龍中那些精心設計的禮儀，但世俗儀式的組建原則一直存在，經久不衰。

間接合作

第六章中，我們看到華爾街的後台員工迫切需要修補他們的命運，他們正在就業中心找工作。就業輔導師因應這種需求的方式，正是日常交際的表現。他們的作法，是與求職者間接合作。

就業輔導師的任務很艱巨。中年勞工長期失業，與酗酒、婚姻暴力、離婚增加有關。這種相關性是從失業的第四個月或第五個月開始出現，此後相關性會變得越來越高[1]。長期失業造成的社交損害，在就業中心裡顯而易見。那些人默默地坐在那裡，孤僻、暗自生著悶氣或感到丟臉。例如，我想到一位女性職員，她沒有家累，以前幾乎把所有的重心都放在工作上。失業可能使她開始喪志，長期陷入沮喪。她盡忠職守十三年後，不幸遭到裁員。對此，她怒不可遏。在失業的四個月期間，由於沒有老闆可罵（她的老闆也離開券商了），她把怒火轉向就業輔導師和自己。我第一次見到她時，她看起來充滿活力；但半年後，她已變得無精打采。

就業輔導師如何因應及激勵這種灰心喪氣的求職者呢？珍‧施瓦茲（Jane Schwartz，化名）特別擅長這種間接合作。她滿頭灰髮，講話帶有刺耳的布朗克斯腔，面對沉默的求職者時，她很擅長以沉默應對。她癱坐在椅子上，嚼著口香糖，目光四處游移，似乎對求職者的任何奇怪表現都無動於衷。她沒有慈母般的光輝，當她真的開口說話時，是逐步引導悶不吭聲的求職者嘲笑

雇主的愚行，或是嘲笑其他一百位求職者正在應徵同一份工作。我曾問施瓦茲女士，為什麼這樣做似乎有幫助，她說：「我有一整套的笑話大全。」彷彿這回答了我的問題似的──如今回想起來，我發現那確實回答了我的問題。

另一位就業輔導師說：「即使求職者壓力很大，他們也需要放鬆。雇主很難搞，只要你露出一點緊張不安的跡象，他就對你沒興趣了。」在這個節骨眼上，你建議求職者「鎮定下來」，不太可能有幫助，講笑話是緩和緊張氣氛的經典方法。不過，在就業中心，講笑話是有策略理由的：長期失業的求職者通常財務狀況嚴峻，情緒上可能不堪一擊。然而，在求職面試中，他們需要表現出放鬆的態度。誠如第二位就業輔導師所說的，他們需要學習如何「因應劣勢」。

這些看似微不足道的儀式，目的是灌輸這些求職者，在面試時運用最小施力的技巧。就業輔導師會鼓勵求職者在面談中，不經意地提及過去的成就與經歷，而不是明顯吹噓。這樣做的目的，是營造一種問答的節奏，為面試營造參與感。成功的面試，必須把重點放在「那份工作」上，而不是「我」。成功的應徵者，是對那個職位表現出興趣與了解。就業輔導師會告誡求職者，絕對不要向潛在雇主反覆強調自己有多麼迫切需要那份工作。雙方可能都知道求職者非常需要工作，但你還是必須維持一種假象：你正在客觀地討論工作本身。這種假象可以紓解社交的緊繃氣氛。傳達出「可有可無」的心態，是因應劣勢者（求職者）需要做到的角色扮演。這種輕鬆的語氣是把 sprezzatura 應用在求職面試中，就像在工作坊中盡量減少施力一樣，專注於物件，而不是自己。

　　由於工作倫理在現代社會中根深柢固，戴上這個面具並不容易。韋伯描述的新教倫理，把工作轉變成自我價值的象徵。在這種考驗中，人很難放鬆。長期失業的求職者知道，面試是重大考驗，而且他們已經失敗很多次了。對心灰意冷的失業者來說，面試變成越來越大的心理負擔。

　　就業輔導師需要從求職者的平凡工作經驗中挑出一個面向，來對抗工作倫理的壓倒性力量。這是從一項任務中退後一步，以便從新的視角看待一切。由於這是極其普通的體驗，多數勞工不會這樣思考。在技巧節奏的中間階段，要不時穿插這種退一步的作法。在社交關係中，退一步並不是普通的體驗，它讓人以不同的方式看待事情，也是對事實暫時抱持保留的態度。退一步時，我們可以想像自己是一個更有自信的人，即使現實生活中帳單堆積如山。

　　在就業中心，求職者希望就業輔導師可以提供一些線索，教他們如何更輕鬆自在地面對潛在雇主。事實上，有些就業輔導師會詳細列出行為準則，例如，「握手時要正視我的眼睛」或「我問一個問題後，你應該先簡潔地回應再說明」。但是，這種專橫的要求太多時，效果適得其反，只會讓求職者在努力記住禮儀時，變得更緊張。面試的儀式，就像任何儀式一樣，目的是把你已經內化的行為──已經超越自我意識、習以為常的行為──付諸實踐。

　　一九八〇年代，我剛開始研究就業中心時，意識到了這點。那個年代，就業輔導深受心理治療的影響。某位在一流就業中心服務的輔導員讓我看了一本很厚的書，那本書是專為求職者準備的，內容說明面試過程的情感細節，並強調內省。如果你深信

那本書，會以為你需要的是精神分析，而不是工作[2]。如今的最佳實務模式沒有那麼複雜了。就業輔導師會提供建議，但不會太多。最好的就業輔導師希望求職者從這些自在的面試經驗中，推斷出其他情況的行為方式。

這種輕巧模式適用於行為，也同樣適用於決策。我在一家私人輔導中心，親眼目睹一個場景好幾次，那場景就是這種輕巧模式的實例。小會議室的一張會議桌上，擺滿了創業與融資的文件。該輔導中心的許多客戶考慮自己創業，例如，當顧問在家裡工作，或在紐約密集的知識經濟圈裡創立小公司。比較極端的例子是，有少數的城市浪漫派夢想著徹底的轉變，例如創立有機農場。然而，景氣好時，美國新創企業持續營運兩年的機率約為八分之一。從統計上來說，創立一家小型有機農場，幾乎肯定會破產。

輔導師把創業前景的相關資料攤開，放在桌上，但把詮釋權留給客戶。客戶翻閱著那堆資料，皺著眉，彷彿有人想賣他一輛可疑的二手車似的。客戶提出具體的問題時，輔導師只告訴他所知的事實，但不會再多說什麼。這個程序是為了傳達輔導師的信任，他相信客戶可以獨自找到對自己最有利的方案。這個程序就像講笑話一樣，避免提醒對方「實際一點！」。其巧妙之處在於，提供創立新事業的事實，彷彿客戶真的想去實踐似的，並相信客戶遲早會決定不那樣做。在這個表演中，輔導師盡量減少個人的影響力，盡量不對客戶說他該做什麼決定，而是想辦法讓他們轉向外界，面向超越個人欲望的客觀現實。

輔導員的自我克制，可促使客戶思考解決問題與發現問題之間的關係。這與企業內部的穀倉效應那種孤立的問題解決方式，

形成鮮明對比。此外，這種間接、輕巧、外向型的合作，也適用於社群組織者。如第一章所述，這種輕巧模式是社群組織者與工會組織者的差異所在。事實上，對任一種困難的人際社交形式來說，讓人把注意力集中在外部而不是內部是必要的。尤其，誠如德賽杜與其同事發現的，人們面臨著可怕的物質環境。

雖然我這一代的就業輔導師中，很多人受過心理治療的培訓，但他們並不是心理治療師。像施瓦茲女士那樣的輔導師，會避免表現得像牧師聽取懺悔那樣，重點不是深入求職者的心理，而是讓求職者轉向外界。比方說，如果求職者遭到家暴，輔導師不會去處理那個問題本身，那不是他們的職權範圍。時間壓力也導致這種冷漠行為，多數輔導師要因應數百名求職者。經驗豐富的輔導師會糾正那些過於同情、過於投入、在個案上花太多時間的新手。由於時間緊迫，他們只會把焦點放在激勵那些喪志勞工的前幾個步驟，或是以簡短的戲劇性表演，把那些做春秋大夢的人迅速拉回現實。

關於就業輔導，有一個有趣的事實，至少從華爾街的就業輔導中心那堆積如山的回饋評估來看是如此：順利找到工作的求職者覺得輔導很重要，但他們不會與輔導師培養太多的情感連結。也就是說，套用精神分析的術語，這些求職者重新就業後，移情效果所剩無幾。施瓦茲女士說：「之後，我幾乎再也不會收到他們的消息。」聽起來她對此似乎也沒有什麼不滿，「我幾乎沒有時間跟朋友在一起，現在忙得不得了……」輔導師是發揮同理心，而不是同情心。他們避免說：「你真可憐，我為你感到難過。」藉此阻止求職者陷入自憐自艾。

間接合作沒有什麼特別的，它可能發生在紅十字山的街頭，

也可能出現在勞工之間（像我在波士頓研究的對象，他們可以在死板的勞動基礎上，建立一種非正式的社交結構）。但我們可以合理地問，這種作法是否也會影響求職，也就是說，修復是否有效？

　　歐洲與北美的勞力市場正出現結構性轉變。從一九八〇年代初期開始，歐洲與北美從事大規模製造業的工人越來越少，這是一個普遍的現象。如今，這種萎縮已蔓延至需要技能的專業工作（如電腦程式設計與工程），這類工作可以在世界其他地方以更低的成本完成[3]。在我看來，認為新的創意經濟或環保經濟可大致抵銷西方就業機會的大量流失，是一種幻想。如今白領工作的趨勢是，朝較低階的服務性工作發展，例如零售業、長照護理業——這些服務性勞動受制於第五章探討的短期時間觀。當然，一些面對面的專業服務不會縮減，你不會想找印度的律師透過電子郵件來處理你的離婚事宜，但西方經濟體面臨著生產力高卻無法達到充分就業的矛盾局面。我們面臨的前景是，15%至18%的勞力逾兩年沒有全職工作將變成常態；二十幾歲的年輕人中，這個比例將升至20%至25%。[4]

　　因此，就業中心將在越來越多人的生活中，變成日益重要的組織，但它不會是唯一這樣的組織。英國目前正興起「就業服務協會」（job clubs），這種以社群為基礎的互助團體，對長期失業者特別重要，可幫他們提振信心及提供口碑線索。然而，無論是對專業人士、還是對社群團體來說，結構性問題在於，把求職者與稀缺的就業機會配對在一起，越來越難。對中產階級來說，這

意謂著降低期望值。專業的就業輔導師及就業服務協會的組織者，都需要更熟練地因應求職者的失落情緒。這些輔導師與組織者是社會的現實主義者；相反的，政客承諾恢復我們父母輩所知的充分就業，他們是社會的幻想者。

但話又說回來，就業中心不會只是一所痛苦的學校。間接合作確實可以教導求職者，當他們獲得面試機會時，該如何表現最好。更重要的是，人們需要相信自己可以在生活中有所作為。如果就業輔導師只需要因應求職者的失望，很少人會持續留在這個工作崗位上。對求職者與就業輔導師來說，就業輔導的價值在於，從社交面與個人面、而不是經濟面，改造修復過程。任務是即使內心感到痛苦，也要維持與他人的互動。冷酷的理性主義者蔑視這種任務，覺得這只是「讓人感覺良好的因素」罷了，這種蔑視忽略了其中的利害關係。喪志的失業者必須學習怎麼存活下去：這是讓優秀的就業輔導師持續堅守崗位的目標。你如何才能擺脫受制於就業統計數據的感覺呢？

對抗逆境的能力，是一個影響廣泛的個人與集體問題。就業中心的服務人員為這個問題提供了一個可能很特別、但仍有共鳴的答案。對抗經濟造成的遠離與退縮現象，多多少少有修復效果。這種遠離與退縮，不是托克維爾描述的那種為了減少焦慮而自願的抽離，而是韋伯描述的那種孤立，是工作倫理的消極面。隨著人越來越關注自身的不足，這種孤僻會增加焦慮。修復的重點在於維持與他人的社交聯繫——矛盾的是，這項任務需要降低情緒溫度。就業輔導提供了一種很小但富有啟示的例子，說明如何透過間接合作來做這種修復。

衝突管理

優秀的顧問總是站在客戶那邊。人與人之間的許多社交是對立性的，要不是零和遊戲，就是贏家通吃的爭鬥。我們可以想像，日常交際在這些情況下發揮緩和的作用，間接地安撫對立的雙方，但日常交際其實可以做得更多。為了了解怎麼做，我們需要深入研究表達衝突的方式。表達衝突的方式有時也有可能把雙方連結起來，從而加強合作。

英國前首相柴契爾夫人（Margaret Thatcher）與內閣首長的互動就是一例。西蒙・詹金斯（Simon Jenkins）如此描述她主持會議的風格，「她會爭論，大喊大叫。她鼓勵部會首長及資深官員站出來反駁她，然後再以瑣碎知識及首相權威來反擊他們。」她手下的一名助手統計過，在會議上，90%的時間都是她在講話。她一開始就先陳述自己的結論，然後鼓勵在場的每個人提出異議。[5]」然而，那些站出來反駁她的人，往往覺得會議很有成效。另一個比較普通的例子是本書前面提過的：波士頓麵包廠的領班與旗下工人相處得很好，雖然領班常咒罵工人、對工人發飆。

這就是交流的風暴版，這種風暴可以消除氣壓、淨化空氣。社會學家劉易斯・科塞（Lewis Coser）認為這種表達是一種有助益的衝突模式。人們從衝突中了解到對方不願讓步的底線、不願妥協的要點。接著，風暴過後，大家再次見面時，名譽毫無受損，彼此的關係更加緊密[6]。以這種觀點來看，柴契爾夫人的內閣會議，與許多家庭爭論沒有太大的不同。合作不僅因壓力的紓解而得以加強，力量的考驗也確立了未來不可逾越的界限。

　　但風暴也可能帶來非常危險的天氣。對立使參與者非常痛苦，以至於他們不想再與彼此有任何瓜葛。基於這個原因，專業調解人該做的，不止是安撫脾氣而已。例如，勞工調解者就像外交官一樣，必須學習何時該讓對立的雙方聚在一起、何時該把他們分開。在談判中，技巧嫻熟的調解者把對立的雙方關在不同的房間裡，他自己來回穿梭在那些房間之間，細膩地判斷何時該讓對立的雙方聚在一起。一位勞工調解者說，當他判斷對立的雙方已經厭倦爭論時，把他們聚在一起的時機就出現了[7]。

　　在會議室裡，一旦讓對立的雙方聚在一起，安撫脾氣可能還是必要的，但那樣做依然不夠。十九世紀，茹安維爾公爵（Duc de Joinville）首次為外交官設計了一種更深入的技巧。後來，已故的西奧多‧基爾（Theodore Kheel）等美國勞工談判者也使用這種技巧，而且效果很好[8]。這個技巧是套用一個公式，「換句話說，你的意思是……」但實際上不止是複述而已，談判者在換句話說中，嵌入對方的一些顧慮或利益，從而建立談判的共同基礎。茹安維爾把這個程序稱為「重新配對」（re-pairing，也是repairing〔修復〕），這是很貼切的文字遊戲：衝突的修復，就像是工作坊的修復，改造一個議題，使議題變得可以改變。

　　前面我們提過有助於合作的傾聽技巧，亦即了解對方的說法，並以有同理心的方式回應。通常「換句話說……」這種說法，是用來釐清對方在說什麼。對茹安維爾及基爾來說，他們的目標都是在某種程度上扭曲訊息。採用這種技巧的談判者會故意聽錯，以便引入新的銜接元素。茹安維爾想必是一個聰明的讀者，也是熟練的傾聽者，因為他聲稱這種技巧可以追溯到柏拉圖。在柏拉圖的對話錄中，蘇格拉底經常以異於對方原始說法與

用意的方式，來重新表述對方的論點。蘇格拉底刻意聽錯，是為了開啟更多的想法。

　　但是，萬一沒有調解人怎麼辦？那麼風暴可能導致毀滅性的破壞嗎？對立的雙方會不會肆無忌憚地相互攻擊呢？在某些情況下，即使沒有調解人，也可以進行衝突管理。只要重新拿捏沉默與說話之間的平衡，就可以修復損害。

　　華爾街曾經是整個紐約。早期，移民在現在的金融中心上方——在翠貝卡（Tribeca）或沿著堅尼街（Canal Street）——建立專門的事業。這些都是小型服務商或製造商，從十九世紀末開始由猶太人、斯洛伐克人、義大利人、波蘭人、亞洲人經營。這些事業都是家族擁有及經營的，並開設在這些家族居住的下東區附近。這條由專門事業組成的移民帶，如今依然存在，只是其地理位置正在縮小。他們與供應商及顧客的長期關係，把這一帶緊密地連在一起。就像小事業組成的社群般，競爭對手往往聚在一起。例如，在唐人街的一條街道上，目前有八家專賣餐廳炒鍋的批發商。

　　一九七〇年代中期，在內戰與經濟動盪的推動下，韓國人開始大量移民到美國的大城市，尤其是紐約與洛杉磯。在紐約，他們和以前的移民有相似處，也有相異處。他們跟其他移民一樣，都窮得要命。他們與其他移民不同的是，許多韓國移民受過高等教育，但在美國無法為其醫生或工程師技能找到市場。他們的處境很像一九六〇年代越南動盪時，移民到巴黎、受過高等教育的越南人。

　　在紐約，韓國移民還有一點異於其他移民：他們突破了傳統的市中心移民帶，在他們顯得格格不入的地方開店，靠著開每天營運二十四小時、一週營運七天的商店，創造了利基市場。他們是向非韓國人販售熟食、鮮花、民生消費用品等等。他們的顧客有兩種：要不是富有的曼哈頓人，就是住在沒有大型超市社區裡的貧窮黑人。如今紐約人對這種韓國商店已經習以為常，但四十年前，這種商店是一種創新。某種程度上，這些韓國移民很像比他們更早來美國的中國移民。中國移民是開設循環信貸機構，為開店的人提供資金。蓬勃的信貸生意讓他們把一些獲利又投入信貸資金中，以幫助其他的新移民。最早移民的那一代，社交關係也很緊密。在韓國商店裡，沒工作的成人必須幫忙照顧其他人的孩子，他們通常是在商店的後面照顧孩子[9]。

　　韓國商店之間會相互合作。他們以一種特殊的方式，面臨本書所探究的困境：如何與異己相處。對最早移民的那一代來說，這種困境在因應貧窮的黑人顧客時，變成一種對立。當然，語言障礙阻礙了這些韓國移民，但更重要的是，有些貧窮的黑人顧客把他們當成敵人，覺得韓國人收取的價格是在剝削他們。有些貧窮的黑人也對每家韓國商店背後的財力資源心生嫉妒。韓國人則是看不起這些貧窮的顧客，覺得那些黑人的生活似乎毫無改善又混亂。更糟的是，韓國人偶爾會表現出對這些顧客的蔑視。

　　這造成了暴力的後果：一九九二年，洛杉磯暴動期間，暴民摧毀了約兩千三百家韓國商店。在紐約，長期以來，一直有人扔石頭砸韓國的雜貨店與超市；一九八四年以來，還有人號召抵制活動。韓國人對這些攻擊的反應是，組織自衛團體，並與美國黑人社區的代表談判。例如，紐約韓國人協會（Korean Association

of New York）和韓國商人協會（Korean Merchants Association）
與黑人社區的專業社區組織者取得聯繫。這些黑人社區的組織者
在一九六〇年代曾針對白人當權派發起暴動；他們從那些暴動以
來，一直在磨鍊技能。此外，紐約政府也培養了一群技巧嫻熟的
調解員。

　　這種談判就像所有化解衝突的專業過程一樣，一開始雙方相
互指控、各自發表聲明及提出要求。這種交流花了很長的時間才
出現進展——五年後，雙方才從相互指控的對立狀態，進展到討
論出管理潛在暴力的程序。他們是透過基爾所謂的「象徵性表
象」（symbolic cover）才讓交流有所進展。小議題上的合作，象
徵著雙方確實可以完成某個目標。無法協調的大議題則是先推
遲，或許是永久推遲[10]。例如，正式談判是把焦點放在，哪個政
府機構應該賠償店面損失，而不是追究個別肇事者的責任。

　　他們並沒有達成和解，也就是說，店家與顧客並沒有因此更
了解對方；雙方並沒有變得和睦相處。到了一九九二年，也就是
正式調解終於有所進展的那年，一項針對韓國商人所做的研究顯
示，61%的韓國商人認為黑人不如白人聰明；差不多比例的韓國
商人也認為黑人比較不誠實；70%的韓國商人認為黑人比白人更
容易犯罪[11]。這些觀點混合了純粹的種族主義、遭到搶劫的實際
經歷，以及反映韓國人自身脆弱歷史的情緒。正式的調解就像實
際的衝突般，都沒有驅散這些烏雲。不過，韓國人和他們的顧客
確實都找到了某種解決方案。他們藉由沉默，緩和了衝突，雙方
都心照不宣地把憤怒與偏見推到幕後。他們就像前述的求職者那
樣，學會保持情感距離。

　　這只是故事的一半，另一半是有關韓國店主與其員工的互

動。隨著商店的擴張，韓國人無法招募足夠的韓國人來當員工，後來韓國商店的員工幾乎全是拉美裔。對韓國移民來說，拉美裔是另一個陌生的種族，但他們與拉美裔的關係，跟他們與黑人顧客的關係截然不同。這些拉美裔員工也對韓國店主心懷怨恨，因為他們的工資低、工時長。這些怨恨累積久了，導致罷工，雖然在紐約很少韓國店主遭到身體暴力攻擊。韓國人與拉美裔都有專業人員可以解決這些衝突，但這兩個族裔採取兩種作法：一種是在商店外，由專業人士負責調解；另一種是在商店內，透過日常交際來調解，沒有調解人。

在商店外，Local 169 工會的組織者，努力迫使韓國商店遵守勞工法，以及工資與工時的規定，但這場抗爭本身發生了社會轉折。組織者與紐約州開始舉辦勞工法的研討會，並向參加研討會的韓國店主頒發結業證書。在紐約市邊緣的法拉盛（Flushing），約兩百五十名韓國店主從這種一日大學「畢業」。這樣做的目的，不僅是為了教導他們法律，也是為了改變他們的態度。

就像上一代的波士頓工廠工人一樣，那些拉美裔店員（主要是墨西哥人）是長期雇員。由於那些墨西哥人中有很多是非法移民，店主可藉由通報其非法移民的身分來威脅他們乖乖就範。不過，隨著時間的推移，韓國人與拉美裔發展出日益密切的個人關係。人種學家閔平甲（Pyong Gap Min）發現，韓國人感受到拉美裔的工作態度跟他們一樣吃苦耐勞，因此開始欣賞他們。不過，他們確實也抱持一些偏見：相對於韓國人把黑人顧客視為罪犯，韓國店主對這些拉美裔員工的態度則像大家長一樣，覺得只要嚴格領導他們，他們就會服從。一名女店主告訴閔平甲，「他

們都很努力，完全不惹麻煩。我覺得他們就像我自己的孩子一樣。想到他們悲慘的處境，我就難過。[12]」

　　然而，拉美裔希望韓國人把他們當作成人對待。多年來，隨著這兩個民族日復一日、年復一年密切地共事，他們的關係出現了變化。這種變化雖慢，但確實發生了。就像柴契爾夫人的內閣首長一樣，拉美裔開始敢反駁雇主，他們會乘抽菸休息時間提出異議，甚至有時在顧客面前這樣做。

　　然而，這不是創傷癒合的故事。在衝突爆發二十年後，緊繃局勢依然存在。但這些緊繃局勢在沒有調解人之下，獲得了控管，因為這兩個族群相互依賴。韓國人需要願意像他們那樣長時間刻苦耐勞的人手，拉美裔需要保護他們以免遭到法律制裁的雇主。隨著時間的推移，雙方承認了這種共同的依賴關係，但他們也像家庭般，建立了不可逾越的界限。墨西哥人不能一邊罷工、一邊指望老闆不通報有關當局求助。韓國人不能把這些長期服務、辛勤工作的員工當成小孩那樣，給點小錢就打發。

　　專業調解人試圖營造風暴已過的情境，以產生有成效的結果。沒有調解員的調解也可以產生同樣的結果，但過程不是那麼有條理，也不是那麼有效率。造成局勢緊繃的根源，在修復後依然存在。無論有沒有調解人，雙方都會改變在言語與沉默之間拿捏的平衡。

　　我們可以說，這種重新平衡創造了某種禮儀。路德維希・維根斯坦（Ludwig Wittgenstein）在他晚期的哲學中主張，你應該對無法用清晰、精確言語表達的事情保持沉默。在落實社交禮儀時，你是對你清楚知道、但不該說及沒有說的事情保持沉默。這是韓國人、拉美裔、黑人在他們的互動中開始採用的準則。

程序

　　雖然間接與沉默有助益，但合作的關鍵是主動參與，而不是被動存在。托克維爾就是提出這樣的主張，他把新英格蘭地區的鎮民大會或志願組織視為典範。在那些組織中，每個人都有發言權。這種樂觀的期許往往演變成一種折磨的經歷，因為一個人可以立即做出決定的議題，二十個人可能討論到死還沒有結論。更糟的是，擅長做這種冗長討論的人知道，何時該提出關鍵論點或總結「會議的意義」。也就是說，大家被他搞得筋疲力盡，才不得不達成共識。在那種情況下，任何人都可能像狄德羅那樣感嘆，「感性的人順從自然的衝動，如實地發出內心的吶喊。當他削弱或強化這種吶喊時，他就不再是真實自我了……13」

　　「參與」的挑戰在於，你要讓人覺得值得投入時間。在會議中，這取決於會議的建構方式。如果會議的建構像琴師的工作室那樣，是透過肢體動作達成共識。如果會議的建構像實驗工作坊那樣，將公開進行，但會產生具體的結果，會議是在有固定議程及漫無目的的漫談之間進行。令人焦慮的會議，就像「改造」式的修復。它會承認把大家帶到談判桌前的痛苦與麻煩，並避免一次就「解決問題」的幻想。在這種會議中，參與者將透過「養成習慣—質疑習慣—重新養成習慣」的技巧節奏來制定儀式，以便做更好、更充分的交談。

　　聽起來不錯嗎？但似乎只是幻想。我們想知道它是否能化為現實，以及如何實踐。為此，我們需要先談一下一個看似無聊的話題。

正式會議與非正式會議

威爾伯‧范弗雷（Wilbert van Vree）做了一項研究，探索「現代會議行為的發展」。他在該研究中，追溯了現今構成會議的程序（包括議事規則、會議紀錄、輪流發言、讓渡發言權）的歷史演變[14]。他研究的是正式會議，這種會議會規範大家如何參與，而且不鼓勵非正式的交流。范弗雷詳述了這些令人麻木的程序。由於大家對這些程序已經非常熟悉，我們可能以為這些程序一直以來都是如此，但事實不然，至少商界是如此。中世紀的商業會議往往是暴力場合，人們在談判合約時，很容易就從言語交流變成拳腳相向。行會制度藉由強調階級制度來維持秩序，因為上級總是先發言，而師傅之間則是按照年齡順序發言。等級（rank）主宰著正式會議，決定何時輪到某人發言。然而，在十六世紀，歐洲商業文化開闢了另一種作法。

這種變化之所以會發生，有部分是源於印刷術的出現。在印刷文本（正式合約、印刷的複式帳簿等）開始影響商業的時代，大家有必要透過口頭討論來詮釋大量印刷的文件。這種討論削弱了年齡分級，年長者不見得比聰明的年輕助手更了解沒有人情味的印刷頁面。年輕人在閱讀或計算數字方面，可能跟其他人一樣好，甚至更好。詮釋印刷文件有助於顛覆隱含在等級制度中的權威。但這些文件中的數字，並不能取代個人開商務會議時的權威。

霍爾拜因那幅畫的桌上，擺著彼得‧阿皮安（Peter Apian）的著作《論商業計算》（*On Mercantile computation*）。那本書要求讀者思考會計程序。當時和現在一樣，人們覺得只要東西可以

用數字表示，就是確鑿的事實，就可以放心。阿皮安是最早以有條理的方式記帳的會計師之一，他知道情況並非如此，數字是需要討論的標記方式。事實上，歷史學家瑪麗・普維（Mary Poovey）認為，複式簿記的興起與文學評論的興起，在現代早期是交織在一起的，因為數字與文字似乎都同樣需要評論[15]。因此，僵化的正式商務會議開始顯得效果適得其反。

　　更開放的會議也源於新的權力形式。由於十六世紀與十七世紀的殖民擴張，歐洲商業變得越來越複雜，這種複雜性催生了一些需求。例如，英國的東印度公司（East India Company）在成立之初，結構很基本，正式會議很少。隨著公司在全球發展，部門更頻繁地開會，以釐清地盤之爭及分配殖民戰利品。公司變得越強大，它與政府的交集越緊密，需要開更多的會議。官僚機構試圖抵制這種公開溝通的必要性，並以書面報告來對抗公開會議。這種報告獲得了官方文件的官僚神聖性，戰勝了公開討論。公文可謂是第五章討論的穀倉效應的官僚版。公文與自由討論的需求之間有所衝突，這種衝突不僅出現在現代早期的商業中，也出現在外交上。外交官的祕密管道與白話交談，跟公文中的正式談判形成了對比。到了十八世紀，腓特烈大帝（Frederick the Great）改革普魯士的國家行政制度時，也在這兩股力量間左右為難。他希望國家機器的活動可以正式記錄在公文裡，但他也明白，如果部門只靠書面文件來協調，成效會很差。

　　關於公開會議的歷史，第三方面更廣泛，但沒那麼枯燥。這是世襲職位被削弱的後果之一。在中世紀的軍隊中，軍團指揮官的兒子可以繼承父親的軍團（這種情況在英國一直持續到十九世紀），政府官員的兒子也可以繼承父親的職位。出生就有足夠的

權威了，那個年代「掙得的權威」這種觀念很薄弱。現代早期，世襲制開始遭到質疑。有人開始主張令人震驚的觀念：官員必須實際擅長某個職位才有資格任職。也就是說，職位應由能力決定，而不是由出身或資歷決定。

發現人才的一種方式，是觀察會議上的行為。山繆・皮普斯（Samuel Pepys，1633-1703）是憑藉自身能力在海軍部嶄露頭角的「新人」，他的日記顯示他是開會高手。他可以在不冒犯上級的情況下，抗議上級的正式命令；讓對立的部門坐下來談判；質疑及討論皇室的財務部門交給海軍部的財政數字。這種討論技能開創了一個有別於沙龍的禮儀論壇。雙方的愉悅不是重點，皮普斯也不是追求相互讓步的妥協者。在會議中，他堅持自己的立場，但不會讓其他的與會者覺得自己被逼入了絕境。這種開會技巧在當時與現在都樹立了一個重要的典範。

我們常把妥協者想像成善於開會的人，以為正式程序是達成妥協的原因，但事實並非如此。妥協者認為信念與利益只是談判的籌碼，也就是說，他們假設抱持那些觀點的人並不是真的對那些想法堅信不移。怪的是，很多人確實相信他們對別人說的話。當這些信念在會議中以妥協的名義被推翻時，往往會讓與會者心有不甘，覺得自己被會議騙了，或更糟的是，覺得他們被自己騙了。此外，堅定的妥協者會試圖化解衝突，因為他們擔心衝突將失控。他不像韓國店主那樣透過沉默來管理暴力衝突，而是想要明確的解決方案。為此，他們往往在衝突尚未爆發前，就提前表明自己的立場，以期向別人展示他們有多麼「通情達理」。

正式會議的真正好處在於，它可以避免這種妥協的缺點。只要保留談話的書面紀錄，人們就可以隨心所欲地表達個人觀點，

因為他們知道這些觀點會留下紀錄。紀錄有助於提高正式的透明度，更重要的是，即使會議最終以妥協告終，與會者仍可感覺到自己並未受騙。紀錄上顯示他們提出自己真正相信的東西＊。如果所有的與會者都遵循相同的規則（例如輪流發言或讓渡發言權），正式性就能顧及包容。

　　然而，正式性本身並不能解決透明度的問題。這有部分要歸因於會議主席的行為。荷蘭社會學家瑞特（P. H. Ritter）分析了人們主持正式會議的方式，他指出「每場會議上，大家的行為很容易跟著會議主席而調整，主席是會議的範例[16]」。與會者都想獲得主席的認可，例如，藉由刻意點頭以引起主席的注意，以及獲得主席對有價值或相關貢獻的認可。

　　此外，正式的固定議程有礙問題從內部演變。在工作坊裡，工作的方向是由手頭上可用的材料與工具決定。大家有一個整體目標，但達成目的可能有不同的方法。大家可以測試不同的方案，看哪種最好，這種工作坊勞動是一種敘事。正式的固定議程並不是一種敘事，即使是發表明確的評論與立場，也可能使正式的會議陷入癱瘓。一個奇怪的想法，雖考慮不周，但值得嘗試，這種突發奇想可能打動一個人，但它的影響力不如經過深思熟慮而提出的想法。正式性有利於權威，並試圖避免意外。

　　相反的，開放式會議原則上是尋求更多的平等與意外驚喜。問題在於，開放式會議如何創造出一種有別於妥協的選擇。這個

＊ 註：英國首相布萊爾（Blair）執政期間，他採行「沙發政治」（sofa politics）。也就是說，在首相的沙發上，與部會首長做非正式的晤談，這樣做不會留下任何痕跡。他卸任後，許多部長聲稱他們其實不相信他的所作所為，但天曉得？畢竟沒留下任何紀錄。

問題取決於參與者如何遊走於正式與非正式之間的界限。那是一個臨界地帶，一些間接合作的技能在那個地帶受到嚴峻的考驗。

臨界地帶

職業外交官都有一本遊走於這個邊界地帶的聖經：薩道義爵士（其日本名為佐藤愛之助）的《佐藤的外交實務指南》（*Satow's Diplomatic Practice*）。該書於一九一七年首次出版，如今已出到第六版。全球各地都有這本書的譯本與修訂版[17]。薩道義以記錄歷史的書記自居，他把沃頓常駐威尼斯擔任大使以來的實務作法記錄了下來。這本書的絕妙之處在於展示，即使是最僵化的會議，也可以挹注非正式性、間接性、互動性。薩道義的四條忠告特別實用。

第一個忠告說明，如果衝突的雙方想測試一種可能的解決方案，但又不想正式承認並留下紀錄時，該怎麼做。在這種情況下，薩道義建議默默地在會議桌上傳遞一張紙（bout de papier）。這張未署名的紙上寫著「如果你覺得可以提議……我願意把它提交給我國政府」之類的文字。如此一來，外交官的行為彷彿是回應對手的立場，而不是主張自己的立場[18]。例如，外交官正在代表戰勝國談判一份投降條約：這種默默傳紙的談判可以幫戰敗者挽回面子，從而加速談判。卓越的外交官塔列朗（Talleyrand）就是以這種方式為拿破崙效勞。默默傳紙的儀式，創造了一個來自權力地位的尊重空間，這是一種最小施力的作法。

某種程度上，外交照會（démarche）是默默傳紙的延伸。那是一份文件，裡面提出一系列的想法與論點以供傳閱，但作者並

未明確表示他想要或相信文件中的內容。美國外交實務如今稱這種東西為「公開管道電報」（front-channel cable）[19]。外交照會可以吸引一種微妙的參與：文件中不是宣稱「這是我想要，或這是我國想要的」，而是自由地提出論點，讓各方都能平等地參與討論。我舉一個我個人的例子。我與聯合國教科文組織（UNESCO）合作時，幾乎所有關於古蹟是否列為世界遺產的討論，都是以外交照會的形式提出。外交人士不承擔任何建議的個人責任，因此每個人都可以自由地、客觀地考量那些建議。外交照會的儀式不同於默默傳紙，它沒有營造出尊重空間，但避免了具體行動，因此既適合弱者，也適合強者。

這些外交作法是折中妥協的替代方案，因為它們可以公開提出堅定的立場，而不是只做有利自己的聲明。藉由退一步，雙方接下來可以朝著接受或拒絕另一種觀點發展，而不必妥協自己的觀點。這種交流之所以屬於臨界地帶，是因為它創造了模糊性。不過，認為這種外交方式無效是錯的。默默傳紙與外交照會是為了讓強者與弱者間的會議成為一種雙贏的交流。在日常生活中，這兩種作法都是在運用前面所說的假設語氣。

外交禮儀不像默默傳紙或外交照會那麼微妙，但也可以用這種方式為外交增添模糊性。十七世紀，英國的外交官威廉・坦普爾（William Temple）宣稱，「儀式是為了促進商業，而不是阻礙商業。[20]」他指的是座位的安排禮儀。在正式的晚宴上，貴賓總是被安排坐在主人或主人配偶的旁邊。這種儀式確實是正式且嚴格的。比較隨性的場合則是採用比較模糊的禮儀。

外交招待會與雞尾酒會，是讓大家不停地交流無爭議觀點（如運動或寵物）的場合。在這些閒聊中，外交人士會「隨意」

地在談話中插入一些有關政府計畫或人事的重要內容，因為他知道，即使對話沒有被祕密記錄下來，對話內容也會被詳細地剖析。那些隨意發表的意見，稍後都會被挑出來細究。對說話者來說，外交技巧需要確保訊息能夠傳達出去，但不能太明顯地暗示。聆聽者的技巧在於假裝沒有注意到。專業外交官說，這種隨性作法很難拿捏得剛剛好，是一種非常高段的輕巧模式。這種方法最常用於無法白紙黑字寫下來的爆炸性問題。薩道義正確地把這些享用雞尾酒與開胃菜的場合視為變相的會議。

第四個適用於會議的間接外交技巧，與友好的態度有關。薩道義的建議，呼應了一八一三年馬姆斯伯里勳爵（Earl of Malmesbury）的警告：要提防那些「急於認識你並對你傳達想法」的外國人。這種看似開放的友善，通常是一種陷阱21。沒有人是一定毫無詭計的，所以隨性作法就像默默傳紙營造的尊重空間，在外交中營造出一種特定的社交地帶。隨性可以傳達出一種信任的訊號，也就是說，外交官相信他交談的對象會接收到他隱射的線索。

這與臉書（Facebook）上的友好不同。臉書上，年輕人盡可能清楚地展示日常生活的所有細節，幾乎沒有留給觀眾任何想像空間。相反的，隨性的暗示是隱匿的，需要詮釋技能才能正確地解讀。這種隱晦的外交暗示，最適合用來發出不友好的警告，通常是以社交玩笑的形式展現。間接表達的警告，不是為了平息事態，而是為了讓對方措手不及，以產生更大的效果。我們在日常生活中都知道這種作法，但通常不會像職業外交官那樣仔細地分析暗示。

可能出現暴力衝突的局面，是測試上述四種外交技巧的極端

情境，而且那四種外交技巧往往無法因應那種情況。一九九一年，美國對伊拉克的海珊政權宣戰，伊拉克的外交部長塔里克‧阿齊茲（Tariq Aziz）收到美國宣戰的信件，但在討論信件內容時，他被允許把那封信原封不動地放在桌上，不拆開。不拆信這個由來已久的慣例，是為了讓雙方繼續談判及尋求解決方案，直到最後一刻。同樣的，一九三九年，一封英國信件提出對德國開戰的可能性，該信的開頭幾段充滿了對兩國關係的尊重。由於這類表達都是樣板文字，如果希特勒政權真的想要和平的話，他的外交回應就會集中在這些微妙之處。

上述外交技巧失敗的例子，助長了一種普遍的看法：外交儀式不足以處理實際的權力動態。如今老謀深算的外交官當然得不到大眾的尊重。然而，也許我們在評估這些作法的價值時，找錯了地方。就像韓國店主學會重新定義言語與沉默之間的關係一樣，使用這些工具的職業外交官也重新定義了清晰與模糊之間的臨界關係。他們藉此展現政治分析家約瑟夫‧奈伊（Joseph Nye）所謂的「軟實力」[22]。軟化非正式與正式交流之間的鴻溝，可以讓開會的成效更好。即使彼此敵對，那也可以使雙方保持聯繫。那為折中妥協提供了行為上的替代方案。

因此，我們應該把這些技能視為日常行為的重要標準。在日常會議中，每當我們遇到無法透過決策來管理的複雜問題時，就需要外交技巧。我們該做的是保持聯繫，而不是放棄問題，因為棘手的問題很少自己消失。上述四種外交程序為日常會議的進行確定了儀式。誠如第五章所述，在非正式社交三角的形成過程中，也會出現類似這些外交儀式的東西，但如今職場的變化使大家更難培養及運用這些技能。雖然社會主義者想大規模地批評資

本主義，但職業外交官在無意間批評了職場上那些阻礙觀點不同者好好合作的社交作法。

有一條主軸貫穿了本章討論的間接合作、衝突管理、外交技巧、會議行為等主題。這些都是某種形式的表演，但這些表演與馬薩林為路易十四安排的自利型戲劇不同。跳舞的國王戲劇性地表現出他與臣民的距離，以及他對臣民的統治。施瓦茲女士、韓國店主、薩道義指導的外交官則是藉由佩戴社交面具，來上演他們與他人的互動。

社交面具

誠如第一章所述，齊美爾認為，城市居民以冷靜與無動於衷的態度，來掩飾他們對街道刺激的強烈內心反應。拉羅什福柯認為面具是一種比喻，代表一個人真實面目以外的樣子，「每個人都會裝模作樣，讓自己看起來像他希望大家認識的樣子。[23]」社交生活的各個角落都可以看到偽裝、保護性的面具。求職者面試時需要戴上面具，就像基爾在勞資談判中，或一次大戰後德國外交官在凡爾賽談判戰敗條款時，也會戴上面具。紐約的韓國人是戴著沉默的面具。偽裝的面具不見得是為了自我保護。禮貌與得體圓融的行為，是為了掩飾可能傷害他人的感覺。

由於偽裝的面具無處不在，大家可能很難想像還有另一種面具：社交面具使人更興奮、體驗更強烈。但如果我們把面具視為實體物件，這種可能性就更容易理解了。面具是文化中最古老的

舞台道具之一，連結舞台與街頭。

多米諾（domino）是一種簡單的眼罩，在過去的化妝舞會中最常見。十五世紀，多米諾在歐洲變成一種流行時尚，那是源於十三世紀街頭的即興喜劇表演。在社會上，多米諾一直是一種喚起性欲的面具。在舞會中，女人戴著五顏六色的緞面面具，面具蓋著顴骨以上、眉毛以下的臉龐，雙眼處留著縫隙。這種眼罩發出那個男人或女人正在找樂子的訊號。尤其，在大齋節前的街頭慶祝活動中，多米諾眼罩讓女人可以自由地從一處遊蕩到另一處，與陌生人調情。這塊薄薄的布料讓人假裝別人認不出我是誰，儘管這種小面具很難隱藏佩戴者的身分。面具象徵著「我是自由的」，讓人暫時無視身體的禮節，並為快樂帶來了匿名性。

十四世紀到十七世紀，威尼斯的猶太醫生所戴的面具，是一種比較嚴肅的身體體驗。這些紙糊的奇怪彩繪面具，是蓋住嘴唇上方的整張臉。面具是製成半人半鳥的樣子，鼻子上有一個巨大的喙，但有一個很寬的開口，露出可辨認的眼睛與眉毛。多數基督徒不願與猶太人有實體接觸，但威尼斯的多數醫生都是猶太人，這種面具就是為了克服這種恐懼。醫生戴上鳥面具時，病人比較能夠放鬆接受猶太醫生的觸摸、按壓或戳弄，彷彿是某種奇怪的生物在觸碰他的身體。

有些面具提供單方面、往往是惡性的刺激。例如，最近伊拉克戰爭期間，阿布格萊布監獄（Abu Ghraib）裡的情況，蒙住另一人的身體可以讓施虐者感到興奮。阿布格萊布監獄的照片顯示，蒙著頭但赤身裸體的受虐戰俘神志不清或痛苦不堪，他們的周遭圍著外表整潔的年輕美國人，面帶微笑或大笑著。蒙面人物在魔術師的服裝中有一個更古老、但沒那麼惡毒的起源。蒙面魔

術師的形象，早在十一世紀就出現在法國。魔術師的頭罩源自中世紀的一種奇想，他們認為頭罩可把魔術師隱藏在上帝的視線之外，但讓他暴露在更黑暗的宇宙力量的影響之下。歷史學家卡洛・金茲伯格（Carlo Ginzburg）指出，在黑彌撒（black mass）①期間，蒙面的參與者象徵著他們已經離開了人類情感的領域。

　　多米諾眼罩、鳥面具、蒙面頭罩都象徵著面具的刺激力量，但還有另一種面具有更廣泛的社會影響力。怪的是，這可以是一種中性的面具。只要穿戴得當，它可以產生激發效果。

　　一九四四年法國解放時，年輕的演員賈克・樂寇（Jacques Lecoq）經歷了一場改變命運的邂逅。他在格勒諾布爾（Grenoble）表演時，遇到了尚・達斯特（Jean Daste）。達斯特是卓越的演員兼導演，他想把演員從所有浮誇與華而不實的表演中解放出來，以更簡單有力的方式表演。為此，達斯特製作了彩繪的紙糊面具，其五官表情是中性的，男女老少都可以在舞台上佩戴那面具。這樣做的結果令樂寇相當震驚，他說：「演員戴上中性面具時，你會看到他的全身，『臉』變成了整個身體。[24]」由於沒有臉部表情，演員必須透過肢體動作及聲音表達來溝通[25]。

　　樂寇因此受到啟發，他請雕塑家阿姆雷多・薩多力（Amleto Sartori）為他製作皮革面具（最初的即興喜劇是使用皮革面具）。接著，樂寇挖大面具的眼孔，把嘴唇橫向拉長，讓表情顯得既不笑也沒皺眉。他把下巴變成抽象的扁平狀，並把面具塗成白色。樂寇後來創辦了一所學校，教戴著面具的演員如何在沒有臉部表情下溝通。樂寇的「方法」其實需要一種嚴格的紀律，因

---

① 以魔鬼而不是上帝為敬拜對象的彌撒。

為這種面具就好像切斷了演員的情感肢體。這種作法的極端是默劇，連嘴巴都不發出聲音，等於是連舌頭也切掉了。演員的雙手必須努力傳達出震驚、喜悅或悲傷。學習這種技巧並不容易，因為光是戴上面具不會釋放表演者的身體。女性在化妝舞會上佩戴的多米諾眼罩，只傳達了一件事，「我單身，來找樂子。」戴著面具的演員必須表達更多不同的情感。

　　「中性」當然是一種多面向的體驗。現代城市裡的中性實體空間——例如，被一點綠意包圍的玻璃與鋼骨建築——是死的空間。許多社交關係就像這種死氣沉沉的建築。但樂寇希望他的中性面具能促使演員變得更有表現力、更直接，「面具會從演員身上吸走某種東西，讓他擺脫偽裝。」樂寇發現，「面具若是佩戴得當，當演員摘下面具時，他的表情是放鬆的。[26]」

　　讓我們在此停頓一下。托克維爾從他的美國行中，創造出一個個體的形象：這個人在中性、同質化的社會中感到舒適，他試圖避免差異所激起的焦慮，因此遠離異己。樂寇那些戴面具的演員顛覆了這個概念：中性面具讓演員的身體放鬆，但它的真正目的是讓演員對觀眾更有表現力。就業輔導師與求職者、韓國店主、外交官其實可以像樂寇那些演員那樣發揮表現力：把行為的某些面向加以中性化，其他的面向就會凸顯出來。中性面具可能增加一般社交行為的舞台存在感。

　　至少這是一種可能性，值得進一步探索。職業演員，無論是否採用樂寇那種模式，都必須壓抑焦慮，以便在舞台上有力地表達。為了擺脫身體的過度緊張或多餘的能量，演員會專注於某些特定、明確、很小（這點最重要）的動作。這種明確聚焦的細節可以紓解緊張——這與帶面具的目的一樣。演員勞倫斯・奧立

佛（Laurence Olivier）就是精通這種明確小動作的高手。他的手臂和手很少做大動作。對細節的專注，也是西薇・姬蘭（Sylvie Guillem）或蘇珊・法羅（Suzanne Farrell）等卓越舞蹈家在舞台上表現出色的祕訣之一。這些舞蹈家藉由專注的細節，向觀眾傳達一種巨大、充滿舞台的存在感，例如腳的突然轉動或手的突然翻轉。

　　這項觀察讓我們在比較舞台與街頭時又更進一步。當合作專注於小動作時，它也變成一種更有表現力的體驗。誠如我們在琴師的工作室裡看到的，許多連結彼此的動作是肢體動作，而不是言語的。同樣的，儀式的一個面向，是編排身體與語言的表達，好讓這些動作可以一再地重複。這種明確聚焦的舞台動作，說明了為什麼我們可以在這些社交活動中更有表現力。我們感覺身體不那麼緊張了，所以放鬆確實有刺激效果，而不是令人麻木。

　　達斯特與樂寇為舞台設計的中性面具是不帶個人色彩的，因為演員不分男女胖瘦都可以戴同樣的面具。因此，他們跳脫了刻板印象。事實上，我觀賞樂寇徒子徒孫所做的表演時，發現觀眾更關注演員的行為，而不是演員的外表。不帶個人色彩的演員，把觀眾的注意力吸引到角色上，而不是自己身上。這是一個向外的轉變——這正是我們與不喜歡或不認識的人進行複雜的合作時所需要的轉變。樂寇認為他的戲劇是一個合作的空間，那說法也適用在社交上。

　　總之，社交面具除了提供保護性的掩護外，也可以促進表達。日常交際是以多種形式運用中性面具，但如果我們以為日常交際只是對他人的空洞操縱，那種想法是危險的。相反的，如果我們不專注於展示或描述自己，可以用富有表達力的內容來填充

共同的社交空間。樂寇的戲劇，目的是消除明星演員。事實上，他聲稱他在戲劇中創造了民主。他的方法當然與路易十四在舞台上的自我戲劇化完全相反，他的社交主張並不牽強，即使他的戲劇民主化根本不是托克維爾所說的「民主」。不帶個人色彩的中性面具，是讓演員向外轉的一種方式，從而與觀眾創造一個共同的空間。複雜的合作需要那種向外的轉變，以創造一個共同的空間。日常交際是在塑造一種充滿表達力的社交距離。具體的政治結果會從這個抽象原則中應運而生。

第九章

社區
落實投入

　　本書的第一章，我簡要提到芝加哥的睦鄰之家。在那裡，非正式的合作為我這種貧童提供了社會支柱。本書的最終章，我想再次回到那個場景。在這座位於芝加哥鄰西城的破舊建築裡，人來人往，熙熙攘攘。合作的困難、樂趣與結果，就顯現在那些穿梭於這棟建築的人們身上。幾十年後，當我回到那裡，參與睦鄰之家贊助的活動，和約三十名在這個芝加哥貧民區的小角落成長的黑人共度週末時，至少在我眼裡，它是這個樣子[1]。

　　記憶在我這些兒時鄰居身上所玩的把戲，跟其他人一樣。多年變化的經驗，可以壓縮在我們對一張臉或一個房間的記憶中。那些和我一起成長的黑人孩子，有充分的理由以這種方式記憶。他們是倖存者，他們的童年因貧困而混亂不堪；青少年時期懷疑自己對世界有多大的價值；成年後，他們不解，為什麼自己活下來了，但許多童年夥伴卻毒癮纏身、犯罪或活在社會邊緣。因

此，他們挑選一個人、一個地方或一個事件，做為自己的蛻變經驗，做為護身符。睦鄰之家成了這樣的護身符，當地嚴格的天主教學校及警察運動聯盟（Police Athletic League）所經營的運動社團，也是這樣的護身符。

我兒時的夥伴並不英勇，他們沒有白手起家、沒有成為美國夢的種族典範。只有少數人上了大學；多數人勉強讀完中學，然後從事祕書、消防員、店主或地方公務員等工作。他們的成就在外人看來可能不大，但是對他們來說很大。在我們團聚的那四天裡，我造訪了他們的住家，並看到種種跡象顯示我們都走過的歷程：整潔的後院裡有精心照料的植物，不像我們童年所熟悉的遊樂區是由鐵鏈圍起來，裡面散落著破瓶子。住家的室內堆滿了小擺設及精心擦拭的家具，這也與以前被我們視為「家」但裡面破破爛爛、家徒四壁的房子形成鮮明對比。

在睦鄰之家的聚會上，大家驚訝地談到我們離開後，這一帶發生的變化。這裡沉淪沒落的程度，比我們任何人的想像還深。現在這裡猶如一片巨大的群島，遍布著廢棄的房子。孤立的公寓樓裡，電梯散發著排泄物的味道。這是一個打電話報警求救，警方也不會回應的地方。多數青少年持有刀槍。脫離這種地方的運氣，似乎更需要用一個地方或一張臉所發揮的護身符魔力來解釋。

睦鄰中心的行政人員（例如代表警察運動聯盟的老年警察），當然很高興聽到我們分享他們拯救社區的感言。但由於內容太現實了，他們不敢完全相信自己的轉變能力。畢竟，許多在睦鄰中心彈奏樂器，或在附近球場上打籃球的孩子，最終都進了監獄。對倖存者來說，過去仍是未竟之業。他們小時候面臨的問

題，成年後仍持續面對。這項未竟之業分成三個方面。

　　第一個與士氣有關，亦即在困難狀態下維持高昂的鬥志。士氣說來簡單，但實際上要解釋就不是那麼清楚了，因為我這些兒時鄰居在童年時期都有充分的理由陷入情緒低落。即使是現在，他們依然可能在夜裡驚醒，擔心未付的帳單或工作上的問題，心想他們成年後的人生可能像紙牌屋那樣突然崩塌。

　　第二個與信念有關。在我們的聚會上，那些兒時鄰居聲稱，他們之所以倖存下來，要歸功於強大的引導信念——他們都是虔誠的教徒，對於教會這個大家庭都有堅定的信念。雖然美國黑人經歷了一九六〇年代的民權運動，並從中受益，但他們覺得那些政治成果對他們的個人倖存沒有太大的影響。當一扇門打開時，你不會自動走進去。然而，當我們認真討論自家孩子的青春期焦慮時，很少人把《聖經》應用在那個長期存在又特別棘手的議題上。職場上也是如此，大家是彈性及適應性地思考具體的行為，而不是以教義為依歸。在工作上，這些年輕的黑人中，有許多人是第一次與白人共事，他們必須自己摸索。即使在二十年後的今天，他們還是必須這樣做。例如，我兒時的鄰居成為芝加哥監理所的主管，他的下屬大多是白人。

　　第三個與合作有關。童年時期，「去你媽」版的合作形式主宰了我們的生活，因為社區裡的所有幫派都認同這種模式，而且那些幫派都很強大。二戰後不久的那個年代，幫派只做小偷小搶的勾當，而不是像他們下一代的幫派那樣，從事毒品交易。他們推派年幼的孩子去商店行竊，因為萬一這些孩子被逮得正著，他們也不會入獄。為了避免捲入幫派生活，孩子不得不尋找其他方式來相互聯繫，這些方式是幫派所不知道的。例如，聚在公車的

候車亭，或那些沒被幫派納入地盤的地方，或在學校裡待到很晚，或者直接前往睦鄰之家。這種避難所意謂著你可以談論父母、一起做作業或玩跳棋──這些都是為了遠離「去你媽」的攻擊。如今回顧過往，這些遠離似乎非常重要，因為這些經驗為開放的行為、而不是防禦的行為埋下了種子。這種行為有助於他們在社區之外的發展。

套用一位兒時鄰居（他在該市的公衛所擔任主管）的說法，現在那些因遠離而倖存下來的人，想要「回饋」社區，但如今這個貧困地區的年輕人卻對這些伸出援手、可當「榜樣」的人懷有敵意。一如既往，「如果我能做到，你也能做到」的訊息，可能被扭曲成「如果我能做好，為什麼你做不好？你是怎麼回事？」。因此，社區中那些最需要幫助的年輕人，拒絕了這些榜樣想要回饋社區、伸出援手的提議。

這三個問題──士氣的脆弱、信念、合作──對我來說都很熟悉，但對我這個白人男孩來說，它們有截然不同的意義。父親在我襁褓時期拋棄了我和我母親，我們母子倆身無分文地搬到這個專為低收入家庭建造的公營住宅區。但我們在那裡只住了約七年，當家境不再貧窮時，我們就搬走了。那個社區對我構成了危險，但不是致命的危險。或許是因為這樣的距離，這次重逢在我心中激起了一種渴望，我想了解如何從更大的背景脈絡，去看待我兒時同伴那未竟之業的三個面向。

對社區的探尋

一九五〇年代，隨著卡布尼格林等公營住宅開始沉淪沒落，

保守派社會學家羅伯特・尼斯貝（Robert Nisbet，1913-1996）寫下經典著作《社區的探尋》（*The Quest For Community*）。該書於一九五三年首次出版，後來成為「新保守派」的聖經[2]。所謂的新保守派，是托克維爾在英美的徒子徒孫。他們強調地方生活、志願服務與志願組織的優點；與之形成對比的是大政府的缺點，尤其是福利國家。在尼斯貝的作品中，對社區的「探尋」不止是一種比喻而已：他描述，在國家官僚機構的阻礙下，人們培養面對面關係所面臨的困難。尼斯貝與其同行羅素・柯克（Russell Kirk）在一九五〇年代是「新」保守派，因為他們其實還算關心窮人的社交生活；相反的，一九三〇年代大蕭條時期主張小政府的人，則是只關注稅賦、自由企業、財產權。這些新保守派人士也是「老派」，因為認為窮人能在當地生活中實現自我的信念，其實可以追溯到十八世紀的哲學家艾德蒙・伯克（Edmund Burke）。

　　他們也算是先知先覺。如今英國所謂的「現代保守主義」，強調地方生活的優點，社區中的窮人應由志願者協助，而不是依賴福利國家的官僚。英國首相大衛・卡麥隆（David Cameron）把這種地方主義稱為「大社會」（Big Society）。他的意思是靠大眾及社區發揮大愛，而不是靠國家資金。在美國，現今茶黨運動（Tea Party movement）的一些成員是有社區意識的保守派，他們也抱持類似的觀點。這些保守派並不是自私自利的個人主義者，他們希望鄰居互相幫助。

　　如果今天有一個外星人從火星來造訪地球，他可能會認為，這種保守派與社會左派的繼承者幾乎沒有區別。那些追隨阿林斯基腳步的團體也從事社區服務，反抗大官僚主義。這個外星人會

覺得他從右派和左派都聽到完全相同的語言：也就是說，抵抗國
家並賦予人民權力。但這兩者其實有很大的差異。尼斯貝的觀點
是，小社區可以自給自足；社會左派則懷疑這種社區能否在經濟
上自給自足。社會右派相信資本主義足以養活地方生活，社會左
派則不相信。

　　左派與右派談論的是兩種不同的小社區。社會右派的小社區
模式是鄉村或城鎮，有在地業主經營的商店與銀行。即使小城鎮
的生活從來都不是自給自足的，但社會右派現在想做到那樣。社
會左派的小社區模式是發生在大城市，那些大城市裡充斥著連鎖
店、大公司，以及全球導向、與當地隔絕的銀行家。當然，資本
主義怪物是必須抵制的，但了解現實的左派知道，他們不可能在
街角商店殺死那隻怪物。

　　尼斯比雖然是在小鎮上成長，但他對城市很感興趣。他強
調，十九世紀歐美城市開始迅速發展以前，人們的工作地點與居
住地點間有密切的關聯。雖然一個人的工作地點和住處不見得在
同一條街上，但家庭、工作、社區之間仍有密切的地理關聯。大
型工廠的出現，改變了這種緊密的關聯。工廠需要廉價的空地，
多數城市的廉價土地離擁擠的市中心很遠[3]。鐵路網的發展促成
另一種擴張：工人階級與中下階級遷移到郊區，遠離了工廠的髒
汙或市中心的商辦大樓區。事實上，都市發展不見得會往郊區
無序地擴張。例如，一九〇〇年的紐約，成衣工人住在下東城
（Lower East Side），搭地鐵到上城的成衣區工作，車程僅十五分
鐘；在倫敦東區（East End），大工廠與市區的住宅結構混雜在
一起。

　　尼斯貝希望，藉由增加城市密度，使其地理環境回歸比較緊

密相連的狀態，以強化地方的優點。然而，這種想法忽略了分裂
這座城市的力量。這些強大的力量如今看來顯而易見，導致地
方社區越來越無法自給自足[4]。現在英國商業街的零售商業，大
多是由非本地的大公司經營。這些商業街上名牌商店的經營利
潤，並不會留在社區裡。美國也有一個利潤流失的明顯例子：二
〇〇〇年，在紐約哈林區（Harlem）的零售商業中，每一美元的
消費，僅五美分留在哈林區。在地的小企業很難獲得融資，尤
其是來自大銀行的融資。這些小生意的收費不得不高於沃爾瑪
（Walmart）等連鎖店，因此削弱了客群。誠如都市學家莎士奇
亞・薩森（Saskia Sassen）所說的，這些眾所熟悉的缺點所造成
的結果是，在地零售經濟現在的運作方式，就像殖民時期的自然
資源經濟一樣，它們創造出來的財富大多遭到提取及出口[5]。

　　社會保守派希望以在地的志願行動來取代福利國家，但這種
希望也受到類似的經濟事實所影響。當資金從地方社區流出時，
要讓人來這裡採取志願行動變得更加困難[6]。原因很簡單：資金
窘迫的地方組織不得不持續削減開支，就像大家常喊的口號那
樣，「用更少的錢，做更多的事」。提供服務變得越來越吃力，
志願服務者不僅因壓力而退縮，也因為慈善或基層團體無法完成
預期的任務而氣餒。這些組織的領導人，無論是受薪、還是志願
者，都把大部分的時間花在募款上，而不是專注於實質的工作。
當尼斯貝等保守派重申托克維爾對志願服務的盛讚時，他們忽略
了托克維爾在繁榮的美國旅行時，是什麼情況讓他留下深刻的印
象：每個社區都有足夠的資金讓志願者的付出發揮功效，而且看
起來付出是值得的。基於這個原因，我認為把卡麥隆的「大社
會」理念比喻成薩森所述的經濟殖民主義是公平的：地方社區就

像殖民地一樣，被剝奪了財富，然後還被要求靠自己的努力去彌補資金的短缺。

　　社會左派的地方社區組織者所面臨的挑戰是，如何加強經濟「心臟」脆弱的社區。ACORN或DART等美國的經濟正義組織發現，這種脆弱的器官無法從地方做心肺復甦，它們必須成長為全國性的組織，放棄一個世紀前引導巴黎社會左派的地方「合作主義」（associationism）路線。當然，也有一些組織者接受了生活的經濟現實，但仍然堅持社區的價值。巴西教育家保羅・弗雷勒（Paulo Freire，1921-1997）的美國、英國、荷蘭追隨者就是這樣做。他們組成的團體，把改革在地學校做為地方動員的切入點[7]。他們知道窮人受到經濟創傷；他們希望窮人從生活的另一方面重新開始，藉此從創傷中復原。這樣做是為了不讓窮人老是想著自己的弱點。然而，這個作法之所以複雜，是因為在現代資本主義中，這些窮人可能一直處於貧窮及邊緣化的狀態。在這些艱困的情境下，如何才能提振他們的士氣呢？

士氣

　　維多利亞時代的人對士氣的要求相當嚴苛。「振作起來！別再打混，趕緊做吧！」地方猶太會堂的拉比本著這種精神對我說，「每次我對形而上學產生懷疑時，就會去清理車庫。」士氣與投入（commitment）的不同之處在於，士氣是一種即刻感到幸福安康的情緒，投入在時間上有較長遠的視角，例如好好地養育孩子、創業或寫小說。一個人有可能在抱持強烈的投入感之下，感到士氣低落嗎？表面上看來，當然是可能的。養育孩子常令人士氣低落，但那不會削弱多數父母對孩子的投入：你會繼續

做下去。寫小說需要投入很多，只有從未寫過小說的人，會覺得那是一種樂趣。但現代社會似乎以不同的方式反對維多利亞時代的要求，認為士氣是一種非常重要的現實狀況，是幸福安康的內在因素。

世界衛生組織（WHO）最近的一項研究認為，士氣低落（所謂的憂鬱症）已經像流行病一樣普遍，已開發國家有近四分之一的人口罹患憂鬱症，這些國家有15%的人口正在服藥[8]。（誠如第四章所述，如今兒童是這些藥物的目標消費者）。精神分析學家達里安‧里德（Darian Leader）對世界衛生組織的統計資料感到懷疑。他認為，憂鬱症的普遍流行，是把現實生活中的悲傷與不公正重新定義成一種疾病[9]。儘管如此，憂鬱症是一種神經化學的現實狀況，它會削弱身體的能量，嚴重時，會使人覺得任何有挑戰的行動都難如登天。真正的臨床憂鬱症不是暫時的感覺，它會破壞一個人投入的能力。

有些人會推薦合作活動，做為治療臨床憂鬱症的方式。合作經驗以這種方式被當成治療時，合作的複雜性就被貶低了。我去醫院探望一位憂鬱症已達自殺程度的朋友，發現診所的工作人員試圖讓她與其他人一起簡單地唱歌及打掃廚房。她可以從事這些任務，但不能做更複雜的事情。這些任務的單純性與她內心深處隔著一道鴻溝。令人驚訝的是，隨著時間的推移，她的病情好轉了。至於為什麼會發生這種情況，我們可以拿佛洛伊德的理論來解釋。像她這種臨床康復，促使佛洛伊德從更廣泛的角度去探討士氣的意義。

佛洛伊德早期的研究，抨擊了「憂鬱症只是自尊低落」這種普遍流行的觀點。他認為，憂鬱症患者其實是因為世界辜負了

他而充滿憤怒，接著他把這種憤怒轉向自己，因為自責比對抗他人更安全、更容易控制。在一九一二年成書的《圖騰與禁忌》（*Totem and Taboo*）中，佛洛德寫道：「在幾乎每個對某人有強烈情感依戀的案例中，我們都會看到，那柔情愛意的背後，潛意識裡隱藏著敵意。[10]」他認為，憂鬱症掩蓋了對父母、配偶、情人或朋友的憤怒：不敢指名道姓講出來的憤怒。

這些早期的觀點，是很多人都不太喜歡的佛洛伊德理論。也就是說，無論在什麼情況下，心靈機制都會無情地持續運轉。或許佛洛伊德自己也覺得這種敘述過於死板，又或許是因為一次大戰的恐怖及數百萬人的死亡，讓他有了更深的體悟。總之，無論是出於什麼原因，戰爭接近尾聲時，他擴大了對憂鬱症的理解。一九一七年，他發表〈哀悼與憂鬱〉（Mourning and Melancholia）一文，從時間上區分兩種形式的士氣低落。憂鬱症是一種穩定狀態，有如一再重複的沉悶鼓聲；哀悼則包含一種敘事，在這種敘事中，當事人逐漸承認失去父母或愛人的痛苦是無法彌補的，並接受失去的人已經離開了，繼續前進下去的願望重新燃起。套用佛洛德的臨床用語就是，「現實考驗顯示，心愛的對象不復存在……（最終）對現實的重視勝出……在哀悼完成後，自我又恢復自由，無拘無束。[11]」

一次大戰接近尾聲時，佛洛伊德從哀悼的經驗中找到一種方法，以描繪生、死、倖存的自然節奏。哀悼很符合我朋友的情況，她的情人帶著他們收養的孩子一起離她而去。隨著時間的推移，我的朋友接受了「他們已離去」的嚴酷事實。在不同的語境下，哀悼融入了基帕菲特所設計的新博物館中：城市的痛苦歷史被銘刻在那棟建築的結構中，成為一個扎實的物件，而不是盤旋

的烏雲。佛洛伊德這種區別方式也有助於解釋，為什麼我在華爾街訪問的一些失業者確實陷入了憂鬱，但另一些人沒有。如果佛洛伊德是對的——他不像許多大眾心理學家那樣主張「治癒」——失落的情緒永遠不會痊癒，而是被接受了，被當成一種獨特的體驗。

最重要的是，佛洛伊德對哀悼的看法，塑造了他對工作的信念。工作發出了一種回歸世界的召喚，讓勞工抽離自己的情感歷史。當我們回應這種召喚時，士氣便以個人能量的形式回歸了，生理與心理上的負擔都消失了。工作所承諾的不是「幸福安康」，而是重新投入。然而，這不是社交的重新投入，合作行為本身在佛洛伊德的思想中並不重要。

我們可以把哀悼視為一種修復，第七章探討的修復形式可以使這種想法更加明確。佛洛伊德看待人生創傷的方式，並不像瓷器修復師看待破碎的花瓶那樣。渴望回歸日常生活的憂鬱症患者知道，他無法讓時光倒流。每個在流亡中倖存下來的難民也是抱持同樣的想法，他們確實會哀悼過去，但他們也會掙脫懷舊的枷鎖（套用鄂蘭的說法），以便在別處重生[12]。從神學上來講，亞當與夏娃知道他們不可能回到伊甸園。因此，哀悼是一種來自內在的改造。

這些觀點是了解卡布尼格林公營住宅倖存者的一種方法。他們從小所處的雜亂街道與破窗陋室，對他們來說，是一種既沒有被遺忘、也沒有被否認的混亂。事實上，他們對這些場景有一種偏向正面的情緒。他們在那裡度過童年、在垃圾中玩耍、毫無目的地打鬥，最後倖存下來了。他們以佛洛伊德所說的哀悼方式，哀悼童年的貧民窟。往事存在他們的心中，依然令人不安，但不

再是支配他們的歷史。那些創傷強化了他們對現今生活方式的信
念。

　　對於佛洛伊德的觀點，我們想提出一個鮮明的對比：艾彌
爾‧涂爾幹（Émile Durkheim，1858-1917）針對「士氣低落」提
出的經典社會學版本。他的觀點強調社會組織與社交合作在恢復
士氣方面的作用。涂爾幹比佛洛伊德年長一個世代，那個世代差
異很重要。涂爾幹的思想幾乎不受戰爭的影響，他所研究的組織
是十九世紀最後那幾十年，歐洲那些看似永久經營的工廠、政府
官僚機構與政黨。

　　某種程度上，涂爾幹對士氣的看法很簡單：對組織的強烈依
戀會強化士氣，依戀薄弱則會削弱士氣。他以這種方式，就能直
接了解華爾街的後台員工：雖然他們有強烈的動力把工作做好，
但因為那種工作場所幾乎無法培養出忠誠度，所以他們的士氣很
低落。對涂爾幹來說，「組織」不單只是正式的官僚結構。軍隊
或政府部門那種組織體現了傳統與相互理解、儀式與禮儀，這些
都是組織結構圖所無法體現的。涂爾幹為我們帶來了「組織文
化」的概念。這種文化可能使脫離（detachment）變成一種令人
喪氣的經驗。

　　在涂爾幹關於自殺的著名研究中，最引人注目的段落之一，
是談那些奮發努力而功成名就者的命運。涂爾幹發現，這種向
上流動者的自殺率，幾乎跟那些失去財富並向下沉淪的人一樣
高[13]。他思考這個統計事實，並得出一種比較通泛的解釋。向上
流動者往往遭到孤立，對新獲得的財富或權力感到不自在，因為

組織文化讓他們沒有歸屬感。涂爾幹以法國向上流動的猶太人來檢驗這個說法，他自己就是猶太人。法國軍隊雖然接受了阿弗列・德雷福斯上尉（Alfred Dreyfus），但在惡名昭彰的德雷福斯事件（Dreyfus Affair）發生前，法軍從來沒有讓德雷福斯產生歸屬感①。法國政府的高層也是如此，自拿破崙時代以來，猶太人享有平等權利已一百年，但一九〇〇年，猶太高官仍被視為局外人。向上流動的商人也無法只靠金錢買到任何資格，例如，賽馬會（Jockey Club）是巴黎社交俱樂部中最菁英的俱樂部，它以讓猶太申請者枯等數年或甚至數十年而自豪（它破例讓查理斯・哈斯〔Charles Haas〕入會，普魯斯特〔Proust〕筆下的角色查爾斯・史旺〔Charles Swann〕就是以他為原型。）

　　後來，涂爾幹更廣泛地套用他的解釋，涵蓋那些被組織排擠的人，無論是向上流動的猶太人，還是經濟地位低下的工人。工頭聽不見那些工人的聲音，他們遭到排擠，不獲認可，因此陷入社會失範（或譯無規範、迷亂，anomie）──這是涂爾幹用來描述「士氣低落」的術語。失範是一種無根感、一種飄泊無依的感覺。涂爾幹用這些術語來描述失範時，他試圖更深入地挖掘遭到排擠的後果。一個人可能把自己遭到排擠的情況加以內化，覺得自己沒什麼立場要求他人的接納，覺得排擠是合理的。這種內在反彈在那些向上流動的人身上很明顯，他們覺得自己在新環境中是在偽裝，像個冒牌貨。在美國文學中，費滋傑羅（Fitzgerald）

① 德雷福斯生於法國的阿爾薩斯，一八七一年普法戰爭後，阿爾薩斯被併入德意志帝國。德雷福斯的父母決定保留他們的法國國籍。德雷福斯後來成為法國的猶太裔軍官，一八九四年他被誤判為叛國，導致德雷福斯事件。

小說裡的傑・蓋茲比（Jay Gatsby）就是陷入這種形式的失範。不過，涂爾幹認為，這種內化的無根感更普遍存在。組織的文化已經評判了你，你確實不適合。自殺是一種極端的絕望狀態，它為涂爾幹打開了一扇窗，讓他有機會去了解脫離的更常見後果：個人內在的自我懷疑。

在窮人之中（就像在卡布尼格林公營住宅一樣），幫派生活可以解決失範問題，而且是一種有效的解決方法。社會學家蘇西耶・凡卡德希（Sudhir Venkatesh）深入研究了我童年所在那個社區的幫派生活，並顯示幫派生活如何讓兒童與青少年產生融入及歸屬感。如今這些販毒的幫派，在短期內為這些孩子提供很大的利益，也解決了與向上流動有關的失範問題（涂爾幹在另一個國家的更高社會階層中，探索了這個問題）。幫派透過精心設計的入會與晉升儀式，讓年輕人產生歸屬感。在幫派階層中步步高升的年輕人，感覺自己與同儕的關係更加緊密[14]。相較之下，社區組織者試圖讓年輕人脫離幫派，反而可能製造失範——至少在卡布尼格林公營住宅是如此——因為他們試圖創造的替代組織文化比較薄弱。

廣義來講，失範與哀悼是士氣的兩面，一邊是脫離，另一邊是重新依附。這種兩面性的概念，與從團結的角度思考不同，也更複雜。失範與哀悼相比，哀悼在情感上又比失範更複雜。哀悼是以時間的流逝來定義。一個人在哀悼的過程中，重新依附於一種新的狀況。它不是直接為人提供融入的可能性，而是以不同的方式提振精神。但無論是隨著時間的推移來提振士氣，還是靠加入一個熟悉的群體來提振士氣，士氣都是有限的。需要做出判斷的時刻總是會出現：這個組織值得依附嗎？事實上，哀悼的效果

之一，是使這個問題變得更加尖銳：一個人會重新思考他想要怎麼生活。多虧了伊利亞・安德森（Elijah Anderson）與米契爾・杜尼爾（Mitchell Duneir）的研究，以及凡卡德希的研究，我們知道許多年輕的幫派分子到了二十五歲左右，確實會開始問這樣的問題，「這是我想要的人生嗎？[15]」事實上，這是一個所有人都必須找到答案的問題。以不同的方法來測試投入，就會出現答案。

投入的測試

投入可以用一種直截了當的方式來測試：你準備好為它犧牲多少？在第二章提到的社交互動中，利他主義是最強烈的投入形式：聖女貞德為了信念而上了火刑柱，一般士兵在戰鬥中為了保護袍澤而犧牲。在光譜的另一個極端是頂級掠食者，無論是鱷魚、還是銀行家，都沒有自我犧牲的空間，因此測試並不存在。在光譜的中間地帶，投入涉及的犧牲程度各不相同。商業協定的雙贏交流，需要各方為了達成一項對所有人都有利的協定，而放棄某種特定的利益。政治聯盟也需要類似的調整。差異化交流（亦即有啟發性的相遇）不需要自我犧牲，但也不需要打敗對方並要求對方放棄什麼。

一九六〇年代，像卡布尼格林公營住宅這樣的社區，就在這些條件下，面臨著投入的殘酷測試。那是黑人中產階級開始擴張的年代。開始向上流動的人，應該留在他們成長的地方嗎？近一百年前，布克・華盛頓曾設想，學院裡那些向上流動的匠人會返鄉改善其他人的命運。但一百年後的一九六〇年代，這是一個零

和遊戲，如果向上流動的人仍待在家鄉，他就需要犧牲。因為一九六〇年代，隨著毒品交易進入貧民區、少女懷孕生子的數量增加，再加上政府提高物質生活水準的努力不足，貧窮的黑人社區變得更加混亂。那些向上流動的人有義務在這種環境中犧牲自我嗎？只有特權階層能輕易回答這個問題。

　　另一種衡量投入的方法，是以時間來衡量，分成短期投入與長期投入。在第五章，我們把華爾街一些企業的短期團隊合作與中國人的「關係」（長期連結）拿來對比。短期關係削弱了組織內部不同階層之間的投入，中國人那種「關係」則加強了組織外的投入。短期投入對義務感與忠誠感的破壞可能特別大，但短期投入不見得會產生這些可怕的後果。認真的線上交流，就像GoogleWave嘗試的那樣，可能既簡短又緊密相連。我的GoogleWave小組夥伴後來對彼此都非常投入，即使那個專案令我們失望，我們還是會搭機相聚。

　　窮人之間有一條連線是外人看不到的：透過大家族所做的長期投入。黑人家族與韓裔美籍家族都有這種連結特徵。其他地方也可以看到類似的特徵，例如生活在西歐的土耳其人與摩洛哥人。法律上的家庭定義，通常側重於住在同一屋簷下的血親；此外，社會政策往往側重於只包含父母及直系子女的核心家庭[16]。對窮人來說，無論是不是移民，以同住為基礎的核心家庭關係，並無法充分衡量人們所依靠的支援網絡。每個家庭可能在經濟上無法提供足夠的支援；在社會上，年輕人從一個家庭流動到另一個家庭，這是在一個大圈子裡及跨世代間強化關係的一種方式──可以說是一種家庭版的「關係」[17]。我兒時的一些朋友發現，在貧民區中往上移動及搬出貧民區的過程裡，這種投入減少

了。社會流動性意謂著，長期投入的範圍縮小到核心家庭。

　　可靠性是測試投入的第三種方法。這種測試屬於可預測的領域，最可預測的行為似乎是預先確定的。蜜蜂不會決定牠要不要跳舞，跳舞的衝動是源於牠們的基因。投入愈需要做決定時，就愈不可靠。環境與欲望的改變，促使我們抽離，不再投入。所有的靈長類動物，無論是成群的、還是單獨的，都有能力抽離。人類把這種抽離的行為加以道德化，說那叫背叛；或在情感上把它定義成失望──但身為成人，我們知道自己有時會辜負他人，他人也會辜負我們。成人經驗中的投入行為，不是像蜜蜂那樣確定。

　　一九八○年的那次社區重聚，促使我想要回饋社區，就像那名公衛所的主管。我的人生發展得不錯，成年後變成不折不扣的資產階級。偶爾，我到芝加哥時，會回到卡布尼格林公營住宅，但有幾個週六，我也開始在紐約的西班牙哈林區②（Spanish Harlem）參與當地的公營住宅。我能回饋的，是我最了解的東西：幫孩子學習演奏音樂。但「回饋」讓他們產生了很大的焦慮：萬一那天我太忙或想做別的事情而沒來怎麼辦？畢竟，這是我的選擇。而且，由於回饋是我的選擇，所以在他們的眼中，當然是不可靠的，儘管我竭盡所能經常到場。漸漸地，他們的焦慮、他們對我可靠性的質疑，讓我覺得壓力很大。於是，我想回饋的欲望在我心中逐漸消退了。

---

② 紐約最大的拉美族裔社區之一，居民主要為波多黎各裔，也包括其他拉美族裔和黑人。

志業

　　犧牲自我、長期付出、自主且脆弱的——這些衡量「投入」
程度的標準，使投入變成一種與我們了解自己的方式密不可分的
體驗。我們可能想要重新定義我描述的經驗，說強烈的投入意謂
著對自己的責任。然後，把投入想像成一張路線圖（一張指引你
人生該做什麼的地圖），藉此再次轉移「責任」這個詞的沉重負
擔。

　　韋伯試圖以德語單字 Beruf（天職）來解釋這種持久的投
入，這個字大致上可翻譯成英語的 vocation（志業／天命）或
calling（召喚／天職）。這些英語單字充滿了大動盪時期的宗教
色彩。

　　中世紀的天主教徒，把宗教志業想像成修道士決定抽離俗
世。然而，對其他繼續參與社會的人來說，選擇的概念並不一
樣。大家覺得信仰是很自然的行為，是理所當然的，就像蜜蜂跳
舞一樣，雖然信仰是文化促成，而不是基因促成的。後來，路德
教派的神學改變了這點。路德根據早期基督教的經驗，尤其是聖
奧古斯丁（St Augustine）在信仰上的掙扎，把信仰塑造成一種
內在、主動的決定，一種「對基督的投入」，而且信徒在一生中
必須一次又一次地更新這種投入。新教徒感到痛苦的是，你需要
知道你人生在世的目的。相對的，猶太教、伊斯蘭教、天主教都
為信徒提供了獨立於自我之外的既定人生目的。路德那種新教不
太提供既定的人生指引，而是比較強調自我。

　　志業可以很簡單，就像策略性的個人規劃一樣。約翰·科
特（John Kotter）等商業大師發表激勵人心的演講時，會提到發

明「追求人生的策略」——這種建議乾淨俐落地消除了新教徒不知人生目的的痛苦[18]。更深入地探尋人生目的是一種自我批評，一位華爾街的大宗商品交易員後來轉行當老師，他對我說：「我想，我是注定做別的工作。」這種觀點可能也適用於卡布尼格林公營住宅那些向上流動的人，他們的人生注定從事別的事情，而不是繼續固守在貧民區。但我們之中是否有人有一個自我的內在核心，等著透過行動去實現呢？單憑信念就能構成那個內在自我嗎？驅使我那些童年夥伴前進的是他們的宗教信念。宗教信念似乎幫他們實現了內在核心，儘管那些信念並沒有直接指引他們的日常行為。

　　韋伯思考的是在政治上更有權威的志業。他的文章〈政治做為一種志業〉（Politics as a Vocation）把焦點放在「信念的倫理」上。這種「倫理」可以解決新教倫理所提出的自我難題，因為支配他人變成了個人的人生目標。某種程度上來說，這並不是一種原創的想法。叔本華（Arthur Schopenhauer）與尼采（Friedrich Nietzsche）都認為，施展權力可以治癒自我疾病。但韋伯更關注的是，那些真心抱持這種理念的政治人物、那些與馬基雅維利式的陰謀家相反的人、那些相信自己所宣揚的理念的人。韋伯害怕太投入的政治人物，因為他們可能強迫他人服從那些把他們從內心疑慮中拯救出來的信念。我們在第一章看到一個令韋伯擔憂的具體例子：巴黎世博會的「社會博物館」牆上的團結宣言。對韋伯來說，「團結」是一種掩飾，掩飾了淨化意志、加強確定性、從而消除內心疑慮的過程。韋伯認為，「信念的倫理」必須始終排除或懲罰差異。一旦承認分歧，信念本身就會崩解。

　　那麼，信念倫理的替代方案是什麼呢？一九○○年在巴黎世

博會上，有關睦鄰之家、社區協會、工作坊的展覽中可以看到替代方案。這些團體的組織者當然既有信念，也很投入，但他們抱持不同的使命感。社區本身已經變成一種志業，在這種志業中，合作本身變得更像是目的，幫在社區中生活或工作的人實現自我。我兒時那些住在卡布尼格林公營住宅的鄰居，很早就與當地社區有深入的接觸，但他們沒有把這種社區意識發展成一種成年的志業，也沒有採用韋伯說的那種方法，對他人施展權力以肯定自我。哀悼過去也沒有引導他們去思考「回饋社會」這種志業。

那麼，社區的志業究竟是什麼呢？拋開「在志業中實現個人命運」這種浪漫色彩不談，這個問題變成：一個人如何透過社區合作來培養內在的使命感。我們的研究得出三種社區版本，巴黎社區組織者的後繼者把這種社區當成志業。這三種社區，每一種都引人注目，每一種都不是很明確，每一種至今都還是未竟之業。

社區做為一種志業

以信仰為基礎的社區

天主教工人運動（Catholic Worker movement）體現了一種社區志業。這場一九三〇年代的運動規模很小，就像美國多數的左派團體一樣，但後來隨著梵蒂岡第二屆大公會議（Vatican II）期間教會的變革，逐漸激勵了拉丁美洲與東南亞的激進神父。這場運動啟動之初，獲得荷蘭天主教工人黨（Catholic Workers Party）的黨員及德國的小型反納粹天主教團體的迴響。從頭到尾，天主教工人運動都把焦點放在窮人的生活上。在美國，這項運動是透過其「接待所」（hospitality houses，從睦鄰之家演變

而來，對任何窮人開放，不分本地或外地人），以及彼得・莫林（Peter Maurin）與桃樂斯・戴伊（Dorothy Day）一起製作的《天主教工人》（Catholic Worker）月刊這樣做[19]。

　　紐約、芝加哥和其他城市的接待所提供住所，也協助尋找工作。這項運動也在其經營的農場上做同樣的事情。《天主教工人》月刊比較像現在的線上部落格，而非傳統的報導。以前和現在，月刊中都充滿了讀者投書與評論。接待所、農場、月刊對任何有需要的人來說都是開放的。其實務活動與華盛頓成立的那兩所學院不同，它為人們提供任務，但不強調他們的技能或合適度。過去與現在，接待所仍維持隨性的基調。

　　美國天主教工作者（American Catholic Worker）這個團體把投入定義成：盡可能簡單地過自己的生活。這種以信仰為基礎的激進投入，是以明愛（caritas）為基礎。在基督宗教的神學中，拉丁字caritas的意思是自由地付出，關懷他人。它與策略性的人際社交──也就是為了自身利益而與他人友好相處的機巧算計──正好相反。明愛也與利他主義不同（利他主義至少是研究動物行為的學者所使用的詞），因為它不像工蟻或願意奮戰至死的士兵那樣，為了群體的利益而自我犧牲。基於這個原因，戴伊對各種好戰、有組織的階級鬥爭，感到越來越不安。她對抗爭的看法，跟甘地一樣：非暴力的做法既可以改變壓迫者，也可以改變被壓迫者。

　　明愛這個基礎，給天主教勞工運動帶來了一個有關家長制的特殊問題，因為他們的宗教是建立在教會精心設計的家長制階級上。本著奉獻、平等的精神所進行的合作，與服從教會上級，無法輕易地分開。從一八三〇年代開始，法國的「社會天主教徒」

（social Catholics）就把他們的宗教視為對抗新興資本主義的解藥，但這帖超越經濟制度的良藥，必須在宗教權威的嚴格指導下服用。到了十九世紀末，教宗良十三世（Leo XIII）的通諭《新事》（*Rerum Novarum*）主張，政府未能支持工人時，教會應直接處理勞資問題。加布里妮修女（Mother Cabrini）是教宗良十三世底下最活躍的傳教士之一，她被派往芝加哥，去服務那裡的義大利與波蘭移民。雖然當地媒體把她創立的社區中心稱為合作社，但那其實不是。對加布里妮修女來說，面對面的合作是強化一個人對教會的信仰及其教會地位的一種方法、一種工具[20]。

　　恕我直言，天主教工人運動可以說巧妙地解決了「平等vs.順從」的問題。「天主教工作者的目的與方法」是一種信條，強調「我們的靈感來自聖徒的生活」，沒有提到教會階級制度的指引。那說法是頌揚「個人主義」，亦即「每個人的自由與尊嚴，是所有形而上學與道德的基本焦點與目標」[21]。一九六三年，前往羅馬參訪時，戴伊指出，教宗在聖彼得大教堂被抬著穿過人群，並不是象徵他高人一等，而是出於一個務實的原因，「如果他沒有被這樣抬起來，大家看得到他嗎？」[22]

　　戴伊對開放的地方社區的信念，是源自於宗教可以促使大家互動，促使大家覺得合作是他們的天職。她說，信仰是刺激社交活動的最可靠「動力」。關於信仰在這方面的力量，戴伊與美國哲學家威廉·詹姆斯（William James）在精神上有共通點。詹姆斯在《宗教經驗之種種》（*The Varieties of Religious Experience*）一書中指出，在信仰宗教之前，人們往往經歷了嚴重的憂鬱及他人的疏遠。個人信仰宗教後，可以從這種創傷中重生，彷彿自己是從灰燼中重生的新人。這種對信仰宗教的詮釋，與佛洛伊德的

哀悼觀點截然不同，哀悼保留了對過往的依戀。詹姆斯的觀點比較像美國人，他認為蛻變的時刻會同時提升士氣、投入與信念。誠如他在《宗教經驗之種種》中所寫的，我們必須感覺自己已經蛻變成不同的人，才能參與[23]。戴伊與詹姆斯的共通點在於，相信信仰宗教的純粹力量。

　　這在天主教工人社區中產生了一個問題：從戴伊那個時代開始，有信仰與無信仰的活動分子之間出現了分歧，而且分歧延續至今。天主教工人運動吸引了許多非天主教徒，其實還有一些是非基督徒及不可知論者。這種情況之所以會出現，正是因為這場運動是開放的，毫無別有用心的動機。它把焦點放在相連的時刻，對彼此的投入。雖然對戴伊那樣的信徒，以及那些被戴伊發起的運動所吸引的非信徒來說，社交投入是相似的，但他們對彼此的感覺還是不太自在。天主教工人社區堅持採取激進的行動，就像他們對祈禱的執著一樣。我母親透過共同的朋友邁克·戈爾德（Mike Gold，《沒錢的猶太人》〔Jews without Money〕的作者）而認識戴伊。一九三〇年代末期，她脫離共產黨時，天主教工人運動是她的第一個落腳點。她曾向我描述她觀察他人信仰的「怪異經歷」。驅動這些信徒的是宗教信仰，而不是對社會生活的信念。因此，在接待所工作的非天主教徒常覺得自己只是旁觀者。

　　一個源自宗教改革時期的古老分歧，在這個激進組織中又再次出現了：旁觀的議題（第三章探討過）。這種分歧在社區的日常生活中轉化為儀式問題，尤其是儀式性的祈禱。雖然沒有人被迫祈禱，但信徒需要這樣做。對於以信仰為基礎的激進社交行動來說，儀式並非必要。誠如第三章所述，貴格會的活動分子免除了儀式，只留下信仰。此外，就像美國的麋鹿俱樂部（Elks clubs）或那些如今已經變成慈善機構的英國行會一樣，在這種有如兄弟會的組織中，結合儀式與世俗是很常見的作法。但天主教工人運動裡的觀眾一直處於一種尷尬的狀態：非天主教徒為了合作而向上帝祈禱，是一種糟糕的欺騙行為。

在以信仰為基礎的激進行動中，天主教工人運動體現了一個更普遍的問題。這個問題可以用純粹的社會術語來描述。這是信念平等的問題。以信仰為基礎的激進分子可能不會做嫉妒性比較（天主教工人運動中的人肯定不會這樣做），但其他人會忍不住這樣做。非信徒的會員就像透過窗戶看到他們所缺少的。簡單地說，他們可能變成信徒奉獻精神的消費者（consumer）。換句話說：對信徒來說，幫助鄰居應該是源自於對他者（Other）的信念（他者是超越人類的）；而對非信徒來說，重點是其他人（other people）。這衍生了一種矛盾狀況：在以信仰為基礎的激進主義領域，信徒可能有完全包容的衝動；但是非信徒，出於良心，只能得出他不屬於這個團體的結論。

簡單的社區

我家的書架上有一本經常翻閱的書，那是戈登（A.D. Gordon）的文集。戈登是一八五六年到一九二二年生活在俄羅斯的遠見家[24]，對社區抱著一種療癒的觀點：對他人的投入可以、也應該會解決內在的心理問題。但他既不是韋伯的追隨者，也不是心理學家。他為基布茲（kibbutz）③提供了哲學願景。基

③ 以色列的一種常見的集體社區體制，傳統上以務農為主，現在則歷經轉型，兼事工業和高科技產業。

布茲是一個以共同身分為基礎的社區，在這個社區裡，合作本身就是目的。

　　某種程度上來說，基布茲就像是猶太人學十九世紀的前奴隸所設立的組織。戈登認為，在基布茲裡，其成員可以恢復自尊，從而拉近彼此的距離。他面臨的阻礙是日常交際中錯綜複雜的社會問題。猶太人為了在歐洲生存，被迫做這種交際。戈登希望，在基布茲裡，他們能摘下在歐洲為了適應敵對社會佩配戴的面具。

　　十九世紀末期，基布茲在巴勒斯坦扎根，其原始設計於一九六〇年代開始在以色列式微。起初，基布茲是一個農村勞動合作社，強調辛苦、往往是無技能的體力活。在這方面，它與前奴隸所設立的組織不同。而且，它顯然是社會主義的，大家集體撫養孩子，盡量減少私人財富，整個社區一起分享他們的勞動收益。

　　一九〇四年戈登從俄羅斯移民到巴勒斯坦時，已經為這種無所不包的社區生活的嚴苛情境做了充分的準備。他的父親與俄羅斯強大的岡茲堡家族（Gunzberg family）有關聯，他為他們經營了一片森林。亞倫・大衛（Aaron David，戈登的全名，他寫作時不用全名）在另一處莊園為岡茲堡家族工作。他知道怎樣耕種，可說是那年代最有哲理的農民，他的思想有部分是因為他意識到那年代的多數猶太人缺乏農業知識與技能。

　　在東歐的多數地區，多數猶太人無法合法擁有土地，大自然對他們來說是陌生的領域。戈登認為，歐洲的猶太人，無論是地位低下的經商者，還是有名望的醫生與律師，都失去了接觸體力活的機會，因為他們不用雙手工作。戈登提出的事實其實有誤。一九一四年，東歐各地都有許多猶太工人。儘管如此，他就

像搬到瓦爾登湖（Walden Pond）的美國賢哲亨利‧大衛‧梭羅
（Henry David Thoreau）那樣，很討厭不涉及土地、非體力活的
勞動。他認為，無法在大自然中依賴自己的人，缺乏真正自力更
生的能力，疏離了自己[25]。戈登這種看法是一種嚴厲的批判，與
猶太人數千年來承受迫害所展現的生存韌性互相矛盾。但或許是
因為托爾斯泰（Leo Tolstoy）對戈登和許多人的影響，戈登的態
度有所軟化。

　　在一個世紀後的今天，我們很難表達托爾斯泰的社群主義
（communitarianism）在俄國革命前約二十年的白銀時代（Silver
Age），對思想自由的俄羅斯人的想像力所產生的影響。他的追
隨者認為，俄羅斯陷入的沉痾已超出沙皇尼古拉二世（Nicholas
II）的壓迫統治。把俄羅斯人團結為一個民族的社區組織已經凋
零。因此，人民的個人性格也受到損害。托爾斯泰想到一個利用
志業來補救的具體辦法。他認為，特權階級需要在土地上工作、
在一般人的陪伴下做普通的勞動，以找回自己的根。這主張融入
了其小說《安娜‧卡列尼娜》（*Anna Karenina*，1873-1877）中
的列文（Levin）那個角色。列文是貴族，他藉由回歸土地以恢
復健康。（我最鮮明的童年記憶之一，是一位舉止優雅、身無分
文的老太太。她是俄國革命的倖存者，為我朗讀《安娜‧卡列
尼娜》中有關舊時農民美德的段落。）戈登對這本小說的許多段
落瞭若指掌，但那些段落對他來說有特別的意義，因為他是猶太
人。猶太人必須透過體力活，恢復體力，才能在歐洲以外的地方
重新振作起來：逃離歐洲的猶太醫生必須在基布茲中親手建造房
屋，栽種葡萄，準備公共膳食，才能恢復自豪感。托爾斯泰的作
品對基布茲的影響是，人們開始透過勞動來感受自己的身體。

合作做為一種簡單的志業，有很悠久的歷史。一些方濟各會的修道士——雖然不是聖方濟各（St Francis）本人——支持這種作法，所以他們認為修道士應該只沉浸在修道院最原始的任務中，因為藉由清掃大廳或割草，可以恢復agapé，亦即早期基督徒的夥伴關係。從納粹主義到毛澤東的文化大革命，許多現代罪行都是打著辛勤工作以改造人格的名義進行的。不過，戈登頌揚回歸簡單生活時，他的理念似乎更接近盧梭。

赫伯特・羅斯（Herbert Rose）是戈登思想的精明評論者，他對此做了一個重要的區分，「戈登從未主張人性本善……對戈登來說，大自然不代表純真，而是活力的來源。[26]」希伯來語試圖以兩個字來表達無精打采與活力之間的對比。tsimtsum同時暗示著自我主義和內心分裂，這兩者結合在一起時，活力就會衰退。補救辦法是histpashtut，想要為他人付出，從而使自己變得完整的自然欲望。這可能看起來很接近戴伊的「明愛」理念，但這還是有重要的區別。histpashtut是強調你在這裡做的事情、你現在的行為方式。戈登的哲理中並沒有超越性（transcendence），也沒有懷疑、憤世嫉俗或聽天由命。戈登認為，懷疑、憤世嫉俗或聽天由命等特徵都有損散居海外的猶太文化，他覺得每種合作行為都對自我有立即的療癒效果。而在戴伊那種基督宗教的神學中，合作只是邁向療癒的一步，而且療癒是發生在來世（如果有來世的話）。因此，對戈登來說，基布茲的簡樸生活，跟戴伊追求的自願貧窮及服務他人的生活是不同的。

由於猶太復國主義（Zionism）在戈登去世很久後走上不同的發展路徑，現在要了解戈登的作品很難。戈登就像神學家馬丁・布伯（Martin Buber）一樣，認為猶太人與巴勒斯坦人可

以、也應該平等地共用同一片土地。戈登認為，猶太人永遠不該
忘記他們從三千年流散史中所記取的教訓，也就是說，他們應該
公正地對待意見不同的人。

　　戈登之所以令人費解，部分原因在於他堅信簡單的合作可以
修補人心。但他對我們很重要，因為他強調透過社區合作來加強
身分認同。受壓迫社區的許多活動分子都認同這種想法，這可以
視為一九〇〇年推動政治左派的國家團結運動或國際團結運動的
地方衍生版本。不過，在變成地方版的過程中，共同身分的性質
改變了，變成需要直接參考你熟悉的其他人的經驗。共同身分不
是訴諸於猶太人或黑人的經驗，而是由你我共同的歷史建立起來
的。

　　社區應該建立在簡單的基礎上，這個想法不是基布茲的哲理
之父戈登所獨創的。許多社區的活動人士沒有想那麼多就接受了
這個原則。但它導致的問題與天主教工人運動一樣：與意見不同
者的溝通變得難以捉摸。兩者的優點都是強調，由下而上自由
地建立地方性、開放性的合作。戈登對布爾什維克（Bolsheviks）
的指責是，他們把社會主義與民族主義混為一談。對他來說，永
遠不可能有合作的五年計畫（Five Year Plan）[27]。然而，關於如
何在一個複雜的社會中過地方化的生活，這個問題依然沒有答
案。

社區的樂趣

　　最積極為這個問題尋求解答的美國人是諾曼・湯瑪斯
（Norman Thomas，1884-1968），二十世紀的大部分時間裡，他
一直是美國社會黨（Socialist Party of America）領袖。他試圖把

歐洲的社會民主與美國對地方行動的偏愛結合在一起。他利用非正式性來做到這點，無論是他自己的行為、還是他對社區的看法都是如此。他的目標是讓共同的合作體驗變成一種持久的樂趣。

他幾乎沒有機會在選戰中勝出，這個事實考驗了他的投入。一九三〇年代與一九四〇年代他出來競選美國總統時，看到羅斯福的自由主義新政從他的政黨中吸走越來越多的支持者，而史達林的共產黨人則是從極左派抨擊他[28]。因此，他的政治志業出現另一次轉變，他想把社會性（social）重新納入社會主義中。

湯瑪斯和許多美國的激進分子一樣，踏入政壇以前是在宗教界發展。他本來是以基督教牧師的身分投入公共生活，後來他放棄神職，開始為工人發聲，以及撰寫有關工人的文章。一九三〇年代是他的成長期，他領導的工業民主聯盟（League for Industrial Democracy）變成美國社會黨，由他擔任新的領導人。湯瑪斯認為，美國社會黨比較像是左派工會成員及基層組織者的資訊交流中心，而不是控制中心，也就是說，它是一個為公民社會設計的政黨。湯瑪斯的激進主義來自於，他把美國視為一個由流離失所之人所組成的公民社會。他認為「大熔爐」（也就是說，移民在其中失去了過往的歷史）是一種錯覺。移民的實際或象徵性記憶太重要了，永遠不會被抹煞，種族也是如此。健忘不是追求種族和諧的良方。而且，更微妙的是，他認為，階級不平等是一種流離失所的經驗。美國的白人工人階級遭到忽視，變成背景的一部分，彷彿隱於無形，在戰後幾年向上流動的時代風潮中不見蹤影。

在湯瑪斯看來，挑戰在於讓那些沒有美國夢的人願意向外看，超越自己的極限，從而相互合作。非正式的人際社交是達到

這個目的的一種根本手段，至少湯瑪斯是這樣想的，因為人們在沒有指導規則或統治者之下的相處經驗越多，越重視彼此。

偶爾會有人說湯瑪斯是有群眾魅力的演講者，但許多聽眾並不這麼想。他的聲音刺耳、手勢笨拙。他在公開場合發表的觀點，只不過是立意良善的陳腔濫調。他在演講中提到經濟平等、良好的福利國家制度、種族正義，並在二戰後支持聯合國。經常聽他演講的聽眾，都可以把這些主題背得滾瓜爛熟了＊。他的過人特質主要是在行為舉止上。他不拘小節，而且是真實如此。羅斯福在公開場合也很隨和，但姿態是居高臨下的，有如一個美國貴族在安撫及引導一般大眾。相反的，湯瑪斯說起話來，則像群眾的一員。他根本不介意說些無聊的事情，他是以這種平凡的風格獲得別人的信任。

他缺乏戲劇性、缺乏舞台魅力——這看似削弱了他身為政治人物的能力，但我覺得他是不拘小節的高手。例如，他總是把自己的座位放在一群人的中間，最好是在一個圓圈的中間，而不是像一般開會那樣，主席高高地坐在前面。演講結束時，他從來不會要求聽眾舉手發言，而是憑著一種他永遠無法解釋的直覺，尋找那些太害羞而不敢發言的人。會議結束後，常抓著聽眾的手臂與他們交談，連他們講話時也不鬆手。

在小型會議上，湯瑪斯會忽略議程，即使事前已經發布議程也一樣。湯瑪斯會把想要完成的項目，和現場某人的名字連結在一起，這樣做往往令那些人感到驚訝，因為他們從來沒想過那些

＊註：我家人跟他很熟，他們出於友誼，常去聽他演講。但一想到去現場又要聽那些陳腔濫調，他們就煩惱。

議題。會議上，他很少談到議程上的第一項或第二項以後的事情，而是讓事情順其自然地發展，從內部蛻變。湯瑪斯的外交照會（démarche）通常包括一份剪報或一份報告的摘錄（來自敵方），目的是為了激起同等程度的憤怒與討論。

這些程序的目的，都是為了促進非正式的解題及發現問題，但這些程序使那些想要盡快有效率地完成任務的同事頭痛不已，例如工會領袖沃爾特・魯瑟（Walter Reuther）就很受不了。每次開會，可能一開就開到晚上。如果開會是為了做出決定，那樣做肯定效果適得其反。但如果開會是為了讓意見不同的人習慣在一起，那會議的成效就很好。在這方面，湯瑪斯很精明。由於他試圖接納利益截然不同且經常相互衝突的人，他顛覆了奧斯卡・王爾德（Oscar Wilde）的那句話，「社會主義的麻煩在於，需要花太多的夜晚。」平靜下來、調適、暫時擱著壓力、單純為了相處而花時間與他人在一起──這些作法都會以非正式的方式，增加大家對集體專案的投入。

湯瑪斯以一種拉羅什福柯式的自我解嘲來邀請大家參與。在他八十大壽的壽宴上，崇拜者給了他一張一萬七千五美元的支票，他的回應是「這筆錢撐不了很久……跟我有關聯的每個組織都破產了」。會議上，他也不願表現出自己比現場任何人更有能力的樣子，他會刻意避免暗示自己是主席。

這些作法都讓這位美國社會黨的黨主席變得沒有權力。如果一個人的投入程度是以獲得的權力來衡量的話，湯瑪斯對社會主義的投入，就像戴伊或戈登那樣，是沒有意義的。但湯瑪斯落實了一個概念：知道現實的局限，但拒絕用這些限制來定義自己。他藉由這樣做，為左派樹立了一個社交榜樣。他與他人互動的方

式，對那個年代的工會來說是一種良知。那年代的工會經常陷入
權力鬥爭，受到其他規則的約束。湯瑪斯要求工會領導人反思，
為什麼一九三〇年代以後，隨著工會變得更有結構及內部官僚
化，他們的活力耗盡了。工會領導人知道如何以會員的名義採取
正式行動，但不知道如何以非正式的方式與會員互動，結果導致
自願會員流失。湯瑪斯呼籲他們要更激進，他的意思是，不要要
求更多，但是要改變作為。他也對美國其他的自由派人士提出同
樣的刺激性批評。

　　在三種形式的社區投入中，湯瑪斯的投入形式最偏向非正式
的樂趣。儘管湯瑪斯的政治主張在美國注定失敗，但他憑藉著與
他人互動的方式、而不是宣揚的主題，留下了持久的典範。

　　以上是在經濟大蕭條期間成長之人所觀察到的三種社區投入
形式：以信仰為基礎的投入、簡單的投入、人際社交導向的投
入。這三種形式所涉及的合作問題超越了那些時代，不限於左
派。社區合作讓我們注意到日常生活中生活品質議題的重要性。

　　貫穿本書的主題是：合作可提升社交生活的品質。地方社區
似乎是追求良好生活品質的環境，但那是一個複雜的環境。本章
中，我主要是探討窮人社區，這有部分是因為我個人的成長背
景，但也因為那些都是很實際的案例。那些地方是我童年夥伴不
得不生存的地方，也是他們生存下來就準備離開的地方。那些地
方也是「新保守派」放棄的窮困之地，任憑它們陷入窮途末路。
倖存者的生活中出現了複雜的問題，例如，士氣、依戀、失去、
哀悼等問題，以及支持人們為生存而奮鬥的志業問題。沒有簡單

的幸福承諾能夠回應這些生活現實。

　　社區本身可以成為一種志業嗎？窮人或邊緣化社區可以靠信仰、身分認同、非正式的人際社交等方式，來維持社區的發展，但這樣做還不夠。有人問佛洛伊德，過優質生活的關鍵是什麼，他給了一個有名的答案，「愛與工作。」這個建議中並未提到社區，社交被排除在外。鄂蘭把社區生活視為一種志業，但不是多數窮人親身體驗的那種社區。她的社區是一種理想化的政治社區，所有參與者都有平等的地位。相對的，我們想把社區想像成一個進入世界的過程，在這個過程中，人們不僅確定了面對面關係的價值，也確定了這些關係的限制。對貧窮或邊緣化的人來說，限制是政治與經濟的，價值是社會的。雖然社區無法填滿人生的全部，但它能帶來一種確實的樂趣。這是湯瑪斯的指導原則，我認為，即使你不是住在貧民區，這也是了解社區價值的好方法。

結語
蒙田的貓

　　哲學家蒙田（1533-1592）晚年時，在多年前寫的文章中添加了一個問題，「我與愛貓玩耍時，我怎麼知道她不是在跟我玩呢？[1]」這個問題一語道盡了蒙田長期以來的信念：我們永遠無法真正探索他者的內心世界，無論對方是貓，還是人。蒙田的貓可以用來象徵本書探索的那種辛苦的合作。我針對合作提出的前提是，我們往往不了解共事者內心與腦中的狀態。然而，就像蒙田依然和他那隻神祕的貓玩耍一樣，缺乏相互的了解不該阻止我們與他人互動，我們想要一起完成事情。這是我希望讀者從這項複雜的研究中得出的簡單結論。

　　蒙田為本書提供了一個恰當的結尾，因為他是對話式思維的大師。他出生那年，正好是霍爾拜因繪製《出訪英國宮廷的法國大使》那年。蒙田年少的時候，就像畫中那兩位派往英國的年輕使者一樣，接受了政治教育，是波爾多上訴法院（法語

parlement ①，由知名人士組成的地方司法機構）的成員。他像那兩位使者一樣，近距離了解了天主教徒與新教徒之間的宗教衝突。十六世紀中葉的宗教內戰震撼了波爾多地區，威脅到他家族領地所在的村莊。宗教型的部落主義導致有人放火焚燒敵方的土地、圍攻城鎮以餓死他們，以及不分青紅皂白的恐怖謀殺。雖然蒙田是站在新教領袖亨利四世（Henri de Navarre）那邊，但他的心既不在宗教的教義上，也對專職搞政治毫無興趣。一五七〇年，在父親過世兩年後，他回到了自己的莊園，退縮到莊園東南角的一座塔樓內，在那裡設立一個房間，用來思考及寫作。在那個房間裡，他開始嘗試以對話的方式寫作，並思考如何把它應用在日常合作中。

　　雖然他已經隱退到私密的舞台，並把大部分的時間花在釀酒上以維持莊園的生計，但他在精神與情感上並沒有抽離對廣大世界的關注。年輕時的好友艾蒂安・德・拉博埃西（Étienne de La Boétie）寫了《自願奴役論》（Discourse on Voluntary Servitude，可能是寫於一五五三年，當時他二十二歲）。該文是有關盲目服從欲望的研究，蒙田在自己的作品中詳細闡述了其中的許多原則。宗教戰爭使這兩個年輕人都對盲目信仰、盲目服從抽象意識形態或有魅力的領導人，產生強烈的反感。如果他們兩人活在一個世紀後，會覺得路易十四的戲劇表演，是國家努力引導一群觀眾消極自願地服從領袖的體現。如果他們是活在我們這個年代，

---

① 在法國舊制下，parlement 是法蘭西王國的省級上訴法院。雖然現代法文 parlement 和英文 parliament 都源於這個法文字，但舊制下的 parlement 不是立法機構，現代與古代的法語字不能互換使用。

二十世紀充滿魅力的獨裁者，同樣也會對他們兩人構成消極服從的威脅。拉博埃西早逝後，蒙田繼續支持朋友的另類想法：也就是說，以社區的一般合作為基礎，從下而上地參與政治。

蒙田是封建領主，他充分利用了自己的世襲特權，所以我們當然不能拿他和現代的激進社區組織者相提並論。但他研究了周遭的社區生活是如何組織起來的，他想從這些隨意的聊天、釀酒的相關儀式、對僕從的管理中收集資訊，以了解拉博埃西主張的那種由下而上建立的參與模式該如何實現。

蒙田那隻有象徵意義的神祕貓咪，可說是他這項計畫的核心。與我們合作的人在想些什麼呢？蒙田把這個問題與合作的其他面向連起來：有技巧、非正式、有同理心的對話。卓越的作家往往讓我們覺得他們和我們是同時代的，直接對我們說話，當然這樣想是有危險的。儘管如此，蒙田對這些合作要素的含義，確實有先知先覺的理解。

布萊思・巴斯卡（Blaise Pascal）特別提到，蒙田是「無與倫比的作家，擅長『對話的藝術』」。對蒙田來說，交談的「藝術」其實是成為良好傾聽者的技巧，誠如我們在本書中探討過的，那既要注意對方說了什麼，也要注意對方的預設立場。蒙田在一篇文章中，把善於聆聽者比喻成偵探。他討厭威廉士說的那種講者的「自信癖」。蒙田說，激烈的主張直接壓制了聽者，辯論者只想獲得認同。蒙田在文章中提到，在社會上，說話者大剌剌地宣告自己的過人知識與權威，會讓聽者懷疑他的判斷力。被動服從這種弊病，是源自於受到威嚇而畏縮[3]。

蒙田認為，巧妙地察覺對方沒有明講出來的言下之意，並不是傑出人士的專長。他堅稱，這種偵查與沉思的技能是每個人都

有的潛力，只是被權威的主張所壓制了。基於這個原因，他應該
會覺得日常交際的概念很合理。人一旦從由上而下的命令中解放
出來，就需要一些技巧，以便在適當時機保持沉默、展現機智、
化解分歧（卡斯蒂廖內所謂的 sprezzatura）──至少在蒙田莊園
所在的小鎮上，當政治權威因宗教戰爭而崩解時，天主教徒與新
教徒之間的關係是如此。唯有謹慎地落實日常交際，才能讓鎮上
居民繼續在街頭生活。

　　身為在當地社區四處走動的人，蒙田喜歡做我們所說的對話
式交流，而非辯證式爭論，因為對他來說，所有的爭論都有可能
演變成暴力衝突。他在寫作中也採用這種對話方式，他的文章從
一個主題跳到另一個主題，有時看似漫無目的地繞來繞去，但讀
者讀完每篇文章時，都會覺得作者以意想不到的方式開啟了一個
主題，而不是局限在幾個狹隘的論點上。

　　「對話學」其實是一種非常古老敘事法的現代名稱。古代的
歷史學家希羅多德（Herodotus）運用這種方法，創造出一種由
斷簡殘篇拼湊出來的連貫整體，就像蒙田的散文一樣。但我覺
得，蒙田是第一個巧妙運用這種文學技巧的人：零碎的敘述可以
減少讀者的攻擊性。例如，他有一篇談「殘酷」的文章就是這樣
做。藉由幫讀者降低情感溫度，他希望殘酷的缺點因其純粹的不
合理性而變得更加明顯。誠如他所說的，他希望讀者透過這種方
式來「重新了解邪惡」[4]。對蒙田來說，這是對話的重點：全面
地看待事物，以看到任何議題或作法的許多面向。焦點的轉移使
人們的反應變得更冷靜、更客觀。

　　身為他那個年代的人，蒙田對技術性的技能非常著迷。他對
霍爾拜因那幅畫的桌上所擺放的精密天文設備反倒沒有多大的興

趣，對日常的技藝比較感興趣，例如，木工的車床、新的烹飪工具（比如用來烘烤的機械烤肉叉），尤其對建築的管路系統最感興趣。觀賞性噴泉及牛飲水槽的水泵令他特別著迷。他把這些平淡無奇的興趣寫進兩篇文章中：〈習慣〉（Habit）與〈同樣的設計：不同的結果〉（Same Design: Different Outcomes）。他說，習慣可以穩固技能，但死守著習慣不變則如同暴政。好的習慣可讓人自由地產生不同的「結果」。他主張，這個原則同樣適用於機器與人類[5]。他覺得這是顯而易見的道理，所以只是隨口提出這個主張，沒有多做闡述。我們在本書中做了更深入的探討以顯示，人只要調整習慣，就可以提高互動性，無論是在探索物件方面，還是在人際接觸方面。在我們對製造及修復實體物件與社交關係的探索中，技藝的理想一直為我們指引方向。

莎拉・貝克威爾（Sarah Bakewell）指出，蒙田是謙虛哲學家的典範，尤其他所展現的自我克制有助於人際互動[6]。「謙遜」概括了蒙田的禮儀概念，但他主張的禮儀與愛里亞斯對禮儀的描述沒有相似之處。身為一個男人，蒙田很隨性地看待自己的身體，他常在文章中寫到自己的身體，甚至詳細地描述他的尿味或何時喜歡排便。謙虛而不羞恥：某種程度上，蒙田對禮儀的看法是，只要我們對自己感到自在，就能與他人自在相處。他在晚年的一篇文章中談到非正式性，他寫道「人不管處於什麼位置，都會自然而然地想辦法聚在一起與保持聯繫，就像一組扔進袋子裡的物體，會自己找到連接與配對方式一樣，那往往比刻意安排的更好[7]」。這些話看起來也很像阿林斯基或湯瑪斯會寫出來的東西。這些話當初應該用來引導GoogleWave的程式設計師。

蒙田在一篇談虛榮的文章中寫道，「我們的自我是一個充滿

著不滿的物件，在那裡我們只看到可憐與虛榮。」但這不是建議我們像路德那樣做痛苦的自我掙扎，「為了不讓我們灰心喪氣，大自然適切地把我們的視線推向外面。[8]」好奇心可以「鼓舞」我們超越自我。誠如本書所述，相較於想像別人反映在我們身上，或是把社會想像成一個滿是鏡子的房間，向外看更有助於建立良好的社交關係。然而，向外看是一種需要學習的技能。

　　蒙田認為，最重要的社交美德是同理心，而不是同情心。在他為鄉村小莊園留下的生活紀錄中，他經常拿自己的習慣與品味，跟鄰居及工人的習慣與品味做比較。當然，他對相似之處感興趣，但他特別注意到別人的特點：為了與人相處，每個人都必須注意彼此的差異與歧見。

　　以尊重他人本性的方式，對他人感興趣，可能是蒙田的書寫中最激進的面向。他活在階級制度森嚴的年代，階級的不平等似乎把封建領主與僕役分成了不同的物種，蒙田也沒有擺脫這種態度。儘管如此，他還是充滿好奇心。大家常說，蒙田是最早沉溺於關注自我的作家之一。這是真的，但並不完整。他認識自我的方法是比較與對比。他在散文中一再提到他與他人的差異化互動與交流。他常為自己的與眾不同而感到高興，但也常像對待他的貓那樣，對於別人與自己差異感到困惑。

　　蒙田的貓，就像霍爾拜恩那幅畫中的桌子，是現代早期的一個象徵，象徵著一系列的可能性。那張桌子在某種程度上代表著製造東西的新方法，蒙田的貓則是代表一起生活的新方式。那隻貓的背景故事是蒙田與拉博埃西的政治：合作的生活，不受高層

指揮。這些現代性的承諾到哪裡去了？現代的社會哲學家布魯諾・拉圖（Bruno Latour）以一句意味深長的話宣稱，「我們從未現代過。[9]」他的具體意思是，社會未能了解它創造的技術。在霍爾拜因創作那幅畫近四個世紀以後，那張桌子上的工具仍是神祕的物件。關於合作，我想修改拉圖的宣言：我們「尚未」進入現代。蒙田的貓代表著社會尚未培養出來的人類能力。

　　二十世紀以團結的名義扭曲了合作。以團結為名的政權不只是暴政而已，對團結的渴望本身就會招致來自高層的支配與操縱。這是考茨基從政治左派轉向社會左派的過程中，所記取的慘痛教訓。在他之後，也有許多人記取了同樣的教訓。在自由民主國家的公民社會中，團結的扭曲力量仍以「我們對抗他們」的形式存在。例如，歐洲人對移民的態度就是如此，他們覺得移民似乎威脅到社會團結；或者美國人要求回歸「家庭價值觀」也是一例。團結的扭曲力量很早就在孩子身上體現了，那影響了他們交友及看待異己的方式。

　　團結一直是左派因應資本主義邪惡的傳統方式，合作本身從未真正成為一種抵抗策略。儘管這種強調某種程度上是切合實際的，但它也削弱了左派的力量。新形式的資本主義，強調短期勞力及制度分裂（筒倉化）。這種經濟體系的影響是，工人無法維持相互支持的社交關係。在西方國家，隨著不平等在英美等新自由主義政權中變得更加明顯，菁英與大眾之間的距離正在拉大。這些社會成員的共同命運越來越少。新資本主義允許權力脫離權威，允許生活在全球的菁英脫離對在地其他人的責任，尤其在經濟危機時期更是如此。在這種情況下，當普通人被迫自力更生、自生自滅時，這也難怪他們會渴望某種形式的團結——「我們對

抗他們」這種破壞性的團結正是為他們量身打造的。

　　這也難怪，這種政治與經濟權力的交織，會孕育出一種獨特的性格類型。這種性格類型試圖緩解焦慮的經驗。拉博埃西如果今天還活著的話，托克維爾描述的那種個人主義在他看來可能是一種新的自願奴役，個人被自己的焦慮所束縛，在熟悉的事物中尋找安全感。但我認為，「個人主義」這個詞不僅代表一種個人衝動，也代表一種社會缺陷：也就是說，儀式不見了。在所有的人類文化中，儀式的作用是透過共同的象徵性行為把人們向外轉，從而舒緩及化解焦慮。現代社會削弱了這些透過儀式建立的連結。世俗的儀式，尤其是那些以合作為重點的儀式，已經證明太過薄弱，無法提供這種支援。

　　十九世紀的歷史學家雅各・布克哈特（Jacob Burckhardt）把現代稱為「冷酷簡化者的時代」[10]。如今在經濟不安下，人們渴望令人放心的團結，這導致社會生活變得極其簡化：我們對抗他們（也就是說，與其他群體劃清界限），再加上孤軍奮戰、只能靠自己的感覺。但我堅持認為，我們仍停留在「尚未」的狀態。現代的冷酷簡化可能會壓制及扭曲我們一起生活的能力，但不會、也無法摧毀這種能力。身為群居動物，我們能夠比現有的社會秩序所預設的更深入地合作，因為我們的體內都駐守著蒙田那隻象徵性的神祕貓咪。

附註

前言

1. 莉莉‧艾倫的歌曲〈去你媽〉(Fuck You) 是二○○八年首度出現，最初是針對右派。二○○九年她在格拉斯頓柏立當代表演藝術節 (Glastonbury Festival) 上演唱這首歌時說，這首歌是專門針對英國國家黨 (British National Party)。這首歌的音樂錄影帶可在 http://www.lilyallenmusic.com/lily/video 上觀看。

2. Aristotle, *Politics*, ed. Richard McKeon, trans. Benjamin Jowett (New York: Random House, 1968), p. 310.

3. Samuel Stouffer et al., *The American Soldier* (Princeton: Princeton University Press, 1949).

4. Robert Putnam, '*E Pluribus Unum*: Diversity and Community in the Twenty-First Century', *Scandinavian Political Studies*, 30/2 (2007), pp. 137–74.

5. Bernard Mandeville, *The Fable of the Bees*, ed. Phillip Harth (London: Penguin, 1989), 'The Grumbling Hive', section H, p. 68.

6. Cf. Michael Ignatieff, *The Needs of Strangers* (London: Penguin, 1986).

7. Richard Sennett, *The Culture of the New Capitalism* (New Haven:

Yale University Press, 2006), p. 95.

8. Naomi Klein, *No Logo*, rev. edn. (London: Flamingo, 2001).

9. Alison Gopnik, *The Philosophical Baby* (London: Bodley Head, 2009).

10. James Rilling, David Gutman, Thorsten Zeh et al., 'A Neural Basis for Social Cooperation', *Neuron*, 35/2 (18 July 2002), pp. 395–405.

11. Jerome Bruner, *On Knowing: Essays for the Left Hand*, second edn. (Cambridge, Mass.: Harvard University Press, 1979 (1962)).

12. Benjamin Spock and Robert Needlman, *Dr Spock's Baby and Child Care*, eighth edn. (New York: Simon & Schuster, 2004), pp. 131, 150.

13. D. W. Winnicott, 'Transitional Objects and Transitional Phenomena', *International Journal of Psychoanalysis*, 34 (1953), pp. 89–97; John Bowlby, *Attachment and Loss*, vol. 2 (London: Penguin, 1992).

14. Sarah Hrdy, *Mothers and Others* (Cambridge, Mass.: Harvard University Press, 2009).

15. Erik Erikson, *Childhood and Society* (New York: Norton, 1964). 艾瑞克森的「人格發展八階段」（eight ages of man）把人的生理與心理社會發展階段連起來，從出生後不久的結合時刻（把嬰兒的嘴銜接上母親的乳房），到生命接近尾聲，思考死亡時的自我完整或絕望（第二章與第七章）。艾瑞克森的第二個階段「排除」①（elimination），是指一個孩子學會「用自己的腳站起來」，伴隨著有關「自主vs.羞恥與自我懷疑」的情感發展（第251-254頁）。在這個階段，孩子學會把自己視為一個獨立的人，有自己的意志、欲望、行為，並發展出一種自制與自主的意識。

16. Johann Huizinga, *Homo Ludens* (Boston: Beacon, 1950); Gerd Gigerenzer and Klaus Hug, 'Domain-Specific Reasoning: Social

---

① 這裡的排除，是指學習從身體排除廢物（意指上大小號）。這包括學習識別身體的感覺，了解如廁的必要性，以及學會獨立使用廁所的技能。

Contracts, Cheating, and Perspective Change', *Cognition*, 43/2 (1992), pp. 127–71.

17. Erikson, *Childhood and Society*, pp. 244–246. 在過去的半個世紀裡，這個主張受到挑戰。最近的研究認為，個體化從人類發展的最早時刻就出現了。

18. Balfour Browne, KC, quoted in Geoffrey Madan, *Notebooks* (Oxford: Oxford University Press, 1985), p. 127.

19. Robert Winter, 'Performing the Beethoven Quartets in their First Century', in Robert Winter and Robert Martin (eds.), *The Beethoven Quartet Companion* (Berkeley and Los Angeles: University of California Press, 1995).

20. Richard Sennett, *The Craftsman* (London: Allen Lane, 2008), pp. 157–76.

21. Bernard Williams, *Truth and Truthfulness* (Princeton: Princeton University Press, 2002), pp. 100–110.

22. Aristotle, *Politics*, bk. 1, ch. 2, p. 28.

23. Theodore Zeldin, *Conversation* (London: Harvill, 1998), p. 87.

24. Mikhail Bakhtin, *The Dialogic Imagination*, trans. Caryl Emerson and Michael Holquist (Austin: University of Texas Press, 2004), pp. 315 ff., 361 ff. 巴赫汀談到把小說中不同人物——包括作者——的聲音加以分層，做為其深度與豐富性的來源，「小說中人物使用的言語、他們如何說話，在語言及語義上是自主的。每個人物的言語都有自己的信念體系，因為每個人物的言語在另一人的言語中都是他人的言語。因此，它也可能折射作者的意圖，在某種程度上構成作者的第二語言……人物言語幾乎總是影響作者言語（而且有時影響很大），夾雜著其他人的話……並藉此把分層及語音多樣性導入其中……因此，即使沒有喜劇元素、沒有滑稽模仿、沒有反諷等等，沒有敘述者、沒有假定的作者或敘事人物，語言的多樣性及語言的層次性仍是小說風格的基礎……散文的立

體性，其深刻的語言多樣性，進入了文體，是它的決定因素。」
（p.315）。

25. Adam Smith, *The Theory of Moral Sentiments* (Indianapolis: Liberty Fund Press, 1982), p. 21.

26. Sarah Bakewell, *How to Live: A Life of Montaigne* (London: Chatto and Windus, 2010), p. 1.

27. Shani Orgad, *Story-Telling Online: Talking Breast Cancer on the Internet* (London: Lang, 2005).

28. Cass Sunstein, *Republic.com 2.0* (Princeton: Princeton University Press, 2001).

29. Quoted online in 'BBC News Technology', 5 August 2010 (http://www.bbc.co.uk/new/technology-10877768).

30. Jaron Lanier, *You Are Not a Gadget* (London: Allen Lane, 2010), p. 33.

31. Martha Nussbaum and Amartya Sen, *The Quality of Life* (Oxford: Clarendon Press, 1993).

第一章 「社會問題」

1. 丹尼爾・羅傑斯（Daniel Rogers）在《*Atlantic Crossings*》中充分描寫了社會博物館(Cambridge, Mass.: Harvard University Press, 1998), pp. 11– 17.

2. 同前, p. 13.

3. See W. E. B. Dubois, 'The American Negro at Paris', *Atlantic Monthly Review of Reviews*, 22 (1900), pp. 575–7.

4. Georg Simmel, 'Soziologie der Geselligkeit', *Verhandlungen des ersten Deutschen Soziologentages vom 19-22 Oktober, 1910 in Frankfurt A.M.* (Tübingen: Mohr, 1911), pp. 1–16.

5. Georg Simmel, 'The Stranger', in Simmel, *On Individuality and Social Forms*, ed. Donald Levine (Chicago: University of Chicago

Press, 1972), pp. 143–9.

6. Georg Simmel, 'The Metropolis and Mental Life', ibid., pp. 324–9; 關於滕尼斯與齊美爾的關係，參見Kurt Wolff, *The Sociology of Georg Simmel* (New York: Free Press, 1950).

7. Hannah Arendt, *The Origins of Totalitarianism* (New York: Harcourt Brace Jovanovich, 1968), pt. 2, 'Imperialism', pp. 136–7.

8. Theda Skocpol, *Protecting Soldiers and Mothers* (Cambridge, Mass.: Harvard University Press, 1993).

9. See Frank Henderson Stewart, *Honor* (Chicago: University of Chicago Press, 1994).

10. 這個令人遺憾的故事講述好鬥又失敗的首相戈登・布朗（Gordon Brown）。其他的工黨人物，尤其是商務大臣曼德爾森男爵（Lord Mandelson），比較懂得如何協商，但仍無法化解威脅及憤怒的氣氛。參見David Laws, *22 Days in May* (London: Biteback, 2010).

11. See Alan Rusbridger, '2010 Andrew Olle Media Lecture' (http://www.abc.net.au/local/stories/2010/11/19/307135)。關於這個議題的其他不錯討論，參見Robert McChesney, 'Journalism: Looking Backward, Going Forward', *Hedgehog Review* (Summer 2008), esp. pp. 73–74; Michael Schudson, *The Sociology of News* (New York: Norton, 2003), esp. pp. 38–40.

12. See Richard Sennett and Jonathan Cobb, *The Hidden Injuries of Class* (New York: Knopf, 1972).

13. 關於文獻的綜合論述，參見S. Sayyid and Abdoolkarim Vakil (eds.), *Thinking Through Islamophobia* (London: Hurst, 2011).

14. 阿林斯基的兩本著作是《*Reveille for Radicals*》，二版（New York: Vintage, 1969）與《*Rules for Radicals*》（New York: Random House, 1971）。尼古拉斯・馮・霍夫曼（Nicholas von Hoffman）為他寫了一本不錯的傳記，《*Radical*》（New York: Nation Books,

2010）。關於歐巴馬在芝加哥擔任社區組織者所從事的工作，參見David Remnick, *The Bridge* (New York: Knopf, 2010), pp. 134–42.

15. Alinsky, *Rules for Radicals*, p. 66.

16. Jane Addams, *Twenty Years at Hull House* (Charleston, SC: Bibliobazaar, 2008).

17. 關於這個社區及赫爾館的更全面描述，參見Richard Sennett, *Families Against the City* (Cambridge, Mass.: Harvard University Press, 1970).

18. 我在《*Respect in an Age of Inequality*》（New York: Norton, 2003）一書中，更詳細描述了卡布尼格林公營住宅，pp. 5–20.

19. Manuel Castells, *The City and the Grassroots* (Berkeley: University of California Press, 1985).

20. Booker T. Washington, *Up from Slavery* (1901; New York: Dover, 1995), p. 50.

21. 更詳細的敘述，參見《匠人》。

22. Plato, *The Republic*, trans. Melissa Lane et al. (London: Penguin, 2007), V.1–16; VI.19– VII.5; and Confucius, *Analects*, trans. D. C. Lau (London: Penguin, 2003), book 7, sayings 4–19.

23. 關於匠人的歷史命運，更詳細的說明請參見《匠人》。

24. Randy Hodson, *Dignity at Work* (Cambridge: Cambridge University Press, 2001).

25. 羅蘭・巴特（Roland Barthes）在《*Sade, Fourier, Loyola*》（Berkeley: University of California Press, 1989）中，以幾頁篇幅專門介紹傅立葉，讀者可從那幾頁內容中了解傅立葉。至於對傅立葉作品的更冷靜評價，可見安東尼・維德勒（Anthony Vidler）的《*The Writing on the Walls*》（Princeton: Princeton Architectural Press, 1987）。加雷斯・斯特德曼・瓊斯（Gareth Stedman Jones）的《*Fourier*》（Cambridge: Cambridge University Press, 1966）提

供了更多的資訊。

26. 約翰斯頓的照片,是由作家、舞團經理兼攝影史家林肯・柯爾斯坦(Lincoln Kirstein)所保存。柯爾斯坦於一九六六年在紐約的現代藝術博物館,重新發布了一九〇〇年的展覽。Frances Johnston, *The Hampton Album* (New York: Museum of Modern Art, distributed by Doubleday & Co., 1966).

27. 這些工廠照片並沒有出現在柯爾斯坦的現代藝術博物館展覽中。我偶爾會在畫廊裡看到個別的照片,但無法記錄我看到的影像。這裡的描述是依賴我的記憶。

28. Karl Kautsky, *The Labour Revolution*, trans. Henry Stenning (London: Allen and Unwin, 1925).

第二章　脆弱的平衡

1. St Augustine, *City of God*, trans. Henry Bettenson (London: Penguin, 2003), book XIV, ch. 27. 對聖奧古斯丁來說,只有更新人類信仰才能恢復自然的和諧。

2. 關於米爾頓的《失樂園》,現代的優良版本且附有完整評論的,是由 Earl Miner、William Moeck、Steven Jablonski(New York: Bucknell, 2004)所撰寫。這裡的引述是取自 H. van Nuis, 'Animated Eve . . .', *Milton Quarterly*, 34/2 (2000), p. 50.

3. *Paradise Lost*, book 1, lines 254–255.

4. Thomas Hobbes, *Leviathan* (London: Penguin, 1982), part 1, chapter 13, paragraph 9.

5. Steven Pinker, 'The Mind Reader', *Guardian*, profile (6 Nov. 1999), pp. 6–7.

6. Robert Axelrod, *The Evolution of Cooperation*, revised edn. (New York: Basic Books, 2006). 這項出色的研究是以囚徒困境為基礎,是一個經典的社會問題。在這個問題中,個人必須評估與他人合

作或背叛他人的效益與危險。

7. T. D. Seeley, *Honeybee Ecology* (Princeton: Princeton University Press, 1985), and more technically, T. D. Seeley and R. A. Morse, 'Nest Site Selection by the Honey Bee *Apis mellifera*', *Insectes sociaux*, 25/4 (1978), pp. 323–37.

8. Bert Hölldobler and E. O. Wilson, *The Superorganism* (New York: Norton, 2009), p. 7.

9. 同前, p. 5.

10. See James Lovelock, *Gaia: A New Look at Life on Earth* (Oxford: Oxford University Press, 1979).

11. 這就是古爾德的「間斷平衡」理論，我完全沒有資格評估這項理論。它是以可讀的散文形式寫在 Stephen Jay Gould, *The Structure of Evolutionary Theory* (Cambridge, Mass.: Harvard University Press, 2002), pp. 765–811.

12. Michael Tomasello, *Why We Cooperate* (Cambridge, Mass.: MIT Press, 2009), pp. 33–35.

13. Frans de Waal and Sarah Brosnan, 'Simple and Complex Reciprocity in Primates', in Peter Kappeler and Carel van Schaik (eds.), *Cooperation in Primates and Humans* (New York and Heidelberg: Springer, 2006), pp. 85–105.

14. J. B. Silk, S. F. Brosnan et al., 'Chimpanzees are Indifferent to the Welfare of Unrelated Group Members', *Nature*, 437 (2005), pp. 1357–1359. 有趣的是，作者的資料也顯示，當這些靈長類動物與相同性別或年齡的群體成員建立聯繫時，牠們可能對親屬露出漠不關心的跡象。

15. See Jane Goodall, *The Chimpanzees of Gombe* (Cambridge, Mass.: Harvard University Press, 1986).

16. See Joan Silk, 'Practicing Hamilton's Rule', in Kappeler and van

Schaik, *Cooperation in Primates and Humans*, pp. 25–46.

17. Natalie and Joseph Henrich, *Why Humans Cooperate* (Oxford: Oxford University Press, 2007), p. 37.

18. Richard Dawkins, *The Selfish Gene*, 30th anniversary edn. (Oxford: Oxford University Press, 2006), p. 213. 整個第十二章，第202-233頁，探討了這個命題。

19. Natalie Zemon Davis, *The Gift in Sixteenth-Century France* (Oxford: Oxford University Press, 2000).

20. Marcel Mauss, *The Gift*, trans. W. D. Halls (London: Routledge, 1990); Richard Titmuss, *The Gift Relationship* (New York: The New Press, 1997); Alain Caillé, *Anthropologie du don* (Paris: Desclée de Brouwer, 2000).

21. *The Talmud*, trans. and ed. Michael Levi Rodkinson, Isaac Mayer Wise, Godfrey Taubenhaus (Charleston, SC: Bibliobazaar, 2010), Bath Bathra 9b.

22. 1 Corinthians 12: 4.

23. Richard Sennett, *The Corrosion of Character* (New York: Norton, 1998), pp. 184–5; Richard Sennett, *Respect in an Age of Inequality* (New York: Norton, 2003), pp. 210–16.

24. See Richard Sennett, *Flesh and Stone* (New York: Norton, 1993), p. 183.

25. 例如，這是愛德華·威爾森（Edward Wilson）在他早期的著作《*Sociobiology*》（Cambridge, Mass.: Harvard University Press, 1975）中的信念。在最近的著作《*Consilience*》（New York: Little, Brown, 1998）中，他改變了觀點。朗西曼（W.G. Runciman）所著的《*The Social Animal*》（Ann Arbor: University of Michigan Press, 2000）平衡地概述了動物行為做為人類文化樣版的可能性與局限性。

26. Partha Dasgupta, Peter Hammond and Eric Maskin, 'The

Implementation of Social Choice Rules', *Review of Economic Studies*, 46/2 (1979), pp. 185–216; Drew Fudenberg and Eric Maskin, 'Evolution and Cooperation in Noisy Repeated Games', *American Economic Review*, 80/2 (1990), pp. 274–279.

27. Adam Smith, *The Wealth of Nations* (1776; London: Methuen, 1961), book I, pp. 109–112.

28. Goodall, *The Chimpanzees of Gombe*.

29. See Richard Sennett, *The Fall of Public Man* (New York: Knopf, 1977), pp. 80–84.

30. 引述同前, p. 82.

31. 同前, pp. 73–88.

32. Walter Benjamin, *Illuminations*, ed. Hannah Arendt, trans. Harry Zohn (New York: Harcourt Brace Jovanovich, 1968), 'On Some Motifs in Baudelaire', pp. 155–201.

33. This arcane reference is Antoine-Henri Jomini, *A Treatise on Grand Military Strategy*, trans. S. B. Holabird (New York: Van Nostrand, 1865).

34. 其觀點的完整闡述，參見 Herbert Blumer, *Symbolic Interactionism* (New York: Prentice Hall, 1969); 亦參見 Herbert Blumer, *Movies and Conduct* (New York: Macmillan, 1933).

35. William McNeill, *Keeping Together in Time* (Cambridge, Mass.: Harvard University Press, 1995).

36. 同前, p. 37.

37. Bryan Spinks, *Reformation and Modern Rituals and Theologies of Baptism* (Aldershot: Ashgate, 2006), pp. 204–205描述了這個事件；引述參見 http://news.bbc.co.uk/l/hi/uk/4120477.sm.

38. Clifford Geertz, *Negara* (Princeton: Princeton University Press, 1980), esp. Chapter 4.

39. Eric Hobsbawm and Terence Ranger (eds.), *The Invention of Tradition*

(Cambridge: Cambridge University Press, 1983); Benedict Anderson, *Imagined Communities*, revised edn. (New York: Verso, 2006).

40. Bronisław Malinowski, *Argonauts of the Western Pacific* (originally published 1922; London: Read Books, 2007).

41. Victor Turner, *From Ritual to Theater* (New York, PAJ [Performing Arts Journal] Publications, 1982).

42. See Caitlin Zaloom, *Out of the Pits* (Chicago: University of Chicago Press, 2010).

43. 這種觀點在 Roland Barthes, *Elements of Semiology*, trans. Richard Howard, Annette Lavers and Colin Smith (New York: Hill and Wang, 1967) 有最充分的闡述。

44. Denis Diderot, *The Paradox of Acting*, trans. W. H. Pollack (New York: Hill and Wang, 1957), p. 14.

45. See Erving Goffman, *The Presentation of Self in Everyday Life* (New York: Anchor Books, 1959); Keith Thomas, Introduction, in Jan Bremmer and Herman Roodenburg (eds.), *A Cultural History of Gesture* (Ithaca, NY: Cornell University Press, 1992), p. 1.

46. Niccolò Machiavelli, *Literary Works*, ed. and trans. J. R. Hale (Westport, Conn.: Greenwood Press, 1979), p. 139.

47. See Hannah Arendt, *Eichmann in Jerusalem*, revised edn. (London: Penguin, 1977).

第三章 「大動盪」

1. 對《出訪英國宮廷的法國大使》的最新、最詳盡的研究是 John David North, The Ambassadors' Secret (London: Phoenix, 2004).

2. 關於光學儀器的發明,更詳細描述請見 Richard Sennett, The Craftsman (London: Allen Lane, 2008], pp. 195–197.

3. 關於文藝復興的外交,最清晰的討論仍是加勒特・馬丁利

（Garrett Mattingly）的經典《*Renaissance Diplomacy*》（London: Cape, 1955）。

4. Ernest Satow, *Satow's Diplomatic Practice*, sixth edn., ed. Ivor Roberts (Oxford: Oxford University Press, 2009), pp. 45–46.

5. 描繪這些變化的兩個實用來源是：Miri Rubin, *Corpus Christi: The Eucharist in Late Medieval Culture* (Cambridge: Cambridge University Press, 1991), and Caroline Walker Bynum, Holy Feast and *Holy Fast: The Religious Significance of Food to Medieval Women* (Berkeley: University of California Press, 1987).

6. O. B. Hardison, *Christian Rite and Christian Drama in the Middle Ages* (Baltimore: Johns Hopkins Press, 1965), pp. 35 ff.

7. 安德魯・索弗（Andrew Sofer）使用的用語是「道具」。他出色的研究《*The Stage Life of Props*》（Ann Arbor: University of Michigan Press, 2003）pp. 31–60闡明了聖餅的中世紀用途。

8. Quoted in Henry Kamen, *Early Modern European Society* (London: Routledge, 2000), p. 222.

9. Benjamin Kaplan, *Divided by Faith* (Cambridge, Mass.: Harvard University Press, 2007), p. 41. 我擅自更動了卡普蘭的語序。

10. Bryan Spinks, *Reformation and Modern Rituals and Theologies of Baptism* (Aldershot: Ashgate, 2006), p. 100.

11. Romans 6: 3.

12. Martin Luther, *Luthers Werke*, ed. J. F. K. Knaake et al. (Weimar: Bühlau, 2003), vol. 49, pp. 128–129.

13. See Diarmaid MacCulloch, *The Reformation* (London: Penguin, 2004), p. 136.

14. Martin Luther, *Colloquia Mensalia*; or, *The Familiar Discourses*, ed. Henry Bell (Charleston, SC: Nabu Press, 2010), ch. 2.

15. 我感謝以前的學生、現在的同事詹妮弗・霍曼斯（Jennifer

Homans）教我這些內容。Jennifer Homans, *Apollo's Angels* (New York: Random House, 2010)；亦參見Jennifer Nevile (ed.), *Dance, Spectacle, and the Body Politick*, 1250–1750 (Bloomington: Indiana University Press, 2008); Georgia Cowart, *The Triumph of Pleasure* (Chicago: University of Chicago Press, 2008).

16. Cowart, *The Triumph of Pleasure*, p. xvii.

17. Julia Prest, 'The Politics of Ballet at the Court of Louis XIV', in Nevile, Dance, *Spectacle, and the Body Politick*, p. 238.

18. Philippe Beaussant, *Louis XIV: Artiste* (Paris: Payot, 1999), pp. 23–41.

19. Homans, *Apollo's Angels*, pp. 15–19.

20. See Ernst Kantorowicz, *The King's Two Bodies* (Princeton: Princeton University Press, 1957).

21. See Richard Sennett, *The Fall of Public Man* (New York: Knopf, 1977), pp. 232–236.

22. Quotes are found in Joachim Fest, *Hitler* (New York: Harcourt, 1974), pp. 517 and 51.

23. Theodore Abel, *Why Hitler Came into Power* (New York: Prentice-Hall, 1938), p. 212.

24. 關於工作坊的一般參考資料，參見Robert Lopez, *The Commercial Revolution of the Middle Ages*, 950–1350 (Englewood Cliffs, NJ: Prentice-Hall, 1971); I Ibn Khald n, *The Muqaddimah*, abridged version, trans. Franz Rosenthal (Princeton: Princeton University Press, 2004); Gervase Rosser, 'Crafts, Guilds, and the Negotiation of Work in the Medieval Town', *Past and Present*, 154 (1997); S. R. Epstein, 'Guilds, Apprenticeship, and Technological Change', *Journal of Economic History*, 58 (1998).

25. 關於中世紀行會的狀況，《匠人》中有更深入的描述。

26. See Bruno Latour and Steve Woolgar, *Laboratory Life* (Princeton:

Princeton University Press, 1986); Bruno Latour, *Science in Action: How to Follow Scientists and Engineers through Society* (Cambridge, Mass.: Harvard University Press, 1987).

27. 拋光的精進，通常是歸功於歐幾里亞斯・楊森（Eucharias Janssen，1580-1638），雖然當時許多人也創造了同樣精密的鏡片。Henry King, *The History of the Telescope* (New York: Dover, 2003).

28. Steven Shapin and Simon Schaffer, *Leviathan and the Air-Pump* (Princeton: Princeton University Press, 1989); Steven Shapin, *The Scientific Revolution* (Chicago: University of Chicago Press, 1998).

29. See Elizabeth Eisenstein, *The Printing Press as an Agent of Change*, 2 vols. in 1 (Cambridge: Cambridge University Press, 1980), p. 55.

30. Sennett, The Craftsman, pp. 195-6.

31. Mikhail Bakhtin, *Speech Genres and Other Late Essays*, trans. Michael Holquist (Austin: University of Texas Press, 1986), p. 7.

32. Peter Burke, *The Fortunes of the Courtier* (Philadelphia: University of Pennsylvania Press, 1996), p. 13.

33. Castiglione, *The Book of the Courtier*, trans. George Bull (London: Penguin, 1976), pp. 342–343.

34. 同前, p. 67.

35. 同前, p. 59; Giovanni della Casa, Galateo, trans. R. S. Pine-Coffin (London: Penguin, 1958), pp. 44–47.

36. See Jorge Arditi, *A Geneology of Manners* (Chicago: University of Chicago Press, 1998).

37. Norbert Elias, *The Civilizing Process*. 這本書有很多版本，尤其是英文譯本。該書最早是一九三六年出版，做為其著作《*Habilitationsschrift*》的修訂版，出版幾十年後才有英文譯本，而且最早的英文譯本翻譯得很差。目前最好的譯本是由艾德蒙・

傑夫科（Edmund Jephcott）翻譯（Oxford: Blackwell, 2000）。

38. Castiglione, *The Book of the Courtier*, pp. 346–7.

39. See Mattingly, *Renaissance Diplomacy*.

40. Quoted in Douglas Blow, *Doctors, Ambassadors, Secretaries* (Chicago: University of Chicago Press, 2002), p. 143.

41. Ottaviano Maggi, De legato, Book 2, 64 v , trans. and quoted in Blow, *Doctors, Ambassadors, Secretaries*, p. 102.

42. Niccolò Machiavelli, *The Prince*, trans. George Bull (London: Penguin, 2003), pp. 27–28.

43. Blow, *Doctors, Ambassadors, Secretaries*, p. 171.

44. Satow, *Satow's Diplomatic Practice*, sixth edn., ed. Ivor Roberts, p. 9.

45. Castiglione, *The Book of the Courtier*, pp. 284–285.

46. See Benedetta Craveri, *The Age of Conversation*, trans. Teresa Waugh (New York: New York Review of Books, 2005), pp. 27–43.

47. Vincent Voiture, *Poésies*, vol. 1 (Paris: Didier, 1971), pp. 21–22.

48. La Rochefoucauld, *Collected Maxims*, trans. E. H. and A. M. Blackmore and Francine Giguère (Oxford: Oxford University Press, 2007), maxims 204, p. 57, and 102, p. 31.

49. 同前, pp. 276–283.

50. Jerrold Seigel, *The Idea of the Self* (Cambridge: Cambridge University Press, 2005), esp. the 'epilogue' of this extraordinary book.

51. See Sennett, The Fall of Public Man, pp. 80-82.

第四章　不平等

1. Arloc Sherman and Chad Stone, 'Income Gaps between Very Rich and Everyone Else . . .', Center on Budget and Policy Priorities, 25 June 2010, http://www.cbpp.org/cms/index.cfm?fa=view&id=3220.

2. 讀者可能最熟悉普特南最熱門著作《*Bowling Alone*》中的這項研

究，revised edn. (New York: Simon & Schuster, 2001)。這項研究是以現代義大利的公民傳統的早期研究為基礎：Robert Putnam, Robert Leonardi and Raphaella Nanetti, *Making Democracy Work*, revised edn. (Princeton: Princeton University Press, 1994).

3. Putnam, *Bowling Alone*; Jeffrey Goldfarb, *The Cynical Society* (Chicago: University of Chicago Press, 1991).

4. 關於這些爭論的摘要，參見John Field, Social Capital, second edn. (London: Routledge, 2008).

5. 這類批評中的最新一個，是出現在Ben Fine, *Theories of Social Capital: Researchers Behaving Badly* (London: Pluto Press, 2010).

6. Yuan Luo, 'Guanxi: Principles, Philosophies and Implications', *Human Systems Management*, 16/1 (1997), p. 43.

7. See Douglas Guthrie et al., *Social Connections in China* (Cambridge: Cambridge University Press, 2002), pp. 3–20.

8. Staff of Unicef Innocenti Research Centre, *Child Well-being in Rich Countries* (also referred to as Innocenti Report Card 7) (Florence: Unicef, 2007), which can be downloaded from www.unicef.org/irc.

9. 同前, p. 3.

10. Richard Wilkinson and Kate Pickett, *The Spirit Level* (London: Allen Lane, 2009); see e.g. graph 8.6, p. 116.

11. Sonia Sodha and Julia Margo, *Ex Curricula* (London: Demos Institute, 2010), p. 77.

12. Unicef, *Child Well-being*, pp. 42–45.

13. Harold W. Stevenson, 'Learning for Asian Schools', *Scientific American* (Dec. 1992), pp. 71–77, and Christopher Bagley, 'Field Independence in Children in Group-Oriented Cultures: Comparisons from China, Japan, and North America', *Journal of Social Psychology*, 135/4 (Aug. 1995), pp. 523–525.

14. Jay MacLeod, *Ain't No Makin' It*, third edn. (Boulder, Colo.: Westview Press, 2009), and Pedro A. Noguera, *The Trouble with Black Boys* (San Francisco: John Wiley and Sons, 2009).

15. 二十世紀的資料是取自 James McNeil, *The Kids Market* (Ithaca, NY: Paramount, 1999); for a full economic picture, see Alison Watson, *The Child in International Political Economy* (London: Routledge, 2008).

16. Juliet Schor, *Born to Buy* (New York: Simon & Schuster, 2004), pp. 189– 202.

17. Darian Leader, *The New Black: Mourning, Melancholia and Depression* (London: Penguin, 2009), p. 13.

18. Leonard Sax, 'Ritalin: Better Living through Chemistry?', *The World and I*, 286 (2000), pp. 1–11.

19. Mary Eberstadt, 'Why Ritalin Rules', *Policy Review*, 94 (April–May 2000), pp. 24– 46.

20. See Larry Tye, *The Father of Spin* (New York: Holt, 1998).

21. 在有關皮亞傑的大量文獻中，或許最直接應用於兒童消費的是 Deborah Roedder John, 'Consumer Socialization of Children', in Flemming Hansen et al. (eds.), *Children – Consumption, Advertising and Media* (Copenhagen: Copenhagen Business School Press, 2002)，尤其參見 pp. 30–31.

22. Schor, *Born to Buy*, p. 149.

23. 同前, p. 174.

24. See Agnes Nairn, Jo Ormrod and Paul Bottomley, *Watching, Wanting, and Wellbeing* (London: National Consumer Council, 2007), p. 34.

25. Tim Kasser, Richard Ryan et al., 'The Relations of Material and Social Environments to Late Adolescents' Materialistic and Prosocial Values', *Developmental Psychology*, 31 (1995), pp. 901–14; Tim Kasser and Richard Ryan, 'A Dark Side of the American Dream', *Journal of*

Personality and Social Psychology, 65/2 (1993), pp. 410–422.

26. David Kirkpatrick, *The Facebook Effect* (New York: Random House, 2010).

27. Ed Mayo and Agnes Nairn, *Consumer Kids* (London: Constable, 2009), p. 171.

28. Sherry Turkle, *Alone Together: Why We Expect More from Technology and Less from Each Other* (New York: Basic Books, 2011).

29. Judy Wajcman, Michael Bittman and Jude Brown, 'Intimate Connections: The Impact of the Mobile Phone on Work/Life Boundaries', in G. Goggin and L. Hjorth (eds.), *Mobile Technologies: From Telecommunications to Media* (London: Routledge, 2009), pp. 9–22; Judy Wajcman, Michael Bittman and Jude Brown, 'Families without Borders: Mobile Phones, Connectedness and Work-Home Divisions', *Sociology*, 42/4 (2008), pp. 635–652.

30. Cf. Jo Henley, 'We're Not Socially Abnormal', *Guardian*, G2 (16 July 2010), pp. 12–15.

31. Paul DiMaggio, Eszter Hargittai et al., 'Social Implications of the Internet', *Annual Review of Sociology*, 27 (2001), pp. 307–336.

32. 同前, p. 316.

33. Mayo and Nairn, *Consumer Kids*, p. 224.

34. 同前, p. 225.

35. Kirkpatrick, *The Facebook Effect*, p. 292.

36. Shamus Khan, Privilege (Princeton: Princeton University Press, 2010). see also Erik Olin Wright and Donmoon Cho, 'The Relative Permeability of Class Boundaries to Cross-Class Friendships: A Comparative Study of the United States, Canada, Sweden, and Norway', *American Sociological Review*, 57/1 (Feb. 1992), pp. 85–102.

第五章 社交三角

1. See Richard Sennett and Jonathan Cobb, *The Hidden Injuries of Class* (New York: Knopf, 1972).

2. Rob Gregory, 'Interview with Peter Zumthor', *Architectural Review*, 225 (May 2009), p. 20.

3. Georg Simmel, *The Philosophy of Money*, trans. Tom Bottomore and David Frisby, second edn. (London: Routledge, 1990), p. 179.

4. William James, 'The Will to Believe', in *Essays in Pragmatism* (New York: Hafner Press, 1948), p. 89.

5. William James, 'The Sentiment of Rationality', in *Essays in Pragmatism*, p. 22.

6. Tom Juravich, *Chaos on the Shop Floor* (Philadelphia: Temple University Press, 1985).

7. Adam Smith, *The Wealth of Nations* (1776; London: Methuen, 1961), pp. 302–303.

8. David Kynaston, *A History of the City of London*, vol. 4 (London: Pimlico, 2002).

9. Saskia Sassen, *The Mobility of Labor and Capital* (Cambridge: Cambridge University Press, 1988), pp. 4–5, 105–106.

10. Daniel Bell, 'Work and its Discontents', in Daniel Bell, *The End of Ideology* (Cambridge, Mass.: Harvard University Press, 1988), p. 233.

11. Richard Sennett, *The Corrosion of Character* (New York: Norton, 1998), pp. 41–42.

12. William H. Whyte, *The Organization Man* (Philadelphia: University of Pennsylvania Press, 2002 [1956]); C. Wright Mills, White Collar (Oxford: Oxford University Press, 1968); Michel Crozier, *The Bureaucratic Phenomenon* (Chicago: University of Chicago Press, 1964; repr. New Brunswick, NJ: Transaction Publishers, 2010).

13. Bennett Harrison, *Lean and Mean* (London: Routledge, 1998).

14. See Saskia Sassen, *The Global City*, second edn. (Princeton: Princeton University Press, 2001).

15. 關於這種差異，他的最新看法發表於 George Soros, *The New Paradigm for Financial Markets* (New York: PublicAffairs, 2008).

16. Manuel Castells, *The Rise of the Network Society*, second revised edn., vol. 1 (Oxford: Blackwell, 2009).

17. Quoted in the *New York Times* (13 Feb. 1996), pp. D1, D6.

18. See Sennett, *The Corrosion of Character*.

19. *The Economist* (28 Feb. 2009), p. 27.

20. Richard Sennett, *The Culture of the New Capitalism* (New Haven: Yale University Press, 2006).

21. 我要感謝馬修・吉爾（Matthew Gill），他最早向我建議這個專案。他剛出版一本有關倫敦會計師的研究：Accountants' Truth (Oxford: Oxford University Press, 2009)，這是進入金融後台世界的絕佳入門指南。我也要感謝我在倫敦的學生傑斯・波特（Jesse Potter），他正在研究中年早期的員工跳槽。在紐約，我想感謝莎拉・考夫曼（Sarah Kauffman）幫我啟動這項研究。

22. 紐約的就業中心有三種形式：由紐約州經營的、由紐約市支持的、私人資助的。我的聯絡對象是來自該州的曼哈頓勞力1就業中心（Manhattan Workforce 1 Career Center），這是一家位於瓦瑞克街（Varick Street）的部分混合企業，它把許多人送到第125街的那家勞力1就業中心，那裡提供全方位的就業服務。在上城，人們可以在求職、獲得專門培訓，或得到長期職業發展建議方面，獲得協助。市中心有許多私營公司，例如華爾街服務公司（Wall Street Services），專門為金融服務業的勞工提供協助。

23. Katherine Newman, *Falling from Grace* (Berkeley: University of California Press, 1999).「就業市場重組意謂著，『被取代的勞工』

（亦即技藝或業界工作已經枯竭或轉移到海外的人），即使找到新工作，也是處於比較不穩定的狀態。他們往往是年紀最大，但資歷最淺，缺乏經驗，而且又進入一個新領域，或從事長期穩定性較差的新工作」（pp. 24–27）。因此，即使是那些設法「找到他們曾經擁有的體面職位」的人，其中有許多人「也在過程中失去了多年的資歷，並發現很難重新獲得以前的職涯發展。在這兩種情況中（重新就業的人及永久被取代的人），傷害──以經濟或情感衡量──是持久且痛苦的」（p. 40）。

24. American Management Association, '2002 Survey on Internal Collaboration', p. 1, http://www.amanet.org/training/articles/2002. 讀者若要讀取這些資料，必須去美國管理協會（2American Management Association）線上註冊，但註冊是免費的。

25. American Management Association, 'Organizational Communication Survey 2005' (conducted jointly by the Society for Human Resource Management and Career.Journal.Com), posted 14 November 2005, http://www.amanet.org/training/articles/2005.

26. 更詳盡的討論，參見 Sennett, *The Corrosion of Character*, pp. 106–117.

27. Gideon Kunda, *Engineering Culture* (Philadelphia: Temple University Press, 1992).

28. Gill, *Accountants' Truth*.

29. Chartered Management Institute, 'Better Managed Britain, OnePoll Study', issued Nov. 2009, http://www.managers.org.uk/listing_media_1.aspex?ide=. 這是二〇〇九年對三千名成人進行的調查。

30. Ludwig von Mises, *Epistemological Problems of Economics*, trans. George Reisman (New York: New York University Press, 1978), 'Malinvestment of Capital', pp. 239-242.

31. Data compiled from Jeffrey Pfeffer, 'Size, Composition, and Function

of Hospital Boards of Directors', *Administrative Science Quarterly* (1988), pp. 349–64 (http://www.jstor.org/stable/2391668). Melissa Stone and Francie Ostrower, 'Acting in the Public Interest? Another Look at Research on Nonprofit Governance', *Nonprofit and Voluntary Sector Quarterly* (2007) (http://nvs.sagepub.com/content/36/3/416). Rikki Abzug and J. S. Simonoff, Nonprofit Trusteeship in Different Contexts (Alder-shot: Ashgate, 2004).

32. David Rothkopf, *Superclass* (New York: Farrar, Straus & Giroux, 2009), p. 31.

第六章　不合作的自我

1. C. Wright Mills and Hans Gerth, *Character and Social Structure* (New York: Harvest, 1999); see section entitled 'Social Relativity of the Generalized Other', pp. 98–107, 125–129.

2. Søren Kierkegaard, *The Concept of Anxiety*, trans. Reidar Thomte (Princeton: Princeton University Press, 1981).

3. Leon Festinger et al., *When Prophecy Fails* (Minneapolis: University of Minnesota Press, 1956).

4. Quoted and translated in Richard Sennett, *Authority* (New York: Knopf, 1980), p. 76.

5. Quoted and translated 同前, p. 96.

6. Reinhard Bendix, *Work and Authority in Industry* (Berkeley: University of California Press; New Brunswick, NJ: Transaction Publishers, 2001).

7. See Eric Klinenberg, *Solo* (London: Penguin, forthcoming, 2012).

8. Jean-Paul Sartre, *Being and Nothingness*, trans. Hazel E. Barnes (New York: Philosophical Library, 1976), p. 456.

9. Sigmund Freud, *Totem and Taboo*, trans. James Strachey (London:

Routledge Classics, 2001); 'On Narcissism: An Introduction', in Peter Gay (ed.), *The Freud Reader* (London: Norton, 1995).

10. Heinz Kohut, *The Analysis of the Self* (New York: International Universities Press, 1971), pp. 33–34.

11. See Otto Kernberg, 'Structural Derivatives of Object Relationships', *International Journal of Psychoanalysis*, 47 (1966), pp. 236–253.

12. Morris Janowitz, *The Professional Soldier* (Chicago: University of Chicago Press, 1964), p. 112.

13. Robert J. Lifton, *Home from the War* (New York: Simon & Schuster, 1974).

14. 這種關係的經典研究是 Bernard Fall, *The Siege of Dien Bien Phu* (New York: Random House, 1967); 關於越戰，亦參見 A. F. Krepinevich, Jr., *The Army and Vietnam* (Baltimore: Johns Hopkins University Press, 1986)。'Charles Edmunds'（Charles Carrington的化名），A Subaltern's War (London: Peter Davies, 1929)對第一次世界大戰中士兵之間的緊密關係做了有力的描述。

15. Anthony Giddens, *Modernity and Self-Identity* (Cambridge: Polity, 1991).

16. Martin Heidegger, *Being and Time*, trans. Joan Stambaugh (Albany: State University of New York Press, 1996), part IV, 'Temporality and Everydayness', section 69, 'The Temporality of Being-in-the-World and the Problem of the Transcendence of the World' (pp. 321–33).

17. Raymond Aron, *Main Currents in Sociological Thought*, vol. 1 (London: Penguin, 1969).

18. See Mihaly Csikszentmihalyi, *Beyond Boredom and Anxiety* (San Francisco: Jossey-Bass, 1975).

19. R. Farmer and N. D. Sundberg, 'Boredom Proneness: The Development and Correlates of a New Scale', *Journal of Personality Assessment*,

50/1 (1986), pp. 4–17.

20. Max Weber, *The Protestant Ethic and the Spirit of Capitalism.* 標準的英文譯本是 Talcott Parsons（New York: Scribner, 1950）；這個譯本比韋伯的德文版更死板。這段文字是由馬丁・格林（Martin Green）翻譯，出現在 Martin Green, *The Von Richthofen Sisters* (New York: Basic Books, 1974), p. 152.

21. See Simon Schama, The Embarrassment of Riches (New York: Knopf, 1987); Albert Hirschman, *The Passions and the Interests*, revised edn. (Princeton: Princeton University Press, 1992); R. H. Tawney, *Religion and the Rise of Capitalism*, revised edn. (London: Read, 2006).

22. Lionel Trilling, *Sincerity and Authenticity* (Cambridge, Mass.: Harvard University Press, 1972).

第七章　工作坊

1. See Kenneth Holyoke, 'Symbolic Connectionism', in K. Anders Ericsson and Jacqui Smith (eds.), *Toward a General Theory of Expertise* (Cambridge: Cambridge University Press, 1991), pp. 303–335.

2. 愛因斯坦的這段話，已知最早出現在羅傑・塞欣斯（Roger Sessions）於《紐約時報》上發表的一篇文章 (8 Jan. 1950) (http://select.nytimes.com/gst/abstract.html? res=F30615FE3559137A93CA A9178AD85F4485.85F9)，塞欣斯似乎是轉述愛因斯坦的話，「我還記得愛因斯坦的一句話，那句話當然適用於音樂。他說，實際上，一切應該變得越簡單越好，而不單只是簡化。」一個更詳細的版本，是出現在愛因斯坦在牛津的演講 'On the Method of Theoretical Physics', Herbert Spencer Lecture (10 June 1933); 也發表在 *Philosophy of Science,* 1/2 (April 1934), pp. 163–169, at p. 165.

3. 對史特拉汶斯基的精緻簡約感興趣的讀者，最好的途徑是閱

讀 Richard Taruskin, *Stravinsky and the Russian Traditions*, vol. 2 (Oxford: Oxford University Press, 1996), pp. 1441–1500.

4. Erving Goffman, *The Presentation of Self in Everyday Life* (New York: Anchor Books, 1959); Goffman 'Role Distance', in his *Encounters: Two Studies in the Sociology of Interaction* (Indianapolis: Bobbs-Merrill, 1961).

5. Michel de Certeau, *The Practice of Everyday Life*, vol. 1, trans. Steven Rendall (Berkeley: University of California Press, 1988), p. xv. 這本英譯本的讀者應該知道，第二卷更側重於紅十字山。This is Michel de Certeau, Luce Giard and Pierre Mayol, *The Practice of Everyday Life*, vol. 2, trans. Timothy Tomasik (Minneapolis: University of Minnesota Press, 1998).

6. Charles Darwin, *The Expression of the Emotions in Man and Animals*, centennial edn. (New York: Harper Perennial, 2009).

7. 關於達爾文與勒布倫的衝突，參見 Jean-Jacques Courtine and Claudine Haroche, *Histoire du visage* (Paris: Rivages, 1988), pp. 89–93.

8. See William Elliot Griffis, Corea, *the Hermit Nation* (New York: Scribner, 1882). 格里菲斯（Griffis）是率先把哀悼當成特殊主題的人類學家之一。

9. Courtine and Haroche, *Histoire du visage*.

10. Jürgen Streeck, *Gesturecraft* (Amsterdam: John Benjamins, 2009), p. 189.

11. See discussion in Richard Sennett, *The Craftsman* (London: Allen Lane, 2008), pp. 197–9.

12. Ernst Gombrich, *Art and Illusion* (London: Phaidon, 1950). 值得注意的是，這項突破性的研究強調，觀眾的參與——觀看肢體語言、圖像或物件——對審美體驗來說，與展示什麼一樣重要。

第八章　日常交際

1.　See Godfried Engbersen, Kees Schuyt et al., Cultures of Unemployment (Amsterdam: University of Amsterdam Press, 2006).

2.　這個議題在Phillip Rieff in *The Triumph of the Therapeutic*（Chicago: University of Chicago Press, 1987）有大量的探討。

3.　我在此歸納了大量資料。想深入了解這主題的讀者，可以參閱 Andrew Hacker, 'Where Will We Find the Jobs?', *New York Review of Books*, 58/3 (24 Feb. 2011). See further Phillip Brown, Hugh Lauder and David Ashton, *The Global Auction: The Broken Promises of Education, Jobs and Incomes* (Oxford: Oxford University Press, 2011).

4.　Rowena Barrett and Pooran Wynarczyk, 'Building the Science and Innovation Base: Work, Skills, and Employment', *New Technology, Work, and Employment*, 24/3 (2009), pp. 210–214（這整個議題都是關於技能轉移）。

5.　Simon Jenkins, *Thatcher and Sons* (London: Allen Lane, 2006), p. 56.

6.　See Lewis Coser, *The Functions of Social Conflict* (New York: Free Press, 1956).

7.　我是指我的舅舅諾曼・布朗（Norman Brown），他在芝加哥是一位卓越的勞資調解者與仲裁者。關於這項判斷的學術參考，歷史上可參見 Duff Cooper, *Talleyrand*（New York: Grove Press, 2001）；或者，在當代的外交實務中，可參見 Henry Kissinger, *Diplomacy*（New York: Simon & Schuster, 1994）. 塔列朗與季辛吉（Kissinger）都是判斷何時該把對立的雙方分離、何時該讓對立的雙方見面的大師。

8.　基爾（1914–2010）是紐約律師，一九三八年成為勞資談判代表，並於一九六〇年代初期建立勞資談判代表中心：自動化之家（Automation House）。他的著作《*The Keys to Conflict Resolution*》

（New York: Four Walls, Eight Windows, 1999）並未充分展現出他在日常交際方面的堅毅天賦；一份新聞報導寫得更好：*New York Magazine*, 8 Jan. 1979, pp. 35–43.

9. 關於移民創業者的概述，參見Robert Kloosterman and Jan Rath（eds.）, *Immigrant Entrepreneurs*（Oxford: Berg, 2003），，尤其是Pyong Gap Min and Mehdi Bozorgmehr, 'United States: The Entrepreneurial Cutting Edge', ibid., pp. 17–38.

10. Kheel, *The Keys to Conflict Resolution*.

11. Pyong Gap Min, *Ethnic Solidarity for Economic Survival* (New York: Russell Sage Foundation, 2008), p. 85.

12. 同前, pp. 114–118; woman grocer quoted on p. 117.

13. Denis Diderot, *The Paradox of Acting*, trans. W. H. Pollock (New York: Hill and Wang, 1957).

14. Wilbert van Vree, *Meetings, Manners, and Civilization*, trans. Kathleen Bell (Leicester: Leicester University Press, 1999), pp. 256–311.

15. Mary Poovey, *A History of the Modern Fact* (Chicago: University of Chicago Press, 1998).

16. Quoted in van Vree, *Meetings, Manners, and Civilization*, p. 56.

17. 參考的是最新版本的Satow: Ernest Satow, *Satow's Diplomatic Practice*, sixth edn., ed. Ivor Roberts (Oxford: Oxford University Press, 2009).

18. 同前, 4.16（身為外交官，他在這本書中以正式的短文記錄了一切）。

19. 同前, 4.19, p. 54.

20. Quoted同前, 40.25, pp. 626–627.

21. Quoted同前, 40.3, pp. 618–619.

22. Joseph Nye, *Soft Power* (New York: Perseus Books, 2004).

23. La Rochefoucauld, *Collected Maxims*, trans. E. H. and A. M. Blackmore and Francine Giguère (Oxford: Oxford University Press, 2007), maxim 256, p. 73.

24. Jacques Lecoq, *The Moving Body*（相對於法語原文書名*Le Corps poétique*，這是不太精確的譯名）, trans. David Bradby (London: Methuen, 2002), pp. 4–5.

25. 同前, p. 39.

26. 同前。

第九章　社區

1. 我在著作《*Respect in an Age of Inequality*》（New York: Norton, 2003）pt. I.中，更詳細地描述了卡布尼格林公營住宅、其鄰里，以及類似的會議。

2. Robert Nisbet, *The Quest for Community*, revised edn. (London: ISI Books, 2010).

3. 關於芝加哥，這種空間——經濟結構的經典指南是Homer Hoyt, *One Hundred Years of Land Values in Chicago* (Chicago: Beard Books, 2000).

4. Bruno Dallago and Chiara Guglielmetti (eds.), *Local Economies and Global Competitiveness* (Basingstoke: Palgrave, 2010)對當今全球經濟中的地方經濟資料做了很好的歸納。

5. Saskia Sassen, *The Global City*, second edn. (Princeton: Princeton University Press, 2001) pp. 265 ff.

6. M. R. Knapp et al., 'The Economics of Volunteering', *Non-Profit Studies*, 1/1 (2006) (http://kar.kent.ac.uk/26911); Roy Kakoli and Susanne Ziemek, 'On the Economics of Volunteering', cited by Knapp et al.; article in full at http://hdl.handle.net/10068/127795.

7. Paulo Freire, *Pedagogy of the Oppressed*, revised edn., trans. Myra

Ramos (London: Penguin, 1996).

8. David Healy, *The Anti-Depressant Era* (Cambridge, Mass.: Harvard University Press, 1997).

9. Darian Leader, *The New Black: Mourning, Melancholia and Depression* (London: Penguin, 2009), pp. 183 ff.

10. Sigmund Freud, *Totem and Taboo*, trans. James Strachey (New York: Norton, 1950), p. 65.

11. Sigmund Freud, 'Mourning and Melancholia', in Freud's papers published as On Murder, *Mourning and Melancholia*, trans. Shaun Whiteside (London: Penguin, 2005), pp. 204–205.

12. Hannah Arendt, *Essays in Understanding: Formation, Exile, and Totalitarianism*, ed. Jerome Kohn (New York: Schocken, 2005).

13. Émile Durkheim, On Suicide, trans. Robin Buss, introd. Richard Sennett (London: Penguin, 2006).

14. Sudhir Venkatesh, *American Project: The Rise and Fall of a Modern Ghetto* (Cambridge, Mass.: Harvard University Press, 2002), and *Gang Leader for a Day* (New York: Penguin, 2008).

15. Elijah Anderson, *Code of the Street* (New York: Norton, 1999); Mitchell Duneier, Sidewalk (New York: Farrar, Straus and Giroux, 1999).

16. 關於這個議題的探討，參見Richard Sennett, *Families Against the City* (Cambridge, Mass.: Harvard University Press, 1970).

17. Carol Stack, All Our Kin (New York: Basic Books, 1983)對一九六〇年代黑人之間的這種關聯做了出色的研究。

18. 我引用二〇〇八年科特在哈佛商學院的一次激勵演講，但幾乎每一本自助書中都有這種職業規劃的概念。

19. 關於後者的自傳，參見Dorothy Day, The Long Loneliness (New York: Harper, 1952).

20. 參見 Sennett, *Respect*, pp. 131–134。相較於亞當斯那種冷靜、世俗的社會工作，「加布里妮修女宣導的那種天主教順從，是為了一種明確的團結──『我們都是上帝的子民』──因此可以自由地表達關懷」（第134頁）。這裡我可以補充一點，這些天主教中心在芝加哥成立半個世紀後，它們讓我在芝加哥的貧民窟裡得以生存。

21. 'The Aims and Means of the Catholic Worker', *Catholic Worker* (May 2009), pp. 4–5.

22. Dorothy Day, *Selected Writings*, ed. Robert Ellsberg (Maryknoll, NY: Orbis Books, 2009), p. 165.

23. William James, *The Varieties of Religious Experience* (London: Penguin, 1985), Lecture IX: 'Conversion'.

24. A. D. Gordon, *Selected Essays*, trans. Frances Burnce (Boston: The Independent Press, 1938).

25. A. D. Gordon, 'Man and Nature',同前, pp. 172–173.

26. Herbert Rose, *The Life and Thought of A. D. Gordon* (New York: Bloch Publishing, 1964), p. 128.

27. A. D. Gordon, *The Nation and Labor* (Jerusalem: Jerusalem Zionist Library, 1952), pp. 235 ff.

28. Raymond Gregory, *Norman Thomas: The Great Dissenter* (New York: Algora, 2008) 對他的公共職涯有精采的描述。在湯瑪斯的許多著作中（多數是演講集），紐約公共圖書館收藏了一本未出版的「自傳」，那是一份缺乏個人資訊的手稿。關於湯瑪斯在公開場合的行為，我一直是依賴我母親的回憶。

結語

1. Michel de Montaigne, 'An Apology for Raymond Sebond', in Montaigne, Essays, trans. M. A. Screech (London: Penguin, 2003), p. 505. 我的

引述就像索爾‧弗蘭普頓（Saul Frampton）的譯文，把史奎去（Screech）的字面譯法「消磨時間」替換成「玩」；法語原文是：'qui sçait si elle passe son temps de moy plus que je ne fay d'elle.'。Cf. Saul Frampton, *When I am Playing with my Cat, How do I Know She is Not Playing with Me?* (London: Faber, 2011), p. 115.

2. Cf. Montaigne, 'The Art of Conversation', in *Essays*, p. 1044, note.

3. 同前, pp. 1054–1055.

4. Montaigne, 'On Cruelty', 同前, p. 478.

5. Montaigne, 'On Habit', and 'Same Design: Different Outcomes', 同前, pp. 122–139 and 140-149; 我把第一三〇頁的論點與第一四三至一四四頁連在一起。這裡應該指出的是，蒙田身為大領主，也稱讚傳統習慣本身是好的，如第一三四頁所述。

6. Sarah Bakewell, *How to Live: A Life of Montaigne* (London: Chatto and Windus, 2010).

7. Montaigne, 'On Experience'. Here I prefer the translation of Frampton to that of Screech: Frampton, *When I am Playing*, p. 270.

8. Montaigne, 'On Vanity', in *Essays*, p. 1132.

9. Bruno Latour, *We Have Never Been Modern*, trans. Catherine Porter (Cambridge, Mass.: Harvard University Press, 1993).

10. 布克哈特在《Gesamtausgabe》（Historical Fragments）vol. 7, ed. Albert Oeri and Emil Dürr (Basle, 1929), pp. 266 ff. 描述伊斯蘭教的基礎時，首次荒謬地使用這個詞。研究布克哈特的學者卡爾‧溫特勞布（Karl Weintraub）在演講中提到，這個詞在布克哈特的腦中調整，變成西方現代性的標籤。這個觀點也收在溫特勞布的著作《*Visions of Culture*》（Chicago: University of Chicago Press, 1966）中。我應該指出，這不完全是布克哈特最近的傳記作家 Kurt Meyer, *Jacob Burckhardt* (Munich: Fink, 2009) 的觀點。

MA0057

合作：互助交流的儀式、愉悅與政治
Together: The Rituals, Pleasures and Politics of Cooperation

作　　　者❖理查・桑內特（Richard Sennett）
譯　　　者❖洪慧芳
封 面 設 計❖井十二
內 頁 排 版❖張彩梅
總　編　輯❖郭寶秀
責 任 編 輯❖林俶萍

發　行　人❖涂玉雲
出　　　版❖馬可孛羅文化
　　　　　　10483 台北市中山區民生東路二段141號5樓
　　　　　　電話：(886) 2-25007696
發　　　行❖英屬蓋曼群島商家庭傳媒股份有限公司城邦分公司
　　　　　　10483 台北市中山區民生東路二段141號11樓
　　　　　　客服服務專線：(886)2-25007718；25007719
　　　　　　24小時傳真專線：(886)2-25001990；25001991
　　　　　　服務時間：週一至週五9:00～12:00；13:00～17:00
　　　　　　劃撥帳號：19863813 戶名：書虫股份有限公司
　　　　　　讀者服務信箱：service@readingclub.com.tw
香港發行所❖城邦（香港）出版集團有限公司
　　　　　　香港九龍九龍城土瓜灣道86號順聯工業大廈6樓A室
　　　　　　電話：(852)25086231　傳真：(852)25789337
　　　　　　E-mail：hkcite@biznetvigator.com
馬新發行所❖城邦（馬新）出版集團【Cite (M) Sdn. Bhd.(458372U)】
　　　　　　41, Jalan Radin Anum, Bandar Baru Seri Petaling,
　　　　　　57000 Kuala Lumpur, Malaysia
　　　　　　電話：(603)90563833　傳真：(603)90576622
　　　　　　E-mail：services@cite.my
輸 出 印 刷❖前進彩藝有限公司
初 版 一 刷❖2024年01月
定　　　價❖560元（紙書）
定　　　價❖392元（電子書）

ISBN：978-626-7356-38-8（平裝）
EISBN：9786267356357（EPUB）

城邦讀書花園
www.cite.com.tw

版權所有　翻印必究（如有缺頁或破損請寄回更換）

國家圖書館出版品預行編目（CIP）資料

合作：互助交流的儀式、愉悅與政治／理查・桑
內特（Richard Sennett）著；洪慧芳譯. -- 初版.
-- 臺北市：馬可孛羅文化出版：英屬蓋曼群島商
家庭傳媒股份有限公司城邦分公司發行, 2024.01
　面；　公分
譯自：Together : the rituals, pleasures, and politics
of cooperation
ISBN　978-626-7356-38-8（平裝）

1. CST: 合作　2. CST: 社會互動　3. CST: 社會關係
541.65　　　　　　　　　　　　112020422